GLOBALIDADE
A NOVA ERA DA GLOBALIZAÇÃO

COMO VENCER NUM MUNDO EM QUE SE CONCORRE COM TODOS, POR TUDO E EM TODA PARTE

Harold L. Sirkin, James W. Hemerling e Arindam Bhattacharya

Tradução de
MARCELLO LINO

Prefácio de
ROGER AGNELLI

BCG
THE BOSTON CONSULTING GROUP

Título original: GLOBALITY: COMPETING WITH EVERYONE FROM EVERYWHERE FOR EVERYTHING
Copyright © 2008 by The Boston Consulting Group, Inc.

Tradução publicada em conjunto com a Grand Central Publishing, Nova York, NY, EUA. Todos os direitos reservados.

Direitos de edição da obra em língua portuguesa no Brasil adquiridos pela EDITORA NOVA FRONTEIRA S.A. Todos os direitos reservados. Nenhuma parte desta obra pode ser apropriada e estocada em sistema de banco de dados ou processo similar, em qualquer forma ou meio, seja eletrônico, de fotocópia, gravação etc., sem a permissão do detentor do copirraite.

EDITORA NOVA FRONTEIRA S.A.
Rua Bambina, 25 – Botafogo – 22251-050
Rio de Janeiro – RJ – Brasil
Tel.: (21) 2131-1111 – Fax: (21) 2286-6755
http://www.novafronteira.com.br
e-mail: sac@novafronteira.com.br

CIP-Brasil. Catalogação-na-Fonte
Sindicato Nacional dos Editores de Livros, RJ.

S634g Sirkin, Harold L.
Globalidade – a nova era da globalização : como vencer num mundo em que se concorre com todos, por tudo e por toda parte / Harold L. Sirkin, James W. Hemerling e Arindam K. Bhattacharya ; com John Butman ; tradução de Marcello Lino.—Rio de Janeiro: Nova Fronteira, 2008.

Tradução de: Globality : competing with everyone from everywhere for everything
Apêndice
ISBN 978-85-209-2099-2

1. Concorrência internacional. 2. Comércio internacional. 3. Globalização — Aspectos econômicos. I. Hemerling, James W. II. Bhattacharya, Arindam K. III. Butman, John. IV. Título.

CDD: 382
CDU: 339.5

São Paulo, outubro de 2008

Prezado leitor,

A globalização, termo que surgiu há tantos anos e que vivenciamos diariamente, passa por uma importante transformação. No lugar do conceito tradicional de globalização, em que empresas tipicamente de mercados desenvolvidos expandiam sua atuação pelo mundo, surge uma realidade competitiva mais desafiadora: uma nova era de globalidade, em que a competição vem de todas as partes, notadamente do mundo em desenvolvimento, e se desenrola em todos os mercados.

Arindam Bhattacharya, James Hemerling e Harold L. Sirkin, sócios no The Boston Consulting Group (BCG), apresentam essa nova realidade no livro *Globalidade – a nova era da globalização: como vencer num mundo em que se concorre com todos, por tudo e em toda parte*. Nesse livro, nossos colegas exploram o fortalecimento desses novos competidores vindos de economias em rápido desenvolvimento (as EDRs), como a China, Índia, Brasil etc., avaliam o impacto que eles têm tido nos diversos mercados e analisam as principais chaves para o sucesso no mundo de negócios nesse novo cenário.

Em nosso trabalho no BCG como consultores de estratégia e gestão para empresas líderes em diversos países, notamos que a realidade e os desafios dessa globalidade se impõem cada vez mais. Empresas, consumidores e líderes nos países mais desenvolvidos tentam entender e se adaptar, nem sempre com total sucesso, a esses competidores emergentes. Por outro lado, empresas dos países emergentes procuram aproveitar essas oportunidades, mas nem sempre com os graus de ambição, preparo ou sucesso possíveis. Uma coisa é certa: não importa onde estejamos ou quem sejamos — empresas, consumidores, líderes, em mercados maduros ou em desenvolvimento —, somos todos afetados por este novo fenômeno.

Faço votos de que você aprecie o livro e que ele seja um chamado para nos prepararmos e aproveitarmos a globalidade, antes que outros o façam.

Boa leitura!

Walter G. Piacsek Jr.
Sócio e presidente
The Boston Consulting Group Brasil

Para meus pais, Arthur e Benita; minha esposa, Eileen; e nossos filhos, Jessica e David

Hal

Para meus pais, Bill e Ruth; minha esposa, Nicola; e nossos filhos, Nicholas, Christian, Mitchell e Alexander

Jim

Para meus pais, Kshitindra e Basanti; minha esposa, Sujata; e nossos filhos, Ishaan e Dhiman

Arindam

SUMÁRIO

Prefácio 11

Capítulo 1: O que é globalidade? 15
  O tsunami 21
  As sete lutas 23
  Implicações: reconheça a urgência 33

Capítulo 2: Tsunami 35
  As cem empresas desafiantes apontadas pelo BCG 37
  Campeãs da China 48
  Estrelas da Índia 51
  A vantagem da proximidade no México, na Europa Oriental
  e na Turquia 55
  Vantagem encontrada no Brasil e na Rússia 59
  As próximas ondas 60
  Implicações: prepare-se para lutar 67

Capítulo 3: Atentar para o diferencial de custos 69
  Otimizar com mão-de-obra 72
  Formar *clusters* 78
  Superdimensionar 83
  Simplificar 88
  Implicações: pense nos custos do jeito que as desafiantes pensam 93

Capítulo 4: Desenvolver pessoas — 99
Recrutar para crescer rapidamente — 101
Desenvolver para a profundidade — 106
Alocar para obter resultados rápidos — 113
Deixar que os líderes cresçam — 115
Implicações: invista exageradamente nas pessoas — 117

Capítulo 5: Penetrar os mercados — 125
Criar novas categorias — 127
Achar o ponto mais favorável — 129
Localizar — 133
Distribuir em meio ao caos — 137
Fazer negócios com empresas — 144
Entrar em novos mercados — 148
Implicações: vá o mais fundo que puder — 154

Capítulo 6: Pontualizar — 159
Conectar-se com os clientes — 164
Distribuir complexidade — 167
Reinventar o modelo de negócios — 173
Implicações: repense, reconfigure, reinvente — 177

Capítulo 7: Pensar grande, agir rápido, ir para fora — 183
Ampliar a escala — 186
Construir marcas — 194
Preencher lacunas de capacidade — 196
Permutar — 202
Implicações: reconheça e rejeite seus limites — 205

Capítulo 8: Inovar com engenhosidade — 211
Adaptar — 213
Alavancar — 216
Inventar rapidamente — 222
Implicações: faça o que for necessário — 226

Capítulo 9: Adotar a multiplicidade 233
    Escolher a presença global 235
    Manter o caráter local 238
    Policentralizar 240
    Implicações: sintetize 246

Capítulo 10: Competir com todos, por tudo e em toda parte 251
    Nokia: controlando seu próprio destino na China 253
    Os significados 260
    Emerson: hora de mudar 263
    Rumo à transformação global 268
    Sucesso na globalidade 277

Agradecimentos 281

Apêndice: A lista das cem desafiantes do BCG 285

Notas 291

Índice remissivo 303

PREFÁCIO

Com esta tradução de *Globality*, os leitores de língua portuguesa ganham a oportunidade de conhecer na íntegra o estudo desenvolvido por uma equipe que se dedica há mais de vinte anos a um assunto que afeta, ainda que de modo diferenciado, todos os povos do mundo: a globalização. Aliás, não seria essa tradução quase simultânea do inglês para o português um efeito interessante da nova realidade do mundo globalizado? Não se trata de um caso fortuito que o livro, lançado em junho em Nova York e em Londres, já esteja, em menos de cinco meses, acessível ao público brasileiro. Do enredo de *Globalidade: a nova era da globalização*, o Brasil é um dos protagonistas, e com uma admirável e surpreendente atuação no cenário econômico mundial em que transcorre a história contada por Sirkin, Hemerling e Bhattacharya.

Na década de 1980, com as mudanças das práticas econômicas e as redefinições do panorama geopolítico, iniciava-se o poderoso processo que se chamou de globalização, cujos efeitos se fizeram sentir em todas as nações do continente. Pode-se dizer que, naquele momento, dados o alcance, a intensidade e a natureza da *nova ordem*, começou a ser escrito um novo capítulo da história da humanidade. A internacionalização do capital, a abertura e ampliação de mercados, as questões cambiais, o incremento do fluxo monetário e de mercadorias, o avanço tecnológico, especialmente na difusão da rede de informações, a competitividade, o intercâmbio e a interdependência das economias nacionais, a formação de corporações transnacionais, a criação de blocos econômicos e suas implicações, como as zonas de livre comércio, união aduaneira e o mercado comum, os novos hábitos, padrões culturais e de consumo são alguns dos aspectos característicos da nova era.

Contudo, do final da década de 1980 para a primeira década do século XXI, mudanças muito profundas na lógica econômica mundial e nas estratégias geopolíticas já ocorriam — e numa velocidade às vezes até perturbadora. Há vinte anos, só para dar uma dimensão da natureza das transformações, quando o processo de globalização se iniciou, as empresas hegemônicas eram multinacionais dos Estados Unidos, da Europa e do Japão, que deixavam os seus centros de origem e dirigiam-se às terras estrangeiras com o objetivo de produzir, com baixos custos, para mercados mais concentrados em segmentos de menor renda. Hoje, o cenário é muito diverso, não só porque dominado por novos atores, mas também porque dotado de dispositivos e engrenagens que lhe asseguram uma configuração diferente daquela de duas décadas atrás. É este o grande diferencial do livro: a análise de um momento específico, de uma nova era que surge bem no interior do processo de globalização, à qual os autores deram o nome de *globalidade*.

Globalidade não é, portanto, mais um vocábulo para designar a globalização, não é um sinônimo ou um substitutivo. Segundo os autores, trata-se de "uma realidade global nova e diferente, na qual todos competem com todos, em todos os lugares, por tudo". É um novo ambiente de negócios, em que limites e fronteiras se diluem, num cenário dinâmico e em constante expansão. Um cenário em que já não há mais centro e periferia, pontos de convergência, lugares privilegiados ou locação única, em que a idéia de "estrangeiro" não tem mais vez, em que posições julgadas dominantes são sempre instáveis e provisórias. Aliás, é muito interessante o modo pelo qual os autores descrevem esse novo momento, com base no campo referencial do cinema: um roteiro novo, *blockbuster*, de muitos personagens, no qual se condensam suspense, ação e drama. Um *road movie* com locações em todos os cantos do planeta, estrelado por um vasto elenco, cujos papéis não são definidos. Afinal, novos personagens podem surgir inesperadamente e de qualquer lugar, imprimindo reviravoltas surpreendentes ao enredo.

A era da globalidade se caracteriza pela ascensão de atores que não passavam de figurantes ou que, no máximo, interpretavam papéis de coadjuvantes. Quando os refletores se lançavam a eles, era porque, na maioria das vezes, no foco da cena estavam suas mazelas, moléstias, vícios e exotismo. No novo cenário econômico mundial, os personagens que eram secundários viraram protagonistas e são chamados pelos autores de *Globalidade: a nova era da globalização* de "desafiantes globais"; são eles que provocam os "dominantes". A relação do elenco de "desafiantes" é grande: empresas da Argentina, do Brasil, do Chile, da China, do Egito, da Hungria, da Índia, da Indonésia, da Malásia, do México, da Polônia, da República Tcheca, da Rússia, da Tailândia e da Turquia formam o conjunto dos novos competidores. Nessa arena, não é a potência do aparato bélico o que garante a vitória, mas a capacidade para organizar ações táticas, para criar estratégias na busca de novos mercados, a capacidade de inovar, de definir metas exeqüíveis, a seriedade e ética na gestão de custos, no desenvolvimento de pessoas, o compromisso inabalável com o desenvolvimento sustentável e com a responsabilidade socioambiental.

As empresas "desafiantes" são vorazes, crescem rapidamente e estão numa disputa acirrada "com todos, de toda parte, por tudo", especialmente por recursos e mercados — e, por recursos, entenda-se os naturais e os humanos. Elas procedem de países que, se em outros tempos seriam chamados de subdesenvolvidos, recebem hoje a qualificação de emergentes ou, como preferem os autores, economias de desenvolvimento rápido (EDRs), países que, em geral, possuem duas vantagens sobre os desenvolvidos: além de ricos em recursos, são grandes mercados. E esses são dois importantes requisitos na era da globalidade, num panorama de disputas em que todos querem se apoderar das mesmas coisas, especialmente das mais valiosas: matéria-prima, capital, conhecimento, competências, líderes, gestores, trabalhadores capacitados, colaboradores, fornecedores e, obviamente, consumidores.

Se o momento é de grandes disputas, é também de grandes desafios, e é esse o eixo do livro de Sirkin, Hemerling e Bhattacharya. A grande questão é saber como ser bem-sucedido na era da globalidade, num mundo de grande competição, num roteiro encenado por atores que estão à procura de oportunidades para fazer brilhar seu talento, sua capacidade de trabalho e empreendedorismo. Segundo os autores, "dominantes" e "desafiantes" têm muito a aprender uns com os outros.

A nós, brasileiros, *Globalidade: a nova era da globalização* tem muito a dizer. O Brasil é um dos protagonistas — e bem respeitado — dessa história, na condição de EDR. Além dos relatos e interessantes análises a respeito de muitas de nossas práticas exemplares na era da globalidade, o livro ostenta uma relação de 13 empresas desafiantes brasileiras: Braskem, Coteminas, Embraer, Gerdau, JBS-Friboi, Marcopolo, Natura, Perdigão, Petrobras, Sadia, Vale, Votorantim e Weg. Estamos atrás apenas da China, com 41 empresas, e da Índia, com vinte. Ao México, coube a quarta colocação, com sete.

A globalidade, tal como definida e caracterizada por Sirkin, Hemerling e Bhattacharya, representa uma excelente oportunidade para as empresas brasileiras demonstrarem sua capacidade de responder a desafios; para nosso povo, significa mais um momento histórico favorável à expressão de sua grande criatividade.

Roger Agnelli
diretor presidente da Companhia Vale do Rio Doce (CVRD)

CAPÍTULO 1

O que é globalidade?

*"Estamos em uma nova ordem econômica.
Quem vai sobreviver e quem será derrotado?"
A.M. Naik, L&T*

Globalidade não é um termo novo e diferente para globalização; trata-se do nome de uma realidade global nova e diferente na qual todos nós competiremos com todos, por tudo e em toda parte.

Nós três, consultores de empresas que se tornaram autores, somos sócios no The Boston Consulting Group (BCG) e temos estudado a mudança do ambiente empresarial global — e trabalhado com empresas nela envolvidas — há mais de vinte anos. A abrangente pesquisa que nós e nossos colegas realizamos nos últimos cinco anos nos encaminhou a este livro.

Quando começamos a fazer viagens internacionais, a globalização estava apenas começando. Era uma cavalgada que ia do Ocidente para o Oriente — grandes empresas multinacionais centradas na Europa, no Japão e nos Estados Unidos estavam marchando para fora de suas fortalezas rumo a terras estrangeiras em busca de fabricação barata e mercados mais simples.

Hoje, olhamos para a frente e vemos o surgimento de uma nova era. Nós a chamamos de globalidade, um tipo de ambiente diferente no qual os negócios fluem em todas as direções. As empresas não têm centros. A idéia de estrangeirismo é estranha a essa era. O comércio gira, e o domínio do mercado muda. A ortodoxia empresarial ocidental se entrelaça com a filosofia empresarial oriental e cria uma mentalidade totalmente nova, que abrange tanto o lucro e a concorrência quanto a sustentabilidade e a colaboração.

A globalidade é um novo roteiro cinematográfico de grande sucesso — ação, drama, suspense e *road movie*, tudo junto —, com um vasto elenco de personagens e locações em todos os cantos do mundo. Conhecemos, trabalhamos e conversamos longamente com muitos protagonistas desse enredo ainda em desenvolvimento.

Ratan Tata, presidente do maior conglomerado da Índia, o Grupo Tata, é sem dúvida uma das pessoas que fazem parte desse "todo mundo" que constituirá os jogadores no mundo da globalidade. Em 1962, ele se formou em arquitetura em Cornell, voltou para a Índia e foi trabalhar na empresa da família, que foi fundada como uma sociedade mercantil em 1868 pelo bisavô de Ratan, Jamsetji Nusserwanji Tata. Ratan Tata foi nomeado presidente do conselho em 1991, quando o Grupo Tata era um amontoado de negócios locais, e a Índia ainda estava essencialmente fechada para as empresas e os investimentos estrangeiros. Ratan Tata adotou como missão modernizar e internacionalizar a sua empresa e, ao mesmo tempo, ajudar a Índia a abrir suas fronteiras e sua mente para os negócios mundiais.

Hoje, o Grupo Tata é uma família descentralizada de empresas agrupadas em sete setores, incluindo tecnologia da informação e da comunicação, química, hotéis, automóveis e siderurgia. Quando Ratan Tata negociou o acordo de US$13,1 bilhões para comprar o Grupo Corus, uma siderúrgica anglo-holandesa, em 2007 — a maior aquisição estrangeira da história da Índia —, Tata apareceu com destaque no panorama mundial. Hoje, o Grupo Tata tem uma capitalização de mercado superior a US$50 bilhões, e mais de 50% de suas receitas anuais de US$50 bilhões vêm de fora da Índia. "Não discutimos mais o futuro da Índia", diz Kamal Nath, o ministro do Comércio indiano. "Nós dizemos: 'O futuro é a Índia.'"[1]

O Grupo Tata é um "desafiante global", uma das centenas, até mesmo milhares, de empresas cujas origens estão fora do mundo estabelecido do comércio ocidental, nas economias de desenvolvimento rápido (EDRs) — Argentina, Brasil, Chile, China, Egito, Hungria, Índia, Indonésia, Malásia, México, Polônia, República Tcheca, Rússia, Tailândia e Turquia — e que estão impetuosamente abrindo caminho até o palco principal. Elas crescem rapidamente, são ávidas e têm acesso a todos os mercados e recursos mundiais. Estão aparecendo por toda parte — nos mercados umas das outras em todo o mundo, em mercados menos desenvolvidos do que os seus e, cada vez mais, nos mercados desenvolvidos do Japão, da Europa Ocidental e dos Estados Unidos.

Alguns anos atrás, Glenn Tilton, diretor-geral da United Airlines, falou durante o café-da-manhã sobre o Embraer 170, um novo jato regional feito no Brasil que a United havia colocado em serviço na rota Chicago–Santa Fé, em que nós voamos com freqüência. Na época, não éramos fãs dos jatos pequenos, de fuselagem estreita, que serviam as cidades secundárias. "Jatos regionais, sem bagageiro na cabine e nos quais seus joelhos batem no cara da frente, certo?"

Tilton sorriu. "Experimentem", disse ele. "Acho que vocês vão gostar." E gostamos. Ele tinha razão. O jato bimotor de setenta lugares tem todos os confortos dos aviões grandes e nenhuma de suas desvantagens, especialmente a temida poltrona do meio. Em 1995, a Embraer estava praticamente falida. Hoje, é a maior fabricante mundial de jatos comerciais de até 120 lugares, à frente da fabricante canadense Bombardier em número de entregas e em volume de vendas, embora esteja constantemente competindo com a sua arqui-rival pela supremacia. E a Embraer cresceu em um país sul-americano muito mais conhecido pelo café, pelas laranjas, pelos diamantes e pelo aço — e também pela supermodelo Gisele Bündchen — do que pelo tipo de engenharia e fabricação de alta tecnologia necessárias à construção de aeronaves de última geração.

A Embraer, como todas as empresas desafiantes, vai competir cada vez mais com todos, por tudo e em toda parte. E quando falamos desse tudo, é exatamente isso que queremos dizer — todos os recursos e mercados do planeta. Todo mundo estará tentando conseguir o mesmo que todas as outras pessoas querem, sobretudo o que for mais precioso e limitado: matérias-primas, capital, conhecimento, capacidades e, acima de tudo, pessoas: líderes, gestores, trabalhadores, parceiros, colaboradores, fornecedores. E, é claro, clientes.

Em 2007, os visitantes do Salão do Automóvel de Detroit talvez tenham ficado um pouco perplexos ao passarem pelo estande no qual a Changfeng, umã montadora chinesa, estava apresentando o seu protótipo de SUV, o Liebao. A empresa vendeu cerca de cem mil veículos em 2006, a maioria para clientes na província chinesa de Hunan. Será que a Changfeng realmente estava falando sério sobre competir com a Toyota (2.542.525 veículos leves vendidos nos Estados Unidos em 2006) e a Ford (2.901.090 veículos leves vendidos nos Estados Unidos no mesmo ano) no mercado americano?

Se estava, teria de apresentar mais modelos do que o Liebao, e com um design melhor. Mas a maioria das montadoras trabalha com empresas de design independentes, e — como todos os executivos no salão sabiam — as principais firmas de design européias, como a Giugiaro na Itália, estão lotadas de projetos para os próximos anos. (Muitas delas estão trabalhando com outras montadoras chinesas.)

Mas a Changfeng achou que já tinha resolvido esse problema: contratou um ex-engenheiro da Ford, Allen Han, nascido na China, para ser o chefe de desenvolvimento de produtos. Por que Han mudaria de um emprego bem remunerado em Detroit, Michigan, para um outro com um salário menor na cidade industrial de Changsha, Hunan? "Em Detroit, as condições de trabalho e a remuneração são muito melhores", explicou Li Jianxin, presidente do conselho da Changfeng. "Mas a cidade carece de energia e paixão. Isso nós temos de sobra na China."[2]

Há anos as empresas estão lutando entre si em busca de talentos, é claro. Mas não temos dúvida de que a competição entre todos, por tudo e em toda parte vai ficar mais acirrada. Veremos pessoas rivalizando umas com as outras por tudo, desde óleo de palmeira na Malásia até pessoal de escritório que fale inglês em Xangai, passando por contêineres marítimos em Shenzhen, espaço expositivo em Monterrey, operários em Bratislava, pelotas de minério de ferro em São Paulo, gás natural em Moscou, clientes em Daca, algodão em Campala, gerentes seniores em Varsóvia e assentos de classe executiva em vôos de Londres para Pequim.

Na primavera de 1976, a *The New Yorker* exibiu uma ilustração de capa chamada "View of the World from Ninth Avenue" [Vista do mundo a partir da Nona Avenida], de Saul Steinberg, que ficou famosa, um ícone da mentalidade paroquial. Manhattan aparece bem grande na frente, o resto dos Estados Unidos ocupa um retângulo esverdeado a meia distância, e, no horizonte distante, aparecem três protuberâncias baixas com os rótulos China, Rússia e Japão. A Índia nem aparece.

Essa capa nunca seria publicada agora, porque China e Rússia — junto com Índia, México, Brasil, Turquia, República Tcheca e outras economias de desenvolvimento rápido — surgem em nossa vida todos os dias, vindo de todas as direções, em todos os minutos de todas as horas. Todos conhecemos o fornecimento global de produtos e serviços; sabemos que nossas camisas são costuradas na Romênia, nossos damascos são colhidos na Turquia, a assistência por telefone do nosso computador está localizada na Índia e os laptops são montados na China. Mas as etiquetas das camisas e os sotaques indianos são apenas a ponta de um enorme iceberg que é a presença das empresas desafiantes em nossa vida cotidiana.

Já ouviu falar da Johnson Electric? Soa como uma empresa de médio porte, fabricante de interruptores e caixas de passagem elétrica, com sede em, digamos, Tyler, Texas? Errado. A Johnson Electric é uma grande empresa no mercado mundial de micromotores. Quando você ajusta o retrovisor do seu carro ou limpa o seu carpete com um aspirador de pó equipado com uma escova rotatória, a família de Wang Seng Liang dá outro lucrativo sorriso. Em 1959, Wang fundou a Johnson Electric, em Hong Kong, para produzir pequenos motores propulsores de barquinhos ou aviõezinhos de brinquedo baratos, exportados por comerciantes chineses para os Estados Unidos. (O nome Johnson Electric foi escolhido para ser usado fora da China a fim de que a empresa não parecesse "chinesa demais".) Hoje, a Johnson Electric é a número 1 em dispositivos atuadores de movimento, os pequenos motores que zunem constantemente à nossa volta, fazendo funcionar camas de hospital, câmeras de vigilância, massageadores de pés, escovas de dente, moedores de café, centrífugas, *joysticks*, vasos sanitários, impressoras, aparelhos de pressão arterial, limpadores de pára-brisa, reguladores de assentos e ventoinhas.

Será que o nome Cemex lembra alguma coisa? Quando atravessamos de carro o túnel sob o Canal da Mancha indo de Londres para Paris, subimos os degraus do estádio Turner em Atlanta, aterrissamos no aeroporto Sondika em Bilbao ou relaxamos no pátio tomando uns drinques com os amigos em El Dorado, Califórnia, aquela coisa cinza nas paredes ou embaixo dos nossos pés é fornecida pela Cemex, do México, a maior produtora mundial de concreto pré-misturado.

A menos que você esteja nos ramos de micromotores ou cimento, deve achar muito fácil se acostumar à profusão de bens e serviços de todo o mundo que estão disponíveis (e desfrutar deles), mas as implicações de competir com todos, por tudo e em toda parte se tornam mais pessoais quando você pensa, por exemplo, em matrículas na faculdade.

Já é difícil o bastante competir com os melhores alunos de todo o país para ser admitido em uma das universidades mais conceituadas dos Estados Unidos, mas hoje você está competindo com os melhores alunos de todo o mundo.

Nas vinte melhores escolas de negócios dos Estados Unidos, os alunos estrangeiros perfazem de 20 a 30% do total de matrículas. Na Universidade da Califórnia, 23% dos alunos de graduação nasceram fora dos Estados Unidos. Daqui a não muitos anos, jovens criados nos Estados Unidos talvez deixem seu país natal para fazer um MBA, questionando-se obcecadamente se devem freqüentar a China Europe International Business School (CEIBS) em Xangai (considerada uma das cinqüenta melhores escolas de negócios do mundo) ou a Escola de Administração de Skolkovo, nas imediações de Moscou.

E, por fim, vamos falar de uma das atividades mais importantes de todas: beisebol. Na temporada de 2007, o melhor arremessador do New York Yankees não foi Roger Clemens, que assinou um contrato de US$28 milhões pela temporada, dependendo do número de jogos em que arremessasse, mas Chien-Ming Wang, nascido em Taiwan. Em 2005, 242 dos 829 jogadores (29%) das listas iniciais dos trinta clubes da Major League Baseball eram nascidos fora dos Estados Unidos, em países como Cuba, México e Venezuela.[3]

Agora, o beisebol está começando a fazer sucesso também na África. Em 2007, fora da temporada, o New York Mets fez uma turnê beneficente de quatro dias a Gana, onde realizou uma escolinha de beisebol para crianças da capital do país, Acra. "Nem todos vão jogar futebol, nem todos vão jogar tênis", disse George Ntim, presidente da Fundação Africana para o Desenvolvimento, "então, deve haver um outro esporte para eles. Por que não o beisebol?".[4] Será que o beisebol americano vai terminar como o tênis em Wimbledon terminou para os britânicos? Será que os americanos vão ficar esperando, aflitos, que um time dos EUA chegue à World Series?

A globalidade vai afetar tudo, todos, em toda parte. E isso inclui você. Um dia, talvez será a sua empresa que o Grupo Tata vai querer comprar, o seu filho que vai ligar de Xangai, o seu cargo que vai ser transferido para a Cidade do México, ou o seu novo Chanfeng que vai estar reluzindo na entrada da sua garagem.

É só uma questão de tempo.

O tsunami

Será mesmo?

Fique calmo. Esta não é a primeira vez que um grupo de concorrentes de economias em desenvolvimento ascendem e desafiam os jogadores já estabelecidos — as empresas que chamamos de "dominantes" — dos mercados desenvolvidos. No início dos anos 1900, elas surgiram nos Estados Unidos para desafiar o domínio dos enfadonhos fabricantes europeus. Nos anos 1970, os fabricantes japoneses se lançaram sobre o mercado americano com seus produtos de baixo custo e alta qualidade. Nos anos 1980, com a ajuda do NAFTA, o México apresentou seu time de empresas desafiantes. Nos anos 1990, os concorrentes provinham da Coréia.

Se quiser, você pode voltar ainda mais no tempo, até a onda de pretensiosos empreendedores europeus que, no início do século XVI, zarparam para estabelecer empresas na Índia e na China para trocar prata por especiarias.

No entanto, apesar de todas essas ondas anteriores terem tido um impacto tremendo no mundo, esta onda de desafiantes globais de economias de desenvolvimento rápido é muito maior e mais significativa, e surtirá um efeito muito mais forte no mundo do que qualquer outra onda precedente. A onda atual mais se parece com um tsunami — uma série de ondas baixas e fortes causadas por uma ruptura submarina que quebram na costa e penetram terra adentro — do que com uma única onda de maré.

Por quê? Três motivos:

- As origens singulares das empresas desafiantes
- O acesso global sem precedentes do qual elas desfrutam
- Seu apetite insaciável por conquistas

As características nacionais da China e da Índia, em especial, são muito diferentes daquelas encontradas nos Estados Unidos, no Japão e na Coréia. Trata-se de países vastos, com populações enormes. Isso significa não somente que eles têm mão-de-obra abundante (com salários baixos), mas que têm também um potencial espantoso como mercados e, mais ainda, que também são importantes fornecedores de recursos. As populações da Índia e da China juntas perfazem cerca de 2,6 bilhões de pessoas, ou 37% dos seres humanos do planeta. Acrescente a isso duzentos milhões de brasileiros, 143 milhões de russos, 110 milhões de mexicanos e 150 milhões de europeus orientais e você terá um total de mais de três bilhões de pessoas em economias de desenvolvimento rápido. É o triplo das populações combinadas da Europa Ocidental (quatrocentos milhões), dos Estados Unidos (trezentos milhões) e do Japão (127 milhões). Isso sem nem levar em consideração as centenas de milhões de pessoas no Sudeste Asiático, no Oriente Médio e na África.

O segundo fator fundamental é o acesso sem precedentes a todas as pessoas, a todos os lugares e a tudo de que as empresas desafiantes desfrutam — graças, entre outros avanços, a redes mundiais de comunicação e também a leis e políticas internacionais favoráveis ao comércio. Informações, dados, talento, organizações, capital, sistemas — tudo isso está disponível com o clique de um mouse, do outro lado de uma conexão de telefone celular ou a um dia de vôo. Todo mundo em todos os lugares pode ter acesso a todas as coisas.

Isso estava longe de ser realidade no século XVI, quando os mercadores portugueses em Macau tiveram de construir lá mesmo seus próprios navios e quando os comerciantes franceses foram forçados a pegar emprestado prata de agiotas nos mercados locais, uma situação que certamente eleva as taxas de juros. Também não era realidade durante a onda japonesa dos anos 1970, muito antes de a internet desempenhar um papel de destaque nas comunicações e no comércio, e quando a única maneira de observar os mercados americanos e estudar os hábitos dos nativos era enviar equipes secretas de desenvolvimento de produtos. (Essa ainda é a melhor maneira, mas não é mais a única.) Até mesmo nos anos 1990, quando a Coréia apresentou o seu desafio, a rede mundial de computadores ainda não tinha a força que tem hoje, e o mundo ainda não tinha se aberto tanto.

O terceiro fator que torna esta onda tão notável é o apetite insaciável das pessoas em economias de desenvolvimento rápido por aprendizado, aprimoramento, conquistas, sucesso e reconhecimento. Lembre-se de que Rússia, Índia e China ficaram praticamente fora da economia mundial durante a maior parte do século XX. Com a abertura dessas sociedades e, logo depois, o sucesso crescente de suas economias, as pessoas e empresas estão cada vez mais atraídas por conquistas em níveis cada vez mais altos.

As pessoas em economias de desenvolvimento rápido têm uma visão de mundo fundamentalmente diferente da visão de mundo das pessoas em economias desenvolvidas. Estados Unidos, Japão e Europa Ocidental têm economias de crescimento lento caracterizadas por consumidores abastados, empresas estabelecidas, mercados bem-definidos e infra-estruturas com um funcionamento (relativamente) bom. China, Índia, Rússia, Brasil e os outros países são economias de crescimento rápido com populações jovens e pobres, empresas inexperientes em negócios modernos, infra-estruturas sobrecarregadas e mercados de dimensão desconhecida.

Todo mundo nas economias de desenvolvimento rápido está correndo para alcançar o mesmo nível dos outros, aproveitar as oportunidades, melhorar suas chances e ajudar seus países a conquistar o lugar merecido na sociedade mundial. É por isso que os livros sobre negócios estão vendendo como água na China, os agricultores nas aldeias da Índia têm um segundo emprego no ramo de terceirização de processos de negócios, shopping centers estão surgindo em Ekaterimburgo, Rússia, e tanto os executivos quanto os trabalhadores têm longas jornadas de trabalho, muitas vezes sete dias por semana.

As sete lutas

Quem são esses desafiantes?
    Como alcançaram o sucesso?
    Como pensam?
    O que fazem?
    Para onde vão?

Sabemos, observando o seu progresso, visitando suas empresas, trabalhando com eles e conversando com seus líderes, que os desafiantes são versados nos princípios e práticas da ortodoxia ocidental dos negócios. Afinal de contas, muitos de seus executivos seniores foram educados no Ocidente. Anand Mahindra possui um MBA de Harvard. Baba Kalyani fez sua pós-graduação no MIT. Patrick Wang estudou engenharia elétrica em Purdue. Shi Zhengrong tem um diploma em Física da Universidade da Nova Gales do Sul.

Mas esses líderes não voltaram para casa e aplicaram instantaneamente em suas empresas o que haviam aprendido com o método de estudo de casos. Eles sintetizaram as idéias ocidentais com atitudes, práticas e conceitos de suas próprias culturas, bem como de outras, o que faz com que executem ações e façam declarações que, para as empresas dominantes, podem parecer heterodoxas, contra-intuitivas, até desconcertantes — mas também atraentes e provocantes, e vamos apresentar muitos exemplos neste livro.

Pudemos não apenas conhecer dúzias de empresas desafiantes nas economias de crescimento rápido e conversar com seus líderes sobre o que significa competir com todos, por tudo e em toda parte, mas também trabalhamos em estreita colaboração com as empresas dominantes à medida que elas se adequavam ao pensamento das desafiantes e adaptavam suas operações à nova realidade global.

Com base em nossa experiência e análise, e em muitos dados e informações, temos de concluir que, em geral, as empresas desafiantes estão aprendendo mais rápido do que a maioria das empresas dominantes como obter sucesso em uma era de globalidade. Isso não deve causar surpresa, por causa dos pontos de partida diferentes das empresas desafiantes e dominantes e do vasto hiato entre as suas atuais posições. As desafiantes têm tudo a ganhar. As dominantes, ao que parece muitas vezes, têm muito a perder.

Todavia, isso não significa que a rápida ascensão das empresas desafiantes acarretará a queda certeira das empresas dominantes. Não foi isso o que aconteceu em nenhuma das ondas precedentes de mudança global. Algumas empresas dominantes perderão suas posições atuais (algumas já perderam), e outras, não. Algumas desafiantes se tornarão líderes mundiais; outras desaparecerão do radar por completo.

Para sobreviver, competir e ser bem-sucedida na era da globalidade, toda empresa terá de enfrentar seus problemas e abrir seu caminho por entre uma série de desafios e dificuldades que nós chamamos de "as sete lutas da globalidade".

Em um mundo que muitas vezes prefere respostas simples e soluções específicas, nós no início empacamos diante da palavra *lutas*. Ela não é um pouco negativa? Será que as pessoas não vão ficar desanimadas pela idéia de uma atividade empresarial que não tem um resultado claro? Talvez. Mas qualquer pessoa que já colocou os pés no palco dos negócios internacionais sabe que atuar nele é uma atividade muitas vezes complexa e sempre dinâmica.

Então, decidimos que a palavra *lutas* é a mais descritiva e precisa, pois essas questões são indubitavelmente diferentes das tarefas ou dos projetos que podem ser claramente definidos, facilmente solucionados e cortados na lista de coisas a fazer. Trata-se muitas vezes de preocupações contínuas que raramente têm respostas simples ou únicas e que precisam ser constantemente reavaliadas. Podem estar mais ou menos sob controle, mas nunca são realmente solucionadas. Elas são:

- Atentar para o diferencial de custos
- Desenvolver pessoas
- Penetrar os mercados
- Pontualizar
- Pensar grande, agir rápido, ir para fora
- Inovar com engenhosidade
- Adotar a multiplicidade

Nenhuma empresa — desafiante ou dominante — pode competir na globalidade sem travar uma ou várias dessas lutas (provavelmente todas). Mas não volte atrás! Há muitas ações que as empresas podem executar ao travar essas lutas, e nós as discutiremos detalhadamente nos capítulos a seguir.

ATENTAR PARA O DIFERENCIAL DE CUSTOS

A primeira luta envolve custos.

O baixo custo foi a grande alavanca que permitiu que empresas pequenas, locais, nas economias de desenvolvimento rápido, evoluíssem e se tornassem desafiantes globais, e seu acesso a recursos de baixo custo — em primeiro lugar e acima de tudo mão-de-obra, mas também equipamentos, matérias-primas e componentes — continua a lhes proporcionar uma grande vantagem em relação às empresas dominantes em economias desenvolvidas.

No entanto, a globalidade é mais do que uma batalha sem fim para conquistar o menor custo em todos os aspectos de todos os negócios. As empresas desafiantes — especialmente à medida que tentam passar de fornecedoras de *commodities* a concorrentes globais plenas — não terão um controle tão completo de seus custos e descobrirão que seu foco no baixo custo será uma desvantagem em algumas áreas, especialmente quando estiverem competindo por talento. Allen Han aceitou a oferta da Changfeng, mas ele era um engenheiro de nível médio na Ford. Não importa quanta paixão haja em Changsha, nem todo mundo se deixará conquistar pelo encanto da cidade.

Para superar sua desvantagem em termos de custos, as empresas dominantes podem potencializar uma série de outras vantagens — tais como inovação e legado da marca — para compensar o diferencial de custo. A questão, portanto, não é tanto conseguir o baixo custo absoluto, mas se manter vigilante em relação ao diferencial de custos. Nenhum concorrente poderá ser bem-sucedido se os seus custos forem significativamente mais altos do que o de outras empresas do setor — exceto naqueles raros casos em que ele conseguir transformar completamente uma categoria ou um processo através da inovação. Mesmo assim, a sua vantagem provavelmente não durará muito tempo.

A luta para as empresas dominantes — e cada vez mais para as desafiantes — será prestar atenção constantemente ao diferencial de custos. As medidas mais importantes que podem ser adotadas são:

- Otimizar com mão-de-obra
- Formar *clusters*
- Superdimensionar
- Simplificar

DESENVOLVER PESSOAS

Segundo várias análises, há um grande contingente de talento disponível em todo o mundo. As economias de desenvolvimento rápido estão supostamente repletas de trabalhadores e gestores instruídos e competentes, ao passo que, nas economias desenvolvidas, o parque de talentos está diminuindo, e os salários, subindo.

Pode ser, mas ainda há uma luta por talento na globalidade, e trata-se de alinhar o talento adequado e o trabalho a ser realizado — obter o número ideal de pessoas com as capacidades certas para realizar as tarefas necessárias nos lugares certos e nos momentos certos. Trata-se, em parte, de uma questão de quantidade. Apesar do grande número de trabalhadores, muitas vezes não há pessoal qualificado suficiente disponível para satisfazer a demanda. Na Índia, a taxa de rotatividade de pessoal no ramo da terceirização chegou a 50% anuais.[5] É por isso que a Infosys Technologies, a gigantesca empresa indiana de terceirização, está avaliando a contratação de seis mil funcionários chineses nos próximos cinco anos.[6]

Algumas vezes, o trabalho está localizado em lugares nos quais não há trabalhadores disponíveis suficientes para realizá-lo. Essa é uma das razões pelas quais a China tem cerca de 140 milhões de trabalhadores migrantes, pessoas que deixam suas casas e famílias para fazer trabalho itinerante em cidades distantes. O problema é agudo na Europa Oriental, de onde milhões de trabalhadores têm emigrado para o Ocidente atrás de empregos com uma remuneração mais alta, forçando algumas empresas com instalações na Polônia a aumentar os salários, recrutar trabalhadores na África e no Oriente Médio ou encerrar completamente suas operações.

Contudo, a luta, em sua maior parte, diz respeito à qualidade, pois até mesmo as pessoas que aparentemente possuem as credenciais certas para o trabalho (como um diploma de engenharia ou um certificado de treinamento) nem sempre têm as habilidades reais necessárias, o nível adequado ou a capacidade para apresentar o desempenho exigido. Por exemplo, uma grande porcentagem das pessoas na Índia que têm instrução de nível universitário em inglês não é realmente fluente.

Portanto, as empresas estarão lutando com a questão do alinhamento e, com uma freqüência frustrante, a do desalinhamento dos vários jogadores envolvidos. As companhias bem-sucedidas se concentram em aperfeiçoar seus métodos de recrutamento, desenvolvimento e alocação. Mais do que ajustar pessoas a moldes, elas estão criando seus próprios talentos, concentrando-se nas seguintes ações fundamentais:

- Recrutar para crescer rapidamente
- Desenvolver para a profundidade
- Alocar para obter resultados rápidos
- Deixar que os líderes cresçam

Penetrar os mercados

Boa parte da história da globalização no âmbito de mercados domésticos esteve relacionada a empresas dominantes fazendo negócios com uma porcentagem muito pequena das grandes populações nesses mercados, se é que chegavam a vender para eles.

Agora, as empresas dominantes estão mirando, muito mais agressivamente do que antes, as economias de crescimento rápido, levando em consideração os seus mercados enormes e valiosos — atraídas não apenas pelo tamanho de suas populações, mas também pela crescente riqueza e sofisticação tanto dos clientes industriais quanto dos consumidores do mercado geral. Em vez de atuar na superfície desses enormes mercados, o desafio é ir até o fundo e atingir as centenas de milhões de compradores em potencial que estão lá esperando.

No entanto, as empresas dominantes muitas vezes se frustram em seus esforços de penetração por causa de vários fatores, dentre os quais a compreensão inadequada dos consumidores, as várias diferenças culturais existentes — não apenas em comparação com os mercados desenvolvidos, mas dentro de um único mercado —, a carência de infra-estrutura, legados de marcas e sistemas de distribuição e varejo complexos e muitas vezes impenetráveis.

Essas questões tornam bastante difícil capturar os segmentos "fáceis" dos mercados nas economias de desenvolvimento rápido, que são apenas a ponta do iceberg populacional. Pelo menos mais um bilhão de pessoas na China, Índia e Europa Oriental ainda têm de se agregar à sociedade de consumo global — e, ao longo das próximas décadas, têm o potencial para fazê-lo.

A luta para as empresas dominantes (e para as desafiantes, à medida que elas se expandem para outras economias de desenvolvimento rápido) é conseguir penetrar nos bolsões de população bem-definidos e facilmente acessíveis e, depois, ir até o fundo dos mercados de massa, executando uma ou várias das seguintes ações:

- Criar novas categorias
- Achar o ponto mais favorável
- Tornar local

- Distribuir em meio ao caos
- Fazer negócios com empresas (*business-to-business*)
- Entrar em novos mercados

PONTUALIZAR

Ao longo dos anos, muitos jogadores internacionais trabalharam para transferir para o exterior alguns elementos de suas operações, fundamentalmente para reduzir custos. Mas as empresas desafiantes começaram a repensar completamente suas cadeias de valor, desagregando-as e modularizando-as, depois posicionando os vários elementos em locais ideais em todo o mundo e, por conseguinte, criando vantagens atraentes tanto em termos de custo quanto de escala.

As empresas dominantes costumavam ver os países de desenvolvimento rápido como regiões de baixo custo que podiam executar apenas trabalho de baixo custo e que não diferenciavam com nitidez suficiente as vantagens (ou desvantagens) específicas de um local em comparação a outro.

Mas muitas desafiantes se mostraram mais implacáveis, e até impiedosas, ao examinar minuciosamente os elementos da cadeia de valor, separando-os em elementos distintos, deslocando-os — e depois inserindo-os em seus processos de negócios de uma maneira que faz a distância e a localização geográfica parecerem quase irrelevantes.

À medida que as condições forem mudando no âmbito das economias de desenvolvimento rápido, e à medida que as outras economias em desenvolvimento (por exemplo, Vietnã, Malásia, Paquistão) forem melhorando suas habilidades, tanto as empresas dominantes quanto as desafiantes lutarão para reavaliar constantemente quais são os melhores lugares, agora e no futuro, para executar cada atividade, a fim de sustentar as seguintes ações:

- Conectar-se com os clientes
- Distribuir complexidade
- Reinventar o modelo de negócios

Pensar grande, agir rápido, ir para fora

Na ortodoxia empresarial do Ocidente, fusões, aquisições, parcerias e *joint ventures* são realizadas por vários motivos, tais como aumento de escala, ampliação do alcance geográfico, adição de capacidades e, sim, ocasionalmente por motivos não tão estratégicos, como capricho, vingança ou aventura.

Para as empresas desafiantes, as aquisições proporcionam uma maneira rápida de alcançar as dominantes. As desafiantes são empresas jovens, ou ex-burocracias estatais, ou companhias de médio porte com poucos recursos e sistemas antiquados. Aquisições, fusões e colaborações permitem às empresas desafiantes dar grandes saltos à frente, necessários para que elas entrem na concorrência. Por conseguinte, elas tendem a colocar a oportunidade de acumular conhecimento em uma posição mais alta na lista de motivos para fazer aquisições do que as empresas dominantes.

Parte do motivo para isso é o apetite das empresas desafiantes. Elas querem avançar o mais rápido possível, o que muitas vezes significa que não desejam perder tempo desenvolvendo uma capacidade ou adquirindo o conhecimento necessário por conta própria. Como resultado, tanto o número quanto o tamanho das transações de fusão e aquisição finalizadas pelas empresas desafiantes disparou nos últimos cinco anos.

Os leitores podem ter familiaridade com a integração pós-fusão (IPF), o processo de racionalização e integração de duas empresas que uniram forças em uma fusão ou aquisição. Nas economias desenvolvidas, a integração pós-fusão é muitas vezes um exercício de eliminação de custos, redução de pessoal, racionalização das instalações e adaptação forçada de uma empresa ao modelo da outra.

Todavia, é mais provável que as empresas desafiantes trabalhem para entender realmente o que a companhia adquirida tem a oferecer e aprendam o que ela tem a ensinar ao adotarem as seguintes ações:

- Ampliar a escala
- Construir marcas
- Preencher lacunas de capacidade
- Permutar

INOVAR COM ENGENHOSIDADE

As empresas dominantes dão duro para inovar e se preocupam com a inovação na mesma medida em que a realizam. Grandes laboratórios de pesquisa e departamentos criativos correm atrás de novas idéias e tecnologias, materiais e processos. Engenheiros, projetistas, gestores e profissionais de marketing pensam constantemente em novos produtos e serviços que poderiam e deveriam ser criados, e como os produtos e serviços existentes poderiam ser aprimorados ou refinados criando uma nova variação ou um novo recurso.

As empresas desafiantes geralmente não estão associadas a inovações revolucionárias. Ao invés disso, tornaram-se conhecidas como especialistas em cópias, interpretações, simplificações e adaptações de tecnologias, produtos e serviços criados em outro lugar por outras pessoas.

Mas as empresas desafiantes estão praticando cada vez mais seu estilo próprio de inovação. Elas não têm vultosos orçamentos de pesquisa e desenvolvimento (P&D), nem grandes talentos nessa área. Não possuem enormes bases de dados cheias de conhecimento, prateleiras repletas de protótipos ou milhares de patentes em arquivo. Raramente impactam uma indústria com uma inovação revolucionária de grande sucesso comercial.

O que elas possuem, porém, é engenhosidade. São perspicazes e cheias de recursos, capazes de criar rapidamente novas variações sobre um tema com os recursos que estiverem à mão. Possuem um profundo conhecimento local — sobre o que as pessoas querem e precisam, que recursos estão disponíveis e quais limites estão restringindo suas escolhas — que lhes permite apresentar ao mercado tecnologias, produtos e serviços reimaginados, reinventados e reconfigurados que podem ser um sucesso. E se eles não emplacarem, elas podem arquitetar outras dez possibilidades imediatamente.

A luta na globalidade está alcançando a combinação certa de inovação formalizada e engenhosidade instantânea. Estas ações caracterizam a inovação engenhosa:

- Adaptar
- Alavancar
- Inventar rapidamente

Adotar a multiplicidade

As empresas dominantes têm uma tendência à padronização. Estratégias de mundo interdependente. Autoridades centralizadas. Escritório em casa. Alinhamento de pessoas e idéias.

A luta da globalidade é aprender a conviver com a multiplicidade e prosperar com ela.

A globalidade envolve muitos países, economias, mercados, locações, recursos. Não há centros. Não há países-sede. Não há estrangeirismo. Não há hierarquia de locação.

A globalidade abrange o uso de mais de uma estratégia ou abordagem para diferentes culturas, produtos e serviços, clientes, momentos e situações competitivas.

A globalidade tira partido de muitos tipos de contextos, habilidades, talentos, idéias, organizações, sistemas e modos de ser.

A multiplicidade é um conceito desconhecido e mesmo desconfortável para aqueles que estão procurando a única e melhor maneira, a estrutura organizacional ideal, o estilo de liderança distintivo.

Apesar de operarem usando estruturas e práticas organizacionais que são bastante diferentes das usadas pela maioria das empresas dominantes, as empresas desafiantes não reinventaram os fundamentos da ciência administrativa. Ao invés disso, apropriaram-se do conhecimento e da sabedoria que têm se acumulado há quase um século nos mercados desenvolvidos, adaptaram-nos aos modelos operacionais de suas próprias economias e criaram sínteses interessantes que são particularmente adequadas à era da globalidade.

A luta é para determinar quais práticas de gestão dos mercados desenvolvidos podem ser transplantadas ou adaptadas com sucesso a cada mercado em desenvolvimento e a cada situação, quais devem ser rejeitadas (às vezes, dolorosamente), como tirar partido da multiplicidade em todas as suas formas, e como gerir estas ações fundamentais:

- Escolher a presença global
- Manter o caráter local
- Policentralizar

Implicações: reconheça a urgência

Você está preparado para a era da globalidade? A sua empresa está preparada para entrar no ambiente em que todos, em toda parte, estão competindo por tudo?

Muitas empresas no Ocidente e no Japão continuam a agir como se não soubessem com que rapidez as coisas estão mudando e se refestelam em um embevecido estado de negação da realidade emergente. Muitos líderes ainda aderem à visão do mundo centrada no Ocidente, como se esperassem que as coisas no final voltem a ser "como eram" em 1991, 1982, 1967 ou seja lá qual for a data predefinida de sua visão de mundo.

No entanto, a maioria dos profissionais de negócios que conhecemos e com quem trabalhamos têm plena consciência de que o panorama global dos negócios foi alterado fundamentalmente e que o tsunami da mudança está chegando.

O problema é que eles não sabem exatamente o que fazer a respeito das transformações que descobrem à sua volta. Como encontrar e vencer os concorrentes na seara deles? Como se defender dos ataques das desafiantes aos seus clientes? Será que velocidade e flexibilidade sempre triunfam sobre tamanho e ativos tradicionais? Quando produtos de baixo custo e alta qualidade são um fato consumado, como uma empresa pode criar vantagem?

Os líderes das empresas desafiantes sentirão instintivamente que têm muito a ganhar na era da globalidade — que podem se tornar os novos jogadores globais, dar as cartas, engolir mercados e cruzar o mundo com ousadia. Os líderes das empresas dominantes perceberão que têm muito mais a perder do que os líderes das empresas desafiantes: participação de mercado, nível de desenvolvimento, domínio, talento, propriedade intelectual e empregos — inclusive os deles mesmos.

Durante as fases anteriores da globalização, muitas empresas encaravam a presença global como uma escolha; elas podiam optar por participar do fenômeno atuando em países de baixo custo, procurando mercados estrangeiros e se beneficiando de recursos da cadeia de suprimentos global — ou não.

A globalidade, porém, abre menos espaço para escolhas. Talvez seja possível para algumas empresas alcançar o sucesso permanecendo pequenas, servindo mercados limitados ou se conectando com o mundo por intermediários, mas a maioria das empresas não terá essa opção. Elas precisam entrar no jogo do campo global ou encarar a possibilidade de serem colocadas de lado, talvez para nunca mais voltarem.

O nosso objetivo é ajudar as empresas a mudar suas mentalidades à luz das novas realidades globais para que consigam tirar partido das vastas oportunidades que a globalidade oferece.

Quando discutimos essas questões com um executivo de uma grande empresa, ele disse: "Não precisamos nos mexer tão rápido. Temos cinco ou seis anos para descobrir o que fazer." A imobilidade provavelmente se revelará um erro para a sua empresa, assim como para a maioria das empresas em todo o mundo. Quando perceberem que estão com problemas, será tarde demais. A única maneira de vencer é competir com todos, por tudo e em toda parte.

A partir de agora.

CAPÍTULO 2

Tsunami

"O nosso destino é nos tornarmos globais."
Juan Antonio Alvarez, Compañía Sudamericana de Vapores (CSAV)

Um semanário na província de Wenzhou, uma das regiões mais prósperas da China, fez a seguinte pergunta aos leitores: "Se forçado a escolher entre seus negócios e sua família, o que você escolheria?" Dos leitores que responderam à pergunta, 60% escolheram os negócios; 20% escolheram a família; e 20% não conseguiram decidir.[1]

Não é de surpreender que as desafiantes globais tenham ascendido como um tsunami.

Um tsunami começa com uma mudança repentina na crosta terrestre ou com a erupção de um vulcão submarino. A localização da mudança e a força do choque determinam a potência final do fenômeno. Afinal de contas, nem toda falha no leito marinho ou crepitação vulcânica catalisa uma onda de mudança mundial.

O tsunami das desafiantes teve sua origem em alguns dos maiores e mais importantes países e foi criado não apenas por um único impacto estremecedor, mas por toda uma série de choques sociais e erupções econômicas ao longo de um período de várias décadas.

Um dos mais significativos aconteceu em 1978, apenas um ano após a morte de Mao Tsé-Tung, presidente do Partido Comunista Chinês, quando o grande portão da China começou a ser aberto, permitindo um fluxo mais livre de negócios de e para o país.

A abertura da China — que provavelmente foi por si só suficiente para causar o tsunami — foi seguida em 1986 pela reestruturação (*perestroika*) e pelo movimento em direção à abertura (*glasnost*) da União Soviética, que acabariam ajudando a acarretar a sua implosão em 1991 e a subseqüente queda dos muros que haviam isolado os países da Europa Oriental.

A Hungria estava fazendo privatizações desde 1968, portanto, já partiu em alta velocidade quando o governo comunista desmoronou em 1989. A República Tcheca e a Eslováquia modernas nasceram em 1993.

Naquele mesmo ano, a Índia instituiu uma série de reformas fundamentais que produziram sua própria explosão de crescimento interno e expansão internacional, após décadas de tentativas espasmódicas de pôr em movimento a economia com um plano qüinqüenal após outro e uma crise econômica em 1991.

Em 1997, o Brasil aprovou várias emendas constitucionais que permitiam mais participação de empresas privadas em diferentes setores da economia nacional, abriam oportunidades em todos os segmentos, redefiniam estruturas corporativas para as empresas locais e alteravam o status monopolístico da Telebrás, a empresa-líder nas telecomunicações, e da Petrobras, a gigante nacional de petróleo e energia.

A Bulgária, após um longo período de instabilidade, se recompôs e foi admitida na União Européia em 2007.

Nos últimos cinco anos, a Turquia, que tem tradicionalmente servido ao Oriente e ao Ocidente, vivenciou um crescimento anual do seu produto interno bruto da ordem de 7%, e as suas exportações mais do que dobraram.

Esses choques e mudanças, um após o outro, continuaram a acrescentar força à onda de mudança. Então, assim como um tsunami pode ser avivado pelas condições climáticas circunstantes, essa onda foi intensificada por dois fatores ambientais: primeiro, a disponibilidade sem precedentes de recursos globais de todos os tipos e o acesso fácil dos desafiantes a tais recursos; e, segundo, uma notável condição que as empresas desafiantes desenvolveram ao longo do tempo cuja melhor caracterização é "apetite" — um apetite prático por aprimoramento, um apetite intelectual por aprendizado e um apetite emocional por conquistas.

Já potente devido às suas origens, reforçado e amplificado por causa de fatores externos, o tsunami rapidamente concentrou sua força ao se aproximar da costa dos negócios internacionais.

As pessoas podiam ver então sua dimensão com muito mais clareza. De repente, perceberam que ele inevitavelmente as atingiria. Ativos que aparentavam estar bem protegidos pareciam passíveis de serem liberados. Posições que davam a impressão de segurança de repente pareciam vulneráveis.

Ninguém podia prever com precisão até que ponto da paisagem o tsunami penetraria ou por quanto tempo continuaria a avançar.

Mas não se preocupe demais. Isso é apenas uma metáfora.

As cem empresas desafiantes apontadas pelo BCG

No entanto, as empresas desafiantes são reais. Existem pelo menos três mil que alcançaram uma saudável medida de sucesso e proeminência dentro e para além de seus mercados de rápido crescimento. Dessas, selecionamos cem dentre as maiores, mais bem-sucedidas, influentes e interessantes para estudar com mais profundidade, extrair lições e compreender. Muitas delas são citadas neste livro.

As "cem desafiantes do BCG", como nós as chamamos, provêm de 14 países: Argentina, Brasil, Chile, China, Egito, Hungria, Índia, Indonésia, Malásia, México, Polônia, Rússia, Tailândia e Turquia. Sessenta e seis delas estão sediadas na Ásia — 41 na China, vinte na Índia. Treze provêm do Brasil; sete, do México; seis, da Rússia. (Veja a lista completa no Apêndice.)

As cem desafiantes do BCG participam de todos os tipos de setores. Trinta e quatro fornecem bens industriais; 14 produzem bens de consumo duráveis; 17 são extratoras de recursos naturais; 14 oferecem produtos alimentares, bebidas e cosméticos; quatro fabricam equipamento tecnológico. As outras 17 operam em uma ampla gama de campos, dentre os quais o farmacêutico, o de serviços de comunicação móvel, o de transportes e o de infra-estrutura.

A receita bruta total do grupo das cem desafiantes do BCG atingiu US$1,2 trilhão em 2006. Essa soma pode parecer pequena em comparação com as receitas das empresas Fortune 500 (afinal de contas, a Wal-Mart, a Exxon Mobil e a General Motors tiveram juntas um faturamento de US$900 bilhões em 2006), mas as desafiantes estão crescendo com extrema rapidez. A receita total das cem desafiantes do BCG cresceu 30% ao ano no período entre 2004 e 2006, o triplo do crescimento das empresas S&P 500 e Fortune 500. A receita internacional das cem desafiantes do BCG cresceu

37% entre 2005 e 2006, mais rápido do que a receita total. Em 2006, 34% da receita dessas empresas foram gerados no exterior, em comparação com 32% em 2004.

E mais, essas empresas são altamente rentáveis. As cem desafiantes do BCG tiveram lucros operacionais de 17% em 2006, comparados com uma margem de 14% para as empresas S&P 500 com sede nos EUA, 8% para as empresas Nikkei no Japão e 7% para as empresas DAX na Alemanha.

E suas ações também tiveram um bom desempenho. As 75 empresas de capital aberto tinham uma capitalização de mercado de US$680 bilhões em março de 2006. Calculamos o retorno total ao acionista (RTA) e a capitalização de mercado para 64 dessas empresas, excluindo 11 que eram negociadas em mercados acionários que tornam difícil a coleta de dados confiáveis. Esse grupo de 64 empresas alcançou um RTA de 418% de janeiro de 2002 até o final de junho de 2007. Os termos de comparação são 221% para o índice MSCI Emerging Market e 47% para o índice S&P 500. Em junho de 2007, a capitalização total de mercado para essas 54 empresas havia aumentado 447%, alcançando US$954 bilhões.

É evidente que fornecedores se tornaram sérios concorrentes.

NACIONALIDADES

Os países de origem das empresas desafiantes estiveram isolados do mundo do comércio internacional durante longos períodos ao longo do século XX. (Índia e China haviam, séculos atrás, sido duas das mais importantes economias do mundo. Em 1700, a renda conjunta desses dois países perfazia cerca de metade da renda total mundial.) A maioria desses 14 países não participou do crescimento da indústria, da ascensão da tecnologia, da acumulação de idéias e práticas comerciais e da construção de experiência a partir da competição de mercado que aconteceu no século XX.

Então, quando suas economias começaram a se abrir, o mundo ficou bastante surpreso com a aparência diferente do ambiente de negócios nesses países. Onde estavam as grandes corporações, as fábricas modernas, os vastos laboratórios de P&D, as cadeias de varejo associadas às marcas, as redes de distribuição, as associações industriais? Aliás, onde estavam as auto-estradas com oito pistas, as grandes pontes, os aeroportos internacionais, as vastas redes de computadores e os sistemas telefônicos de âmbito nacional?

Não havia nada disso. Pelo menos nada que os ocidentais pudessem reconhecer como, ou considerar, moderno. Em vez disso, nessas economias havia um labirinto de empresas estatais e burocracias politicamente constipadas, dezenas de milhares — talvez centenas de milhares — de comércios familiares e quiosques de rua, fábricas antiquadas (a Changfeng foi fundada como a fábrica número 7.319 do Exército de Libertação Popular da China, e havia sido originalmente equipada para consertar armas), sistemas de distribuição que dependiam tanto de riquixás e mulas quanto de veículos motorizados, empresas que operavam em escolas com professores como gestores, empreendimentos instalados em estruturas abandonadas (a primeira fábrica da Johnson Electric fora de Hong Kong ficava em um galpão para grãos na aldeia de Shenzhen), pessoas trabalhando com as próprias mãos onde deveria haver linhas de produção automatizadas, e máquinas ainda em operação que teriam sido aposentadas pelas empresas dominantes décadas antes.

Quando o período da globalização começou, essas empresas jovens demais ou muito inchadas, inexperientes ou antiquadas e quase completamente desconectadas de repente se viram trabalhando com as companhias mais sofisticadas e exigentes de todo o mundo — empresas dos Estados Unidos, da Europa e do Japão que haviam chegado em suas terras em busca de mão-de-obra e materiais de baixo custo.

Parecia natural que as empresas locais prestassem serviços às empresas dominantes como revendedoras, provedoras de mão-de-obra terceirizada e fornecedoras de baixo custo. Parecia inevitável que as empresas dominantes as considerassem empresas "locais" e esperassem delas pouco mais do que a execução de algumas tarefas específicas — curvar algum metal, costurar algumas bainhas, montar algumas partes para formar um subcomponente — dentro do prazo, de acordo com as especificações e respeitando o orçamento.

Durante duas décadas ou mais, as empresas dominantes e as locais acharam que esse arranjo funcionava para o benefício de ambas (apesar de haver aspectos negativos), e havia pouca — ou nenhuma — concorrência entre elas. Como poderia? Como a Bajaj, na Índia, fabricante de pequenas motocicletas com motores de 100cc, poderia competir com a Honda e a Kawasaki, a

Harley-Davidson e a Triumph? Como a BYD, da China, uma pequena fabricante recém-estabelecida de baterias, poderia equiparar seus produtos aos da Sony e da Sanyo? Como a Embraer, do Brasil, uma pouco conhecida produtora de aviões a hélice e a turbopropulsão, poderia atuar no mesmo campo que a Cessna, a Beechcraft e a Bombardier?

As empresas dominantes achavam seus arranjos com as empresas locais bastante satisfatórios. Elas podiam, na verdade, reduzir substancialmente, e com bastante rapidez, os custos das empresas dominantes e produzir com os níveis de qualidade por elas exigidos. Algumas das empresas dominantes também descobriram que seus produtos eram adequados para a venda nos mercados locais, por mais complicados e desconhecidos que esses fossem.

De sua parte, as empresas locais aprenderam muito, e rápido. Aprimoraram-se continuamente e expandiram suas operações, acumularam competência e agregaram capacidades. Cresceram em tamanho e rentabilidade. Ganharam confiança.

Algumas empresas dominantes encorajaram e apoiaram os esforços de suas fornecedoras para crescer e melhorar; outras não notaram ou não se importaram. Afinal de contas, havia um acordo tácito sobre como cortar as fatias da torta global, e aquilo funcionava bem, desde que todo mundo se ativesse ao roteiro.

E então, as empresas locais começaram a reescrever esse roteiro. Elas não apenas melhoraram no que faziam, mas se tornaram realmente boas. Algumas ganharam competência de classe mundial, acumularam um tremendo volume de experiência, melhoraram a qualidade e obtiveram grandes lucros em seus mercados domésticos. Expandiram-se regionalmente. Tornaram-se empresas nacionais. Criaram marcas. Expandiram-se para outras economias em desenvolvimento.

Elas já não estavam mais contentes com o anonimato, a subserviência e o isolamento. Por fim, algumas delas começaram a mirar os mercados desenvolvidos. "Provamos, nos mercados desenvolvidos, que somos capazes de vencer", disse-nos Sanjiv Bajaj, diretor executivo da Bajaj Auto. "Isso nos deu coragem para irmos para mercados maiores."

Parecia que, da noite para o dia, as empresas locais haviam deixado de ser locais e se tornaram desafiantes globais. E foi então que as empresas dominantes levantaram a cabeça e perceberam o que estava acontecendo.

As desafiantes não podiam mais ser ignoradas, evitadas ou menosprezadas. Ei, quando foi que aquela tal de BYD em Shenzhen se tornou a maior fabricante mundial de baterias de níquel-cádmio? Quem são aqueles oligarcas russos, e como a Lukoil se tornou tão hábil na exploração de petróleo? Será que eu sou louco de não obter uma proposta da Cemex para o nosso projeto decisivo de construção? Será que realmente devo pensar em terceirizar o meu processamento de informações para a Wipro, sediada em que cidade mesmo, Bangalore? Se preciso de células fotovoltaicas, será que a Suntech Power, na China, é realmente a principal fornecedora? Será mesmo que os melhores jatos regionais são fabricados por uma empresa brasileira chamada Embraer? Espere um minuto, quando foi que o Ritz-Carlton de Boston se tornou um Taj Hotel?

Bem, pelo menos ainda sabemos quem é o homem mais rico do mundo. Isso mesmo: Carlos Slim, o magnata mexicano. Patrimônio estimado: US$60 bilhões. (Ou será o indiano Mukesh Ambani?)

Acesso global

Mas como as desafiantes mudaram o cenário com tanta rapidez e êxito?

Ao contrário das desafiantes das ondas anteriores, as empresas das economias de desenvolvimento rápido tinham um acesso surpreendente à profusão de recursos que o mundo tinha a oferecer — conhecimento, propriedade intelectual, serviços, talento, capital e muito mais —, bem como aos mercados dos quais podiam comprar e aos quais podiam vender.

Talvez o mais importante e fundamental dos recursos seja o conhecimento. Os desafiantes foram capazes de aproveitar uma gama incrível de oportunidades educacionais — que, para muitos deles, significou estudar no exterior. Por exemplo, muitos membros da geração atual dos Wang que dirigem a Johnson Electric estudaram nos Estados Unidos. Patrick Wang, hoje presidente do conselho e executivo-chefe, estudou engenharia elétrica na Universidade Purdue, em Indiana, e entrou para o negócio da família após ter se formado, em 1972. Winnie obteve seu bacharelado na Universidade de Ohio, em Athens, Ohio, e agora é vice-presidente do conselho. Richard também estudou engenharia elétrica na Universidade da Califórnia e atualmente é diretor-executivo e conselheiro do executivo-chefe.

Ao longo dos anos, os Wang importaram das empresas ocidentais e japonesas as melhores filosofias e práticas de gestão e fabricação, dentre as quais *kaizen*, *kanban*, trabalho de equipe autodirigido, organizações enxutas e planos de opção de compra de ações. Todo ano, Patrick participa de um programa intensivo de uma semana para jovens executivos na Harvard Business School.[2]

Anand Mahindra, vice-presidente do conselho e executivo-chefe da Mahindra & Mahindra, fez seus estudos de graduação na Universidade de Harvard e obteve o seu MBA na Harvard Business School. "Se você olhar a minha psique", disse-nos ele, "tem de entender que a minha educação se deu no exterior. Há duas dimensões na ambição de se tornar global. Uma é lógica estratégica. A outra é convicção interna ou pessoal, e não posso negar a existência desta última. Podemos fingir que somos todos autômatos e que trabalhamos de acordo com algoritmos que são puramente lógicos. Mas é claro que, às vezes, são as ambições que determinam o que você vai fazer".

A Mahindra & Mahindra foi fundada com a crença de que os indianos não estão atrás de ninguém na arena global e de que a educação é a chave para o sucesso. "Se usarmos o poder das pessoas que buscam boa formação", disse Anand Mahindra, "não há motivo para não construirmos uma empresa que seja igual às melhores".

O diploma de MBA se tornou um dos títulos de estudo mais cobiçados pelos aspirantes a profissionais de negócios nas economias de desenvolvimento rápido. O número de inscrições em escolas de negócios sediadas nos EUA aumentou constantemente durante o período do tsunami, na década de 1990, e os estudantes nascidos fora dos Estados Unidos representam cerca de 30% das matrículas nas vinte melhores instituições.

A demanda é tão intensa que muitas universidades, inclusive a Harvard Business School e a Columbia's Graduate School of Business, junto com outras instituições das economias desenvolvidas, estão planejando abrir programas educacionais de gestores/executivos na Índia. "Se você está no ramo empresarial, ou de educação empresarial, não pode mais ignorar a Índia", diz Julian Techer, diretor da Graduate School of Business na Universidade Monash, na Austrália. A Monash já possui *campi* na Malásia e na África do Sul e pretende formar uma parceria com uma universidade indiana em breve.[3]

E, diante de tal demanda, as economias de desenvolvimento rápido estão construindo ou aprimorando seus próprios sistemas de educação empresarial. Na Indian School of Business, Ajit Rangnekar, reitor adjunto, diz que a instituição teve um aumento de 128 para 418 alunos nos últimos cinco anos. "A dificuldade daqui em diante não está em achar bons alunos, mas professores e acomodações acessíveis para abrigá-los. Não temos mais albergues para acomodar os alunos", disse ele. "Até conseguirmos mais terreno, teremos de fazer uma pausa."[4]

Na China, a China Europe International Business School (CEIBS) — uma *joint venture* entre o governo chinês e a União Européia com sede em Xangai — está se unindo à Harvard Business School e à IESE Business School de Barcelona para criar um programa global para executivos-chefes. "É a primeira vez que escolas de negócios de três continentes cooperam em um programa comum de MBA executivo (EMBA) para treinar altos dirigentes", disse Zhang Weijiong, vice-presidente da instituição. Em 2005, o programa de EMBA da instituição pulou da vigésima para a 13ª posição no ranking anual de escolas de negócios do *Financial Times*, e, em 2002, ocupava a 42ª posição.[5]

A Rússia também reconheceu a importância de uma boa educação empresarial. Em 2007, o presidente Vladimir Putin anunciou uma iniciativa para melhorar a qualidade de vida em seu país que incluía US$3 bilhões destinados à educação.[6] Boa parte do programa de Putin diz respeito à criação da Escola de Administração na cidade de Skolkovo, perto de Moscou, para ministrar educação empresarial aos futuros executivos e gestores. "A demanda por pessoal de gestão de alto nível é realmente grande", disse o presidente Putin.[7]

Ele tem razão.

Mas a educação formal foi apenas uma das fontes de conhecimento para as empresas desafiantes. Elas também foram capazes de acessar muitas outras fontes de conhecimento geral — bem como conhecimento mais específico e bem-definido sob a forma de propriedade intelectual — por meio de contatos com laboratórios de pesquisa com e sem fins lucrativos, cientistas e detentores de patentes em todo o mundo. Puderam contratar fornecedores que possuem conhecimento especializado, obter licenças de vários tipos junto aos seus proprietários, ou adquirir empresas com ativos intelectuais importantes.

Na verdade, como discutiremos no Capítulo 7, as desafiantes muitas vezes fazem aquisições com o motivo primário de obter conhecimento. A Hindalco Industries Ltd., carro-chefe do conglomerado empresarial indiano Aditya Birla Group, concordou em adquirir a Novelis Inc., uma empresa de alumínio com sede em Atlanta, por US$6,4 bilhões em 2007. Um executivo da empresa disse o seguinte: "A aquisição ajudará a Hindalco a encurtar a curva de conhecimento em tecnologia."[8]

As desafiantes também tiveram um acesso sem precedentes a uma ampla gama de serviços de todos os tipos e descrições — inclusive consultores e conselheiros, advogados, engenheiros, arquitetos, agências de comunicação, empresas de logística e firmas de design.

Em anos recentes, as empresas desafiantes acessaram os contingentes globais de talentos com muito mais agressividade do que antes, reunindo pessoas com conhecimento e competência. Na Índia, há cerca de cinqüenta mil expatriados trabalhando para empresas indianas, a maioria proveniente dos Estados Unidos e do Reino Unido.[9] Segundo Deepak Gupta, diretor administrativo da Korn/Ferry International em Nova Déli, "todo mundo quer participar da história de crescimento da Índia". A empresa diz que havia cerca de mil estrangeiros em cargos executivos na Índia no início de 2007, em comparação com apenas 143 em 2005. A Korn/Ferry prevê que esse número dobrará até 2009.[10] Há milhares de cidadãos da Europa Oriental trabalhando no Reino Unido e em outros países da Europa Ocidental, milhares de chineses trabalhando na Polônia e em outros países da Europa Oriental, centenas de milhares de taiwaneses trabalhando em Xangai e assim por diante.

As desafiantes também têm mais acesso do que nunca a bens. Elas compraram componentes, equipamentos, sistemas e até mesmo instalações inteiras de seus fornecedores no exterior.

Em alguns setores, como no de energia, as empresas desafiantes foram auxiliadas em seus esforços para obter acesso a matérias-primas pelos governos das economias de desenvolvimento rápido nas quais operam. Segundo um relatório chamado "The Changing Role of National Oil Companies in International Energy Markets",* do Baker Institute Energy Forum, "as empresas

---

* N. T.: "Os papéis mutáveis das empresas petrolíferas nacionais nos mercados internacionais de energia", em tradução livre.

petrolíferas nacionais asiáticas e russas começaram a competir cada vez mais por recursos estratégicos no Oriente Médio e na Eurásia, em alguns casos tirando de jogo as principais empresas ocidentais em importantes negociações de desenvolvimento de recursos. A Lukoil, da Rússia, está se tornando um grande jogador internacional em regiões-chave tais como o Oriente Médio e a Bacia do Mar Cáspio. Empresas como a ONGC e a IOC da Índia, a Sinopec e a CNPC da China e a Petronas da Malásia obtiveram êxito na África e no Irã, e agora estão visando investimentos na Arábia Saudita, no Kuwait e no Iraque. Muitas dessas empresas petrolíferas nacionais emergentes são financiadas ou têm suas operações subsidiadas por seus governos nacionais, levando em consideração como parte do investimento não apenas fatores puramente comerciais, mas objetivos geopolíticos e estratégicos".[11]

E a extensão, a rapidez e a facilidade de acesso a todos esses recursos — e a muitos outros que não discutimos — foram ampliadas substancialmente por uma série de outros fatores, dentre os quais as novas tecnologias de comunicação, a queda das barreiras comerciais, os regulamentos enxutos e favoráveis, bem como a ascensão de intermediários cujo papel é exatamente estabelecer conexões entre as empresas e os recursos de que elas precisam, em âmbito mundial.

As desafiantes não apenas tiveram acesso a recursos globais, mas também foram capazes de penetrar em mercados globais com facilidade e eficiência notáveis graças a acordos comerciais internacionais como a Organização Mundial do Comércio (OMC), à ascensão de distribuidores e grandes varejistas, ao surgimento de sofisticados facilitadores de transportes e logística, e ao papel da internet para conectar tudo a todos e em toda parte.

As empresas desafiantes venderam bens tangíveis, desde recursos naturais até componentes, passando por produtos acabados, trabalhando com distribuidores, varejistas e vendedores de marcas próprias tanto nas economias desenvolvidas como em outras em desenvolvimento. Os megavarejistas — tais como The Home Depot, Lowe's, Circuit City, Best Buy e Target, nos Estados Unidos — proporcionaram uma entrada especialmente rápida nos mercados desenvolvidos. Se uma empresa desafiante consegue abrir espaço até mesmo em um único desses varejistas, ganha acesso quase imediato a todo o mercado americano e salta rapidamente para uma participação de mercado de 10 a 15%. Essa rota simplesmente não estava disponível para as empresas desafiantes nas ondas anteriores.

Os mercados globais estiveram igualmente abertos para a venda de serviços, incluindo a terceirização de processos de negócios e a realocação internacional de TI, geralmente facilitada por intermediários nos países desenvolvidos e pela internet.

O acesso aos mercados foi fundamental para movimentar a economia chinesa nos estágios iniciais do tsunami. As primeiras empresas a ascender na China eram exportadoras, a maioria baseada nas zonas econômicas especiais no sul do país. Boa parte da infra-estrutura chinesa — geração de energia, estradas, capacidade portuária, ferrovias, telecomunicações — foi desenvolvida para dar apoio às exportadoras.

O acesso aos mercados globais também contribuiu para o arranque da economia indiana. Apesar de as empresas desafiantes indianas serem mais provedoras de serviços do que exportadoras, o seu sucesso em satisfazer as exigências de clientes estrangeiros criou um ciclo virtuoso semelhante ao da China.

Da mesma maneira, o acesso aos mercados globais possibilitou que as empresas de energia da Rússia se expandissem pela Europa Ocidental e ganhassem uma posição dominante (tanto política quanto comercialmente) em muitos países dessa região. A Embraer (Brasil) construiu uma posição global com suas aeronaves; a Cemex (México), com cimento. E a lista continua.

APETITE INSACIÁVEL

Mesmo com essa disponibilidade praticamente ilimitada de recursos e mercados globais, e o acesso a eles, as empresas locais talvez não tivessem tirado proveito da situação sem seu notável apetite por conquistas, sucesso e reconhecimento mundial. Esse interesse infundiu na cultura e nas pessoas das economias em desenvolvimento rápido uma notável mentalidade empresarial — um forte espírito empreendedor e uma quase obsessão pelo trabalho e pelos negócios comerciais — que parece mais intensa ainda do que no país desenvolvido mais voltado para os negócios, os Estados Unidos.

Esse apetite é tangível para muitas pessoas. Há muitas bocas a serem alimentadas, e os salários são tão baixos que há pouco dinheiro para enchê-las. É também intelectual e emocional. As pessoas vêem oportunidades tremendas em suas economias nacionais, bem como no exterior. Elas têm um forte desejo de mostrar que são capazes e anseiam por desempenhar um papel no palco global. E mais, à medida que suas sociedades foram conquistando sucesso e importância, os indivíduos e as empresas se tornaram cada vez mais confiantes. E assim o ciclo virtuoso alimenta a si próprio.

Peter Hessler escreveu a respeito dessa febre dos negócios em um artigo chamado "China's Boomtowns"*, publicado na *National Geographic*. "O lema do governo na Zona de Desenvolvimento Econômico de Lishui é: 'Cada pessoa faz o trabalho de duas; o trabalho de dois dias é feito em um'", escreveu ele. "O slogan pode ser modesto demais. De 2000 a 2005, a população da cidade passou de 160 mil para 250 mil habitantes, e o governo local investiu US$8,8 bilhões em infra-estrutura para a região que administra. Durante esses cinco anos, o investimento em infra-estrutura totalizou cinco vezes o valor gasto nos cinqüenta anos anteriores. Em termos financeiros, o que antigamente correspondia a cinqüenta dias de trabalho agora é feito em um."[12]

Da mesma maneira, muitos funcionários administrativos em Xangai são tão atraídos pelo desejo de melhorar suas condições que trabalham depois do expediente como vendedores ambulantes. Uma mulher, funcionária de uma agência de viagens, vende pirulitos à noite, depois do jantar, e ganha em média quinhentos iuanes (cerca de US$65) por semana. Segundo um artigo no *China Daily*, "a maioria dos ambulantes encara as vendas nas ruas não apenas como uma forma de ganhar um dinheiro extra, mas como uma boa maneira de acumular experiência em gestão de negócios, o que pode beneficiá-los mais tarde em suas vidas caso eles decidam fundar uma empresa mais tradicional".[13]

Tal obsessão com trabalho e comércio tem o seu lado negativo. De acordo com um estudo com profissionais do setor administrativo realizado pela Universidade Normal de Pequim, até 70% dos funcionários administrativos na China trabalham em média dez horas por dia e não tiram férias. "O estudo sobre os profissionais das cidades maiores mostrou que grande parte dos funcionários administrativos fica estressada com a idéia de perder seus empregos ou de conseguir 'sobreviver' ou não em um mercado de trabalho implacável."[14]

---

* N. T.: "Cidades chinesas com crescimento explosivo", em tradução livre.

Os cidadãos da Europa Central também demonstram uma grande iniciativa em trabalhar longas jornadas. Os poloneses trabalham em média 1.984 horas por ano, em comparação com as 1.777 horas dos americanos e as 1.362 horas dos alemães. "Essas pessoas estão realmente ávidas", diz Stefaan Vandevelde, diretor administrativo da Delphi Europe. "Elas trabalham dia e noite."[15]

Os profissionais de negócios indianos também possuem longas jornadas de trabalho. Segundo o Grant Thornton International Business Report 2007, os líderes empresariais indianos — ao lado de seus colegas argentinos — são os que mais trabalham, 57 horas por semana, e eram os terceiros mais estressados do mundo, atrás dos chineses e taiwaneses, em 2006.[16]

Mesmo assim, a pesquisa mostra que a Índia fica em primeiro lugar quando o assunto é otimismo. Ao que parece, a maioria das pessoas nas economias de desenvolvimento rápido está prosperando e olhando para a frente, ao passo que muitas pessoas nos países desenvolvidos estão focadas no passado.

Campeãs da China

As empresas desafiantes reduziram muito sua defasagem. E, à medida que ascendiam, cada país desenvolveu seus próprios pontos fortes. A China se concentrou cada vez mais em manufaturas (e não em serviços, como a Índia, ou no desenvolvimento de recursos naturais, como a Rússia e o Brasil) e, por conseguinte, criou o conjunto de empresas desafiantes mais diverso de todas as economias de desenvolvimento rápido, com líderes na fabricação de produtos eletrônicos, eletrodomésticos, equipamento de telecomunicações e tecnologia da informação, e automóveis.

E aço.

A China é obcecada por aço. O governo chinês há muito tempo considera a indústria siderúrgica vital para a segurança nacional e para o desenvolvimento econômico, e crítica para o crescimento de setores fundamentais, como o da construção civil, o automobilístico, o de construção naval, o de produção de petróleo e gás, bem como para os principais projetos de infra-estrutura, tais como a Represa das Três Gargantas e as instalações para os Jogos Olímpicos de Pequim em 2008.

Em 2005, a China era de longe o maior comprador mundial de aço, com um consumo de 350 milhões de toneladas de aço bruto, o dobro da demanda de todos os países do NAFTA juntos. O consumo da China cresceu cerca de 20% ao ano entre 2001 e 2005, ao passo que a demanda nos trinta países da Organização para Cooperação e Desenvolvimento Econômico (OCDE) aumentou apenas cerca de 2% no mesmo período.[17] E o apetite voraz da China por aço não será saciado tão cedo. Os EUA consumiram cerca de sete bilhões de toneladas de aço para desenvolver a sua economia. O Japão, quatro bilhões de toneladas. Até agora, a China consumiu apenas dois bilhões de toneladas.

Apesar de todo o seu amor pelo aço, a China carece de matérias-primas cruciais para a siderurgia e tem de importar praticamente todo o minério de ferro de que precisa para alimentar a sua gigantesca indústria siderúrgica. Por isso, a China se tornou o maior importador mundial de minério de ferro, comprando cerca de 325 milhões de toneladas em 2006 — 40% do comércio transcontinental de minério de ferro do mundo.

E mais, a indústria siderúrgica chinesa há muito tempo é composta de centenas de pequenos jogadores domésticos — a maioria deles localizada no norte do país, perto dos centros de mineração de carvão — que fabricam produtos de baixa qualidade, com produtividade e rentabilidade muito inferiores aos padrões globais do setor. As siderúrgicas chinesas demandam, em média, trinta horas-homem para produzir uma tonelada de aço, em comparação com quatro horas-homem por tonelada nos países desenvolvidos.[18] Por causa de sua baixa margem de lucro, a maioria dos pequenos produtores não foi capaz de modernizar ou inovar.

Em 1978, tentando saciar o apetite da China por aço e favorecer o programa de desenvolvimento econômico do presidente Deng Xiaoping, um pequeno grupo de funcionários do governo decidiu que era hora de fundar uma empresa siderúrgica patrocinada pelo Estado para produzir produtos de alta qualidade e dar o apoio necessário para que ela se tornasse uma empresa de classe mundial.[19]

Decidiram construir do zero, em vez de comprar uma instalação existente ou converter outro tipo de fábrica, e selecionaram uma área semi-rural perto de Baoshan, um subúrbio ao norte de Xangai.[20] O grupo preferiu Xangai porque não queria que a nova empresa se associasse aos pequenos produtores de aço que estavam aglomerados no norte da China, juntamente com dúzias de pequenas empresas de mineração de carvão. Xangai possuía muitos técnicos experientes e também contava com boas instalações portuárias e linhas de transporte para o Brasil e a Austrália, o que era melhor ainda para respaldar as incursões planejadas da Baosteel no comércio internacional — facilitando a importação de matérias-primas e a exportação de produtos acabados. Mais importante, a área leste da China está cheia de indústrias que requerem aço, como as fabricantes de eletrodomésticos e automóveis.

Graças ao apoio contínuo do governo e da forte liderança de Xie Qihua, a "Dama de Ferro" da China, a Baosteel, na verdade, se transformou em uma das siderúrgicas de maior sucesso do mundo. Em 1996, o governo chinês apontou a Baosteel como uma de suas campeãs nacionais — um punhado de empresas que o governo chinês tinha intenção de transformar em multinacionais globalmente competitivas até 2010.

Como uma campeã nacional, a Baosteel recebeu uma série de benefícios, inclusive direitos para ser cotada na bolsa de valores, autonomia decisória, acesso a ativos estatais e direitos para exercer comércio internacional. A empresa também se beneficiou com a criação de centros de pesquisa de propriedade exclusiva custeados pelo governo, assistência financeira especial (inclusive uma subvenção anual de vinte milhões de iuanes para P&D), investimentos estatais diretos e tarifas protetoras.

Como campeã nacional, a Baosteel também foi obrigada a algumas vezes acatar decisões desfavoráveis em nome do bem maior do seu setor e da sociedade como um todo. Em 1988, por exemplo, o governo exigiu que a Baosteel se fundisse com quatro empresas deficitárias, dentre as quais a Shanghai Metallurgical Holding Group Corporation e a Shanghai Meishan Group Co., Ltd. As fusões deixaram a Baosteel com oitenta mil funcionários excedentes, mas a empresa não podia demitir mais do que dez mil por ano.

Em geral, porém, a condição de campeã nacional foi recompensadora para a Baosteel. Hoje, ela é a sexta maior produtora de aço do mundo, com 112 mil funcionários, uma receita de US$21,5 bilhões em 2005 e uma gama de produtos de alta qualidade — que inclui produtos de aço laminado a quente e a frio, tubos de aço, barras e fio-máquina.[21] A Baosteel detém participações de mercado de cerca de 50% nos lucrativos segmentos de automóveis e eletrodomésticos e é a única empresa do ramo de siderurgia na China capaz de competir no cenário global.

A Baosteel abriu seu capital em 2000, com uma oferta pública inicial (do inglês *initial public offering*, IPO) na Bolsa de Valores de Xangai que captou US$1 bilhão — a maior IPO de todos os tempos na China até então. A entidade com registro em bolsa, a Baoshan Iron & Steel Co., destacou-se como uma das siderúrgicas mais rentáveis do mundo. A receita subiu em média 33% ao ano de 2000 a 2005, com a margem de lucro antes de juros, impostos, depreciação e amortização (LAJIDA) sobre as vendas de 24% em 2005, o dobro da margem LAJIDA da gigante global do aço U.S. Steel no mesmo ano.[22] A produtividade também superou o nível médio nos países desenvolvidos — a empresa precisa de 2,5 horas-homem para produzir uma tonelada de aço.[23]

A Baosteel é uma fonte de orgulho nacional para a China, um exemplo de como as reformas econômicas, a modernização e a participação nos mercados mundiais podem ser conseguidas — e apenas uma demonstração da proeza industrial da China.

Estrelas da Índia

Enquanto empresas chinesas como a Baosteel fizeram da manufatura o seu forte, muitas empresas desafiantes indianas se especializaram em fornecer serviços, muitas vezes demonstrando no caminho um faro para a auto-reinvenção.

Vejamos a Wipro, com sede em Bangalore. Fundada em 1945 como Western India Vegetable Products Limited, a Wipro começou produzindo óleos de cozinha, gordura vegetal para panificação e bolos, vendendo seus produtos para lares em todo Maharashtra, um dos maiores estados da Índia.

Em 1966, Azim Premji — atualmente presidente do conselho e diretor administrativo da Wipro — assumiu o comando da empresa quando seu pai morreu repentinamente. Com apenas 21 anos de idade, o jovem estava prestes a concluir seus estudos de engenharia na Universidade Stanford quando foi informado da morte do pai e voltou correndo para a Índia para assumir a empresa. (Ele acabou terminando o curso por correspondência.) À medida que os anos passavam, Premji levou a Wipro para novas linhas de negócios, dentre as quais a manufatura de cilindros hidráulicos e pneumáticos.

Em 1980, a empresa lançou um negócio de serviços de tecnologia da informação para o mercado doméstico. Começou a desenvolver sistemas operacionais, aplicativos financeiros e contábeis, bancos de dados e serviços de integração de sistemas para empresas indianas de pequeno e médio porte, adquirindo hardware e software de fornecedores como Intel, Motorola, Novell e Unix Labs.

Para refletir o seu foco ampliado, a empresa mudou o nome para Wipro Limited em 1982. Hoje, embora ainda tenha divisões que vendem outros produtos (como assistência ao cliente e equipamento de iluminação), a Wipro é conhecida sobretudo como uma fornecedora global de consultoria e serviços de TI, serviços terceirizados de P&D, terceirização de infraestrutura e serviços de processos de negócios. A Wipro foi a primeira empresa indiana a adotar o Six Sigma; a primeira empresa de serviços de software no mundo a atingir o Nível 5 do Capability Maturing Model (CMM) do Software Engineering Institute (SEI), um modelo de melhores práticas para fornecedores de software; e a primeira empresa do mundo a conseguir o Nível 5 do People CMM.

Como essa fabricante local de bens de consumo se transformou em uma central global de serviços de TI? A jornada começou de maneira bastante fortuita no final dos anos 1970, quando muitas empresas multinacionais — a IBM foi uma delas — encerraram suas operações na Índia devido a políticas nacionalistas adotadas pelo governo indiano. No início dos anos 1980, a Wipro comprou tecnologia dos Estados Unidos e a adaptou para o uso em seu país. Em um ano, a Wipro produziu um minicomputador para usuários múltiplos "made in India" e logo se tornou a empresa de informática líder do país. No início dos anos 1990, a Índia liberalizou as regras comerciais, e algumas das multinacionais que haviam deixado o país voltaram. As empresas indianas se viram competindo abertamente com empresas muito maiores e mais experientes na pesquisa e no desenvolvimento tanto de hardware quanto de software, e a maioria decidiu sair do ramo. A Wipro, com um grande grupo de engenheiros e pouca atividade para mantê-los ocupados, percebeu uma oportunidade de negócio. A empresa abordou seus antigos fornecedores e parceiros e estabeleceu um novo relacionamento com eles — vendendo sua *expertise* a essas empresas como um laboratório de aluguel no campo da engenharia. A Wipro logo estava colaborando com empresas como AT&T, Tandem Computers, Sun Microsystems, Novell e Intel.

Desde então, a Wipro adotou uma mistura de estratégias centradas na inovação — não apenas de processos de negócios fundamentais como ampliação de escala e gestão de talento, mas também de modelos de negócios. Por exemplo, desde 2000 a empresa cresceu adquirindo 16 empresas — dentre as quais a mPower Inc (contas a pagar), a NewLogic (tecnologia de identificação sem fio e por radiofreqüência), a AMS (consultoria de energia), a Spectramind (terceirização de processos de negócios) e a Enabler (soluções Oracle para o varejo) — que expandiram suas linhas de serviço e trouxeram tecnologias de nicho, alcance global, conhecimento industrial e *expertise* de negócios. A empresa conjugou esse crescimento inorgânico com expansão orgânica; por exemplo, através da proliferação dos seus centros de atendimento global. Seus mais novos centros foram abertos em Monterrey (México) e Atlanta (Estados Unidos) em 2007.

A Wipro também se sobressai na gestão de talentos. Dentre outras abordagens, a empresa identificou seus cargos estratégicos mais críticos e estabeleceu um processo sucessório para garantir que sempre haja de três a quatro pessoas prontas para ocupar qualquer uma dessas posições. E, junto com a BITS Pilani, um instituto de engenharia de primeira linha na Índia, a Wipro Academy of Software Excellence (WASE) oferece um mestrado em Engenharia de TI/Software para jovens recém-formados em outras áreas que não a de TI. Em 2007, a Wipro contratou cerca de 2.500 formandos da WASE — um aumento considerável em relação aos menos de 1.300 em 2006.

A Wipro também reinventou seus modelos de negócios para guiar sua expansão mundial. Em seu negócio doméstico de TI (que cresceu 46% no ano fiscal 2006-07), a Wipro se posicionou como fornecedora de uma ampla gama de serviços de TI, ao passo que, nos mercados estrangeiros, a empresa combina serviços de P&D e de terceirização de TI para clientes globais.

Sudip Nandy, o estrategista-chefe da Wipro, compara o modelo de negócios doméstico a um exército sempre presente que cuida de tudo em suas zonas de proteção — fornecimento de hardware, integração e gestão de sistemas, desenvolvimento de aplicações. Nandy contrapõe o "exército" doméstico da Wipro à sua "força aérea" global. "Mandamos as pessoas de avião até lá e as jogamos de pára-quedas em diferentes países", disse ele. "Resolvemos o problema e prestamos auxílio onde é necessário, deixamos especialistas locais no controle, voltamos e fornecemos suporte sob demanda, remotamente."

Essas e outras estratégias renderam grandes dividendos para a empresa. Mais de 95% da sua receita antes da dedução de juros e impostos provêm de negócios de TI e serviços de software, que são executados em 46 centros de desenvolvimento em todo o mundo. O negócio de TI da Wipro conta com mais de 76 mil funcionários em todo o mundo, representando mais de trinta nacionalidades e atendendo mais de 650 clientes globais. Vinte e um por cento de sua receita são gerados na Índia (incluindo a receita de seus negócios não relacionados a TI) e 50% provêm dos EUA; 25%, da Europa; e 4%, do resto do mundo. Em 2006, o negócio de TI da Wipro registrou uma receita de US$3 bilhões e um lucro após a dedução de impostos de US$600 milhões. A Wipro é atualmente o maior fornecedor mundial de serviços terceirizados de P&D e está entre as três maiores fornecedoras internacionais de serviços de terceirização de processos de negócios. Ao longo de seis décadas, a receita combinada e o lucro líquido da Wipro cresceram 22% e 31% respectivamente.

Apesar de empresas como a Wipro e muitas outras terem obtido muito sucesso como provedoras de serviços, a Índia tem se mostrado menos atraente para fabricantes globais por causa do mercado doméstico não muito rico, da infra-estrutura frustrante, da burocracia e das políticas trabalhistas restritivas. Entre 1990 e 2005, a contribuição do setor industrial à economia permaneceu mais ou menos estagnado, aumentando de 25% para 27%. Em 2005, as exportações de manufaturas da Índia perfaziam apenas 6% do PIB (US$37 bilhões), comparadas aos 35% da China (US$712 bilhões).[24]

No entanto, à medida que o mercado doméstico da Índia se desenvolveu e o número de trabalhadores de baixo custo com habilidades técnicas avançadas foi aumentando, mais empresas dominantes estabeleceram operações industriais na Índia. Ford, Hyundai e Suzuki exportam carros da Índia em quantidades significativas. LG, Motorola e Nokia produzem telefones nesse país ou têm planos de começar a fazê-lo, sendo uma parcela considerável da produção exportada. Schneider, Honeywell e Siemens abriram fábricas para manufaturar produtos elétricos e eletrônicos para os mercados doméstico e de exportação.[25]

Além disso, um grupo de indústrias indianas globalmente competitivas — muitas delas do setor automotivo — se inseriram na cadeia de suprimentos global. A Sundram Fasteners produz tampas de radiador para a General Motors. A Moser Baer, com sede em Nova Déli, se firmou como uma fabricante global de mídia para armazenamento de dados, como DVDs e CDs.

De maneira semelhante, um grupo agressivo de empresas farmacêuticas — a Índia possui cerca de sessenta fábricas que respeitam os estritos padrões de qualidade da U.S. Food and Drug Administration, o maior número fora dos Estados Unidos — está abrindo novos mercados em todo o mundo.[26]

A vantagem da proximidade no México, na Europa Oriental e na Turquia

Os custos de mão-de-obra no México e em partes da Europa Oriental são às vezes o dobro ou o triplo do custo nas economias de desenvolvimento rápido da Ásia. Portanto, as empresas desafiantes, nesses países, raramente podem competir apenas em relação ao preço, mas compensam o custo mais alto da mão-de-obra com os custos mais baixos de transação por estarem mais próximas dos clientes e de seus mercados. As cadeias de suprimentos encurtam, e os custos de transporte diminuem. Os relacionamentos têm uma gestão mais barata e a comunicação se torna mais fácil.

A Genpact, uma empresa de terceirização de processos de negócios derivada da General Electric, tem um centro de processamento baseado em Budapeste, Hungria. O salário bruto de um trabalhador na unidade de Budapeste fica entre US$950 e US$1.400 mensais, que é quatro vezes a escala salarial de trabalhadores semelhantes em seus centros na Índia. Mas muitos dos clientes europeus da Genpact querem que sua empresa de terceirização esteja localizada no mesmo fuso horário que eles. "O que é bom na Hungria e na Romênia é que esses países estão a duas ou três horas de vôo de qualquer lugar na Europa", diz Patrick Cogny, presidente e executivo-chefe da Genpact Europe.[27]

Cadeias de suprimento menores

Entre o momento em que um pedido é feito a um fabricante asiático e o momento em que ele aparece nas estações de carregamento dos Estados Unidos, de sessenta a noventa dias se passaram. O produto passou até quatro semanas desse intervalo no porão de um navio de carga.

Os custos da cadeia de suprimentos, inclusive de transporte, acrescentam de 10 a 30% ao custo de fabricação, o que efetivamente elimina uma boa parte da economia de custos. Muitos fatores podem aumentar os custos da cadeia de suprimentos, especialmente remessas urgentes ou de emergência.

Em setores nos quais o design do produto e a demanda são relativamente estáveis, o ciclo de dois ou três meses geralmente não constitui um problema. Demanda e oferta podem ser planejadas e geridas. Mas, nos setores em que o design e os estilos mudam rapidamente, ou nos quais a demanda é imprevisível — tais como a moda e os bens eletrônicos de consumo —, cadeias de suprimento longas podem ser uma grande desvantagem. Três meses podem ser mais do que todo o ciclo de vida de um novo vestido.

A entrega de produtos do setor da moda da Europa Oriental para os Estados Unidos demora metade do tempo de uma entrega vinda da Ásia — de quatro a seis semanas, incluindo um dia ou dois para a entrega de caminhão —[28] e muito menos tempo para os mercados da Europa Ocidental. É por isso que muitos fornecedores dominantes de "moda rápida" — roupas pedidas e confeccionadas para responder a tendências que mudam com rapidez — trocam o baixo custo da Ásia pela entrega rápida da Europa Oriental. Ralph Goodstone, um empresário têxtil baseado no Reino Unido que negocia contratos entre fornecedores de baixo custo e clientes em países desenvolvidos, avalia que alguns dólares são acrescentados a cada peça de moda rápida quando a entrega provém da Europa Central ou Oriental e não da Ásia. "Mas os clientes estão preparados para pagar", diz ele.

As vantagens da proximidade podem ser tão significativas que empresas em economias de desenvolvimento rápido mais distantes estão investindo em operações na Europa Central. Tanto a Infosys, a gigante indiana do software, quanto a Li & Fung, a empresa mercantil com sede em Hong Kong, abriram escritórios na Europa Central.[29]

De maneira semelhante, muitas empresas dominantes de serviços de manufatura em eletrônicos (SME) gostam de produzir no México para abastecer seus clientes na América do Norte. "Estava na moda falar da China em 2004", disse Jim Lindholm, diretor de marketing corporativo da Elcoteq, uma empresa de SME para telecomunicações sediada na Finlândia com fábricas em todo o mundo. "Mas, em 2005, houve questionamentos das pessoas que haviam terceirizado suas operações para a China e estavam decidindo voltar para mais perto de seus mercados."[30]

O transporte aéreo pode reduzir o tempo do ciclo, mas é caro e pode neutralizar boa parte das economias com mão-de-obra. Por exemplo, a Hewlett-Packard, com sede em Palo Alto, Califórnia, pesa constantemente as implicações de custo relacionadas à proximidade de seus fornecedores para a construção de servidores empresariais e sistemas de armazenamento de alta qualidade — evitando o transporte aéreo sempre que possível.

Quando os clientes da HP têm exigências especiais, como uma configuração especial de software ou uma montagem personalizada de hardware, pode ser mais eficiente e menos caro construir os sistemas nas regiões em que serão vendidos. "Há uma questão significativa de custo final", diz Jack Faber, vice-presidente responsável pela cadeia de suprimentos para armazenamento e servidores empresariais da Hewlett-Packard. "Temos, em muitos casos, a capacidade de pegar um produto e construí-lo em outra região, mas é provável que tenhamos de transportar esse produto por via aérea até o cliente. Esses produtos são volumosos, e isso pode sair caro."[31]

Relacionamentos melhores

As empresas dominantes que trabalham com fornecedores e parceiros no exterior dedicam muito tempo à gestão de seus relacionamentos, o que pode ser caro e causar muito desgaste nas pessoas envolvidas. Viajar para a Ásia a partir de certos lugares dos Estados Unidos pode ser difícil, demorado e exaustivo. Uma viagem de uma cidade dos EUA para a China ou a Índia pode levar vinte horas (se tudo sair como planejado). Se você toma um vôo para a China na segunda-feira pela manhã, chegará lá na terça-feira à noite, com um custo de vários milhares de dólares para uma poltrona de classe executiva. E terá de enfrentar 13 horas de diferença de fuso horário. É inevitável que você apague no meio de uma reunião ou de um jantar com um cliente.

Por isso, os executivos dos EUA tentam otimizar suas visitas, concentrando o maior número possível de atividades no menor número de dias. Mesmo assim, a estadia média é de sete a dez dias, com três ou quatro dias gastos com o trajeto. Apesar de os executivos terem a tendência de considerar um vôo de longa distância como tempo útil, a realidade é que o tempo de trabalho concentrado muitas vezes é contrabalançado por longos períodos de inatividade, bem como por períodos de produtividade baixa, quando não há comunicação disponível ou quando o *jet lag* começa a ser sentido.

De um modo geral, o início de um relacionamento com um fornecedor baseado na Ásia e o lançamento de um produto consomem pelo menos três viagens prolongadas desse tipo, e a manutenção do relacionamento depois de estabelecido requer contatos freqüentes. Por causa do fuso horário, telefonemas devem ser feitos de manhã cedo ou tarde da noite, estendendo ainda mais jornadas de trabalho que já são longas — e a cobertura de telefones celulares pode ser irregular. E-mails enviados no início de um dia de trabalho na China ou na Índia podem chegar depois que o executivo nos Estados Unidos já deixou o escritório à noite e ficar sem resposta até o dia seguinte. Dadas as complicações das viagens e as dificuldades de comunicação envolvidas, estimamos que até 1% pode ser adicionado ao custo do produto por causa do tempo e da produtividade perdidos.

Por outro lado, o tempo de vôo de Chicago à Cidade do México pode ser de apenas quatro horas em um dos vários vôos sem escalas disponíveis, e o custo é inferior a mil dólares. Você pode sair de Chicago na segunda-feira de manhã, chegar no México para uma tarde de trabalho e voltar na tarde de sexta-feira a tempo de jantar um pouco mais tarde em casa. Sem diferença de fuso horário, sem *jet lag*.

A Solectron, uma empresa de serviços de manufatura em eletrônica, trabalhou com um cliente para estabelecer operações no México porque todos os engenheiros do seu cliente estavam localizados no nordeste dos Estados Unidos, o que significava apenas uma hora de diferença de fuso horário entre os engenheiros e o pessoal de fabricação. Os dois grupos podiam se comunicar facilmente e com regularidade durante sete das oito horas de uma jornada de trabalho normal.[32]

A proximidade também traz maior entendimento do cliente e dos seus mercados. A Europa Central se tornou um centro para a indústria automobilística não apenas porque os custos são razoavelmente baixos, mas porque os países lá possuem *clusters* (aglomerados) de fabricantes de automóveis. As empresas dominantes do Japão e da Coréia gostam de construir carros na Europa Central por causa da proximidade em relação aos clientes da Europa

Ocidental. "Se tentarmos fazer tudo a partir da Coréia do Sul, não vamos saber o que os clientes europeus querem exatamente", diz Bae In-Kyu, o chefe da fábrica da Kia na Eslováquia.

Vantagem encontrada no Brasil e na Rússia

Brasil e Rússia não construíram sua ascensão econômica com base na mão-de-obra de baixo custo ou na proximidade (Pedro, o Grande, sabia que a Rússia tinha um problema de proximidade; por isso levou adiante o seu enorme projeto de infra-estrutura, a construção de São Petersburgo, iniciada em 1703), mas na abundância de recursos naturais de baixo custo.

As empresas brasileiras dividem o acesso a uma ampla base de recursos que vão desde o minério de ferro a matérias-primas agrícolas, o que sustenta a florescente indústria de processamento de alimentos do país. Mesmo assim, uns poucos casos deixaram suas marcas usando outros meios. A Embraer, por exemplo, se tornou a terceira maior fabricante de aeronaves comerciais do mundo através de uma combinação de mão-de-obra de baixo custo e inovação engenhosa.

A Rússia comercializa os seus ricos recursos energéticos diretamente, através de exportações de energia, como no caso do gás natural, ou indiretamente, através da exportação de alumínio. As empresas desafiantes no setor de matérias-primas muitas vezes geram fluxos de caixa significativos que elas podem reinvestir. A Gazprom, por exemplo, é uma empresa de energia integrada verticalmente e controlada pelo governo, tem sua sede em Moscou e opera em toda a Federação Russa e em países da Europa. É a maior empresa de gás natural do mundo, controlando 24% da produção global de gás e 23% das reservas mundiais de gás. Produz 85% do gás da Rússia e tem controle completo dos gasodutos do país. Em 2005, aumentou as suas reservas de gás natural em 54%; a produção de petróleo, em 44%; e as linhas principais e ramificações dos gasodutos, em 38%.

O acesso da Gazprom a reservas abundantes de energia dá à empresa um grande poder de apreçamento que lhe permite influenciar os mercados e proporcionar vantagens ao seu país de origem e às empresas nele sediadas. Ela fornece 25% de todo o gás natural da Europa. Em 2004, por exemplo, a Gazprom fixou o preço do gás natural liqüefeito (GNL) em US$160 por metro cúbico para os europeus ocidentais e US$138 para os ucranianos, enquanto para a Rússia o preço era de US$23.

A Gazprom entende muito claramente o seu poder como fornecedor-chave para a Europa e a Ucrânia e está trabalhando para assegurar e ampliar o seu papel a fim de garantir o crescimento e os preços atraentes. Na Europa, a Gazprom está construindo um novo gasoduto até a Alemanha, que já depende fortemente da Rússia para o seu fornecimento de energia. A Gazprom assinou um acordo com a União Européia para acrescentar quatrocentos bilhões de metros cúbicos ao seu fornecimento até 2036 (a dependência da Europa em relação ao gás vindo do exterior deverá ser de 70% até 2020; hoje essa dependência é de 40%) e ameaçou mandar mais gás para a Ásia e os Estados Unidos se a Europa diversificar os seus fornecedores.

As próximas ondas

Como dissemos, um tsunami é uma série de ondas baixas, ao contrário do movimento único de uma onda de maré, e pode continuar a golpear a costa por muito mais tempo do que as pessoas esperam. Muitas vezes, a primeira onda não é a maior. Da mesma maneira, o tsunami das desafiantes ainda está longe de ter alcançado o auge.

Isso se dá em parte porque, apesar de todo o otimismo que estão sentindo, as empresas desafiantes nas economias de desenvolvimento rápido sabem que as vantagens de suas origens — manufaturas e serviços de baixo custo, proximidade e recursos naturais — provavelmente vão declinar ao longo do tempo. Elas sabem que precisam evitar de se tornar apenas fornecedoras de *commodities* de baixo custo para os mercados mundiais.

Para isso, continuarão a ampliar suas fontes de vantagem competitiva enquanto criam novas fontes. Cada vez mais aproveitarão oportunidades de fusão e aquisição, aumentar sua experiência em marketing e gestão da cadeia de suprimentos e desenvolver seus talentos nas áreas de gestão e recursos humanos. Continuarão a aumentar o valor dos produtos e serviços oferecidos, a criar capacidades de inovação de classe mundial e a tirar partido de suas próprias economias como enormes mercados.

Galgando a cadeia de valor

As empresas desafiantes estão galgando continuamente a cadeia de valor.

Nos primórdios do tsunami, as empresas dominantes terceirizavam a produção de peças e componentes com uso intensivo de mão-de-obra e, depois, enviavam essas peças de volta para as suas operações nos países desenvolvidos, para serem finalizados e montados. Geralmente, uma empresa desafiante se mostrava eficaz nessas tarefas pouco sofisticadas e, depois, era premiada com mais trabalho, como produzir as peças para produtos inteiros ou fazer toda a sua montagem. À medida que ganhava experiência, a desafiante muitas vezes adquiria peças em outras economias de desenvolvimento rápido — ou em economias desenvolvidas — em vez de fabricar tudo sozinha.

A seguir, a empresa desafiante se tornava mais sofisticada em suas capacidades e assumia funções de valor ainda maior, tais como design e desenvolvimento. A China, por exemplo, é cada vez mais escolhida pelas empresas dominantes para tais atividades. A GE Medical Systems começou a fabricar equipamentos médicos de processamento de imagens na China em 1979. Em 2002, um terço da produção global de máquinas de tomografia computadorizada (TC) provinha do parque industrial da empresa em Pequim, que desenvolve, produz e exporta os aparelhos, além de suprir mais de metade do mercado doméstico chinês.

A Johnson Electric também deslocou os seus produtos continuamente para cima na cadeia de valor. Diante dos preços agressivos das fabricantes asiáticas de automóveis, as empresas dominantes do setor têm eliminado custos de sua cadeia de suprimento, exigindo ciclos de desenvolvimento de produtos mais velozes, produção mais modularizada, integração logística *just-in-time* e preços cada vez mais baixos. Por causa de seu poder de mercado em relação aos fornecedores, as empresas dominantes, em geral, conseguiram obter tudo isso, e, como resultado, a Johnson Electric tem visto as margens de lucro de sua divisão de motores para automóveis serem prejudicadas.

Sua resposta a essas pressões foi subir ainda mais alto na pirâmide de valor. No passado, a Johnson Electric vendia seus micromotores e montadores de componentes automobilísticos para a produção final de atuadores, comutadores, bombas de combustível e peças desse tipo. Isso a tornava um jogador de terceiro ou quarto escalão na hierarquia de fornecedores de peças. Agora, a empresa está desenvolvendo produtos mais modulares, tanto internamente quanto em parceira com outros fornecedores de peças, para poder fornecer soluções mais completas de motores e sistemas de movimentação para a indústria automobilística.[33]

No setor de serviços, algo semelhante aconteceu. Primeiro, operações administrativas pouco sofisticadas e com tarefas repetitivas, tais como contabilidade e elaboração de relatórios, eram transferidas para uma empresa em uma economia de desenvolvimento rápido. Com o tempo, quando o idioma era compatível, funções de atendimento ao público como *call centers* e *help desks* também eram realocadas para a empresa desafiante. Depois, operações de valor mais alto eram transferidas.

Na Índia, muitas empresas desafiantes estão indo além do processamento de transações de baixo custo e oferecendo serviços cada vez mais sofisticados. Em vez de transcrição médica, inserção de dados e apoio mínimo a chamadas recebidas, as empresas agora estão fornecendo sofisticados serviços de pesquisa.

Primeiro, a proposta de valor da Wipro se concentrava sobretudo no custo. Agora, a empresa cria boa parte do seu valor reprojetando completamente os processos de negócios dos seus clientes, o que exige grandes habilidades de aprimoramento de processos. Além disso, o seu grupo de serviços de engenharia, que conta com 17 mil funcionários, oferece uma gama completa de serviços de P&D — desde estratégia de produto a design de hardware e software, passando por consultoria de qualidade — para clientes que vendem produtos baseados em eletrônica. Esse grupo representa atualmente 36% da receita da Wipro.[34] A Wipro tem mais de quinhentos profissionais dedicados a projetos guiados pela inovação, e a inovação contribui com 8% da receita da Wipro.

Identificamos muitas empresas americanas e européias que obtêm significativas reduções de custos com a realocação internacional de atividades de alto valor. Uma empresa de alta tecnologia com sede nos EUA conseguiu melhorar a sua produtividade em mais de 50% em seis meses por causa de contratações de melhor qualidade, maior digitalização, melhores capacidades de domínio e reengenharia, bem como mensuração contínua do desempenho. A empresa havia realocado para o exterior um complexo processo de gestão de pedidos; esses ganhos de 50% apareceram em cerca de dois mil pedidos recebidos diariamente de cinqüenta escritórios que falam três idiomas. Isso está bem longe dos primeiros dias do tsunami, quando aos fornecedores eram confiadas apenas simples tarefas de produção e a maioria dos trabalhos de rotina.

A GRANDE EXPANSÃO

As economias de desenvolvimento rápido sabem perfeitamente que suas infra-estruturas precisam de renovação e que seu futuro depende disso, mas são necessários tempo e recursos para criar sistemas viários, aprimorar aeroportos e aumentar a capacidade dos portos. Afinal, a expansão do sistema de rodovias interestaduais dos EUA, durante a qual 72 mil quilômetros de novas estradas foram criados, demorou 35 anos, de 1956 a 1991. Foram necessários 16 anos para que o Japão construísse 1.068 quilômetros de trilhos elétricos de alta velocidade para a sua Shinkansen ("Nova Linha-Tronco").

A grande expansão das economias de desenvolvimento rápido começou. E provavelmente vai continuar por décadas.

A China, graças à sua habilidade de fabricar bens e guiada pela necessidade de exportar enormes volumes de produtos manufaturados, dedicou boa parte de sua energia à construção e expansão de seus portos. Em 2003, a China ultrapassou todos os outros países e se tornou a maior manuseadora de bens embarcados, e, em 2005, tinha mais do que o dobro da capacidade de manutenção portuária dos Estados Unidos — 4,9 bilhões de toneladas manuseadas por ano em seus principais portos, em comparação com 2,5 bilhões de toneladas nos Estados Unidos e 0,4 bilhão na Índia. Em 2006, a capacidade portuária total da China (incluindo portos fluviais e portos marítimos menores) era de 5,6 bilhões de toneladas,[35] em comparação com 750 milhões de toneladas da Índia.[36] Espera-se que a China aumente a sua capacidade portuária para oito bilhões de toneladas até 2010.

Agora, a China voltou sua atenção para outros aspectos da infra-estrutura, e o governo está custeando agressivamente essas atividades. Pequim dedica cerca de 9% do seu produto interno bruto a obras públicas. Em 2005, a China tinha uma capacidade de geração de energia de 508 milhões de kW.[37] Em 2006, o país acrescentou 102 milhões de kW de capacidade de geração de eletricidade — um aumento de mais de 20%, quantidade maior do que toda a capacidade de geração de energia do Reino Unido.[38] Espera-se que a produção energética da China aumente aproximadamente 6% ao ano até 2020, chegando a 690 milhões de kW em 2010 e 950 milhões de kW em 2020.[39]

A China também está investindo pesadamente no aumento da sua capacidade viária para satisfazer a demanda crescente por transporte de superfície. No início dos anos 1990, o país iniciou um novo programa decenal para construir auto-estradas de alta qualidade e gastou cerca de US$25 bilhões por ano para levá-lo a cabo. Mas, segundo o Banco Mundial, o crescimento do sistema viário não conseguiu acompanhar o aumento nem do volume de veículos de passageiros (22%) nem do tráfego comercial (10%) ao longo da década. Nos últimos anos, porém, a China progrediu mais no desenvolvimento de um Sistema Nacional de Rodovias-Tronco (SNRT), que está programado para ser completado em 2005 e totalizará cerca de 35 mil quilômetros de rodovias com pedágio e auto-estradas de alta velocidade. Até 2006, a China tinha cerca de 133.500 quilômetros de rodovias;[40] a Índia, 66 mil quilômetros;[41] e os EUA, 260 mil quilômetros.[42]

A Índia dedicou muito menos recursos do que a China (cerca de 4% do seu PIB) à ampliação da geração de energia, das rodovias e dos portos — e a sua infra-estrutura decadente tem afetado a habilidade, tanto das empresas desafiantes quanto das dominantes, de fazer negócios lá.[43] O tráfego se arrasta a uma média de 32km/h nas principais estradas.

Em Maharashtra, que é o segundo estado mais populoso da Índia, onde Bombaim está situada, as principais cidades ficam sem energia um dia por semana para aliviar a pressão da matriz de geração de energia.[44] As empresas estrangeiras que operam no país muitas vezes relatam histórias de terror relacionadas à infra-estrutura. Um fabricante de equipamentos eletrônicos, por exemplo, produz telefones em uma fábrica em Chennai (antiga Madras) e os entrega em engradados para uma empresa de carga aérea no aeroporto. Uma remessa, que estava esperando para ser embarcada, ficou armazenada a céu aberto porque o aeroporto não tinha armazéns suficientes para guardá-la. Choveu, e milhares de unidades foram destruídas. Tais desventuras têm um impacto negativo na capacidade da Índia de atrair investimentos estrangeiros — o país captou apenas US$8 bilhões em investimentos estrangeiros em 2007 em comparação com os US$63 bilhões da China.[45]

O governo indiano estima que o país precisará gastar US$150 bilhões nos próximos sete ou oito anos para colocar o resto da sua infra-estrutura em um padrão aceitável, e sabe que vai precisar oferecer mais ajuda e apoio. Uma lei aprovada em 2005 possibilitou que funcionários do governo criassem parcerias público-privadas para iniciativas relacionadas à infra-estrutura. O novo aeroporto de Bangalore foi o primeiro projeto a se beneficiar com essa lei; foi desenvolvido pelo governo estadual em parceria com a Unique Ltd., uma empresa privada suíça. O governo contribuiu com apenas 18% dos US$430 milhões do custo da obra, mas ganhará posse plena do aeroporto após sessenta anos.[46]

Segundo nossa pesquisa e análise, o aumento do número e da qualidade das estradas, a expansão da capacidade de geração de energia e o incremento do número de portos e aeroportos poderia fazer com que a taxa anual de crescimento do PIB da Índia passasse dos atuais 7% a 8% para 8% a 10% sustentáveis. Mesmo assim, a taxa de crescimento da Índia em 2005–2006 e 2006–2007 foi superior a 8%, apesar de todas as restrições infra-estruturais.

ADIANTE, RUMO À INOVAÇÃO

As desafiantes globais começaram como fornecedoras de baixo custo e migraram para atividades de maior valor, mas não estão contentes com nenhuma das duas atividades. Elas lutam para ir além de seus papéis como fabricantes com uma capacidade brilhante e provedoras de serviço altamente eficientes e querem se tornar líderes globais com marcas de classe mundial.

As empresas dominantes já viram essa transformação antes. Nos anos 1960, as empresas sediadas nos EUA iam para o Japão comprar componentes eletrônicos de baixo custo e, depois, rádios a transistor e televisores também de baixo custo. O poder de aprovisionar as economias desenvolvidas proporciona às empresas desafiantes a capacidade de aprender e ampliar posições de escala. Elas aumentam de tamanho, expandem sua presença e melhoram suas competências ao mesmo tempo em que incrementam sua produção e aprimoram a qualidade de sua oferta. Começam a construir capacidades de P&D e criam suas próprias marcas, o que lhes permite estender suas posições de distribuição e adquirir bens e serviços de outras economias de desenvolvimento rápido. Empresas como Sony, Toyota e Honda fizeram isso, tirando empresas americanas e européias de automóveis e eletrônicos de posições dominantes nos mercados dos EUA e da Europa.

Da mesma maneira, as empresas desafiantes que querem ter êxito no longo prazo estão desenvolvendo as capacidades de que precisarão para se transformar — fusões e aquisições de classe mundial, marketing, gestão da cadeia de suprimentos e, talvez o mais importante, habilidades de inovação.

Atualmente, apenas um punhado de empresas desafiantes opera na vanguarda da inovação. A fraqueza geral em propriedade intelectual se reflete no pequeno número de patentes de sua propriedade. De 1999 até o final de 2003, todas as empresas nas cinco maiores economias de desenvolvimento rápido registraram apenas 3.900 patentes nos EUA, em comparação com 166 mil e 54 mil do Japão e da Alemanha respectivamente. Mas isso está mudando. As desafiantes estão desenvolvendo rapidamente talentos de P&D, e os recursos de P&D ainda são bem menos caros nas economias de desenvolvimento rápido do que nos países desenvolvidos. Com cerca de um quinto dos custos de desenvolvimento dos seus concorrentes ocidentais, uma empresa como a Ranbaxy Pharmaceuticals pode conseguir muita coisa com seu orçamento de P&D de US$87 milhões. Portanto, não causa espanto o fato de as empresas dominantes estarem correndo para as economias de desenvolvimento rápido para abrir centros de P&D. Mas as desafiantes podem ter uma vantagem quando o assunto é a alavancagem eficaz dos talentos locais. Por exemplo, a Haier, da China, afirma que desenvolve dois novos eletrodomésticos por dia. Então, embora poucas invenções atuais das desafiantes sejam de vanguarda, as empresas desafiantes de maior sucesso se tornarão verdadeiras inovadoras com o tempo.

Tanto a China quanto a Índia declararam que a inovação é uma prioridade estratégica nacional. Em janeiro de 2006, a China revelou o que chamou de "plano de médio a longo prazo para o desenvolvimento da ciência e da tecnologia", com duração de 15 anos. O plano exorta a China a se tornar uma "sociedade voltada para a inovação" até 2020 e uma líder global em ciência e tecnologia até meados do século. Ele prevê aumentos vertiginosos nos gastos com P&D nos próximos 15 anos, de 1,23% do PIB em 2004 a 2,5% de um PIB significativamente maior em 2020. E fixa dois objetivos ambiciosos: primeiro, fazer da China um dos cinco principais países do mundo em termos de número de novas patentes registradas para invenções; e, segundo, como foi observado pelo Instituto Americano de Física, "fazer com que os documentos científicos de autoria chinesa estejam entre os mais citados do mundo".[47]

Os objetivos da Índia não são menos ambiciosos e foram bem sintetizados pelos slogans usados para promover as exposições nacionais de P&D de 2005 e 2006 em Nova Déli: "Pense em inovação, pense na Índia"; "Mente voltada para o mercado"; e, talvez, o mais revelador de todos: "A futura plataforma mundial de conhecimento". E, para dar apoio a objetivos tão ambiciosos, os patrocinadores da reunião anual nos lembram que "a Índia tem 380 universidades e 11.200 instituições de ensino superior das quais saem anualmente cerca de seis mil Ph.D.s, duzentos mil engenheiros, trezentos mil alunos graduados e pós-graduados em ciências", e que o investimento em P&D tem crescido a uma taxa anual total superior a 40%.[48]

Implicações: prepare-se para lutar

Não, essa não é a primeira vez que presenciamos uma onda de novas empresas desafiantes de economias em desenvolvimento varrendo o litoral dos mercados desenvolvidos. E não é a primeira vez que as empresas da China, da Índia, da Rússia e do Brasil se destacam no comércio mundial e que há tensões extraordinárias entre os jogadores. Pense no comércio de especiarias, de chá, de algodão, de ópio. Pagamento em moedas de prata e cobre. A balança comercial em um movimento pendular. Sociedades se abrindo, como a do Japão em 1853. E se fechando, como a da China no início dos anos 1900.

A capacidade de abastecer economias mais desenvolvidas sempre proporciona às empresas desafiantes a oportunidade de aprender e crescer. As espertas aproveitam a oportunidade. Tiram partido de sua nacionalidade, aproveitam o acesso ao conhecimento e aos recursos mundiais e permitem que seu apetite por sucesso as impulsione para a frente.

Foi isso que aconteceu nos anos 1960, quando as empresas dominantes não conseguiram imaginar que suas fornecedoras japonesas algum dia se tornariam concorrentes. Mas foi o que aconteceu. Muitas delas se tornaram líderes mundiais. O Japão passou de quarta maior economia em 1960 a segunda maior, atrás apenas dos Estados Unidos hoje.

Está acontecendo novamente, neste momento.

Para as empresas dominantes, é fácil olhar para as desafiantes da China, da Índia, da Rússia, do Brasil, da Turquia e de outras economias em desenvolvimento rápido e se deixar levar por um falso sentimento de segurança.

Uma empresa com uma receita anual de US$1 bilhão — ou até mesmo US$100 milhões — poderia ser uma ameaça para a minha companhia? Uma fábrica sem automação pode alcançar um volume igual ao nosso? Uma empresa que começou produzindo dispositivos inexpressivos é capaz de criar uma marca de classe mundial?

Sim.

Isso já aconteceu antes e está acontecendo novamente, neste momento. E esse tsunami das desafiantes fará com que todas as ondas anteriores pareçam marolas.

CAPÍTULO 3

Atentar para o diferencial de custos

> "O jogo dos custos determina a nossa estratégia, que
> consiste em ser o maior jogador do mundo."
> *Anand Mahindra, M&M*

Um operário de fábrica nos Estados Unidos ganha US$25 por hora; na China, ganha US$1. Em Wenzhou, um operário da construção civil carrega cimento em baldes por US$0,40 a hora.

Precisa dizer mais alguma coisa?

Não teria havido tsunami, ascensão das empresas desafiantes, desenvolvimento rápido nessas economias, sem a vantagem fundamental do baixo custo.

Apesar de empresas em todas as economias de desenvolvimento rápido estarem oferecendo serviços mais complexos, tornando-se mais inovadoras e desenvolvendo marcas para seus próprios produtos, o baixo custo continua sendo a vantagem básica.

No entanto, conquistar e manter essa vantagem não é tão simples quanto parece. As desafiantes, como veremos, têm de lutar para gerir seus custos a fim de manter os preços baixos, mas também para crescer e ser competitivas nos mercados mundiais.

Durante muitos anos, para as empresas dominantes em muitos setores, a escolha de capacidades e serviços de baixo custo nas economias de desenvolvimento rápido foi algo praticamente óbvio. Operários da indústria, trabalhadores manuais, pessoal não capacitado do setor de serviços — todo mundo que labuta na extremidade inferior da cadeia alimentar dos negócios ganha menos, tem menos benefícios e trabalha jornadas mais longas nas economias de desenvolvimento rápido do que nas economias desenvolvidas.

Um operário de fábrica nos Estados Unidos que ganha US$25 por hora também trabalha menos horas — aproximadamente sete horas por dia. Um operário chinês que ganha US$1 por hora trabalha de dez a 12 horas. Na Polônia, o operário de fábrica ganha aproximadamente US$3 por hora.[1] Em outras partes da Europa Oriental, um operário de fábrica pode chegar a ganhar US$10 ou US$12 por hora. Um trabalhador mexicano costura setenta pares de mocassins, a mão, por 120 pesos por dia, ou cerca de US$11. E isso é muito dinheiro em comparação com um trabalhador do setor de vestuário em Bangladesh, que leva para casa US$20 por mês.[2]

Os trabalhadores do setor de serviços geralmente ganham mais do que os operários de fábrica, mas ainda muito menos do que o salário para um emprego equivalente nos Estados Unidos ou na Europa. Nos EUA, um operador de *call center* ganhava cerca de US$13,22 por hora em 2005, ao passo que um operador no Brasil ganhava cerca de US$5,96 por hora. Um funcionário administrativo, como um contador, ganha de US$26 a US$30 por hora nos Estados Unidos, de US$15 a US$18 por hora na Europa Oriental e de US$10 a US$12 por hora na Índia.

Suba um pouco na hierarquia empresarial até posições que exigem mais instrução e envolvem mais responsabilidade, e o diferencial de custos permanece enorme. Na China, um gerente de projetos ganha em média aproximadamente US$23.309 por ano, mais do que o dobro dos US$9.995 que um gerente de projetos indiano ganha, porém menos de um terço dos US$90 mil que um gerente de projetos no Estados Unidos pode esperar levar para casa anualmente.[3]

E quanto aos executivos? Os gerentes gerais, diretores, vice-presidentes e presidentes da Baosteel, Wipro ou CVRD estão mais próximos da paridade com os executivos nos Estados Unidos e na Europa? Bem, isso não era verdade, mas agora o hiato está diminuindo. Na verdade, considerando-se tudo, os gerentes seniores lotados em algumas das economias de desenvolvimento rápido têm maior poder aquisitivo (ou até rendas mais altas) do que seus colegas nos países desenvolvidos. Segundo um estudo do Hay Group, uma consultoria de recursos humanos, os gerentes na Turquia, no México e na Ucrânia têm mais poder aquisitivo do que seus colegas ocidentais. Mas poder aquisitivo não é tudo. Ele se refere ao poder de compra na economia na qual você está vivendo — onde os preços são mais baixos, há menos variedade e os bens e serviços disponíveis muitas vezes são de qualidade mais baixa.

Salários tão baixos fazem com que seja mais barato abrir e administrar empresas inteiras. Uma empresa recém-estabelecida com cem funcionários nos Estados Unidos "pode consumir US$20 milhões por ano", mas uma empresa chinesa recém-estabelecida, do mesmo porte, consome apenas US$2,5 milhões. "É por isso que as empresas chinesas se tornam muito rentáveis muito rápido", disse Richard Lim, diretor administrativo da GSR Ventures, a afiliada chinesa da Mayfield Fund, uma empresa de capital de risco focada na China.[4]

Provedores de serviços e profissionais liberais independentes aplicam tarifas menores do que empresas semelhantes nos países desenvolvidos. Quando o escritório chinês de uma banca de advogados americana propôs, a um fabricante local, honorários de várias centenas de milhares de dólares para realizar uma parte do seu trabalho jurídico, o cliente em potencial fez uma contraproposta de US$15 mil. (A banca de advogados declinou o trabalho.) Algumas pessoas podem achar surpreendente o fato de os advogados chineses não receberem honorários altos, levando-se em consideração que a China tem apenas cerca de 115 mil advogados que trabalham em tempo integral.[5]

Não são apenas os salários e compensações que são baixos nas economias de desenvolvimento rápido; ativos fixos, matérias-primas e componentes também custam menos. Máquinas e ferramentas produzidas nas economias de desenvolvimento rápido muitas vezes têm preços de 30 a 50% inferiores aos das mesmas máquinas e ferramentas produzidas no Ocidente. (Muitas vezes, as capacidades e a expectativa de vida útil são diferentes, mas é difícil fazer comparações tão exatas.)

Na Rússia, a Lukoil e a Gazprom construíram suas empresas — e praticamente reergueram a economia russa — com base em amplos depósitos de gás natural e petróleo.[6] Na Indonésia, as fornecedoras de alimentos como a Indofood têm acesso a uma fartura de óleo de palma, o que lhes dá uma grande vantagem em termos de custos. Some isso tudo e as empresas desafiantes poderão oferecer uma vantagem em termos de custo de 30 a 40% em relação às empresas dominantes em praticamente qualquer produto ou serviço fornecido.

E mais, o baixo custo vai além das remunerações e salários, serviços e máquinas operatrizes, produtos e óleo de palma — as empresas desafiantes pensam em baixos custos em tudo o que fazem: no modo como abrem fábricas e escritórios, na maneira como colaboram, no modo de projetar produtos, nas expectativas em relação aos seus funcionários.

Portanto, a primeira luta da globalidade — na qual você está competindo com todas as empresas, em toda parte, que têm acesso, exatamente como você, a praticamente tudo — é perseguir implacavelmente o "baixo custo global" (e não buscar apenas o "preço chinês", como antes) para a sua empresa ou indústria.

As empresas dominantes nem sempre são capazes de equiparar ou ampliar o baixo custo global, mas o que elas podem e devem fazer é reduzir seus custos a ponto de a diferença de preço entre seus produtos e serviços e os das empresas desafiantes ser pequena o bastante para não ter muita importância, ou importância alguma, para os seus clientes.

É claro, há uma estratégia alternativa. As empresas dominantes também podem agregar tanto valor aos produtos ou serviços — por meio de inovação, *branding*, distribuição e outros fatores — que os clientes estarão dispostos a pagar um pouco, ou mesmo muito, mais por um valor que eles percebem como maior. (Falaremos mais sobre a inovação nas economias de desenvolvimento rápido no Capítulo 8.)

Existem quatro ações principais nas quais as empresas desafiantes se tornaram especialistas e que as ajudam a manter seus custos baixos. As empresas dominantes podem implementar essas ações para manter pequena a diferença de custos:

- Otimizar com mão-de-obra
- Formar *clusters*
- Superdimensionar
- Simplificar

Otimizar com mão-de-obra

As empresas dominantes têm dificuldade de tirar da cabeça uma suposição fundamental dos países desenvolvidos: as pessoas são o recurso mais caro. Ao longo das últimas décadas, em grande parte como reação à ascensão das empresas desafiantes, manter o custo da mão-de-obra baixo se tornou um procedimento operacional padrão para as empresas que estão competindo em economias desenvolvidas. As exortações ressoam em suas mentes como vozes preventivas no pesadelo de um filme de terror:

Reduza o efetivo!
Adote uma administração enxuta!
Achate os gastos!
Diminua as operações!
Automatize!

As desafiantes vêem a questão de pessoal de uma maneira muito diferente. Elas não se esquivam de efetivos numerosos. Ao invés de reduzir o quadro de pessoal, diminuir as contratações, fechar instalações e automatizar sempre que possível, as desafiantes estão acrescentando pessoal, construindo novas instalações para serem ocupadas por esses funcionários e até mesmo aumentando salários para atrair mais gente.

Desde os primeiros dias do tsunami, quando era difícil obter capital, as empresas locais sabiam que a disponibilidade de mão-de-obra em abundância poderia ser um fator tão valioso quanto o dinheiro que elas não tinham para comprar maquinário caro, sistemas complexos e equipamento para produção. Por conseguinte, os locais de trabalho das desafiantes estão fervendo de atividade humana — e são bem diferentes das fábricas automatizadas, muitas vezes estéreis, das empresas dominantes.

Visite a ZTE, a maior fabricante de equipamentos para redes de telecomunicação sem fio da China, e você verá 31 mil pessoas trabalhando. Dez mil são engenheiros. Eles trabalham em 14 centros de pesquisa e desenvolvimento, na China, nos Estados Unidos, na Índia, na França e na Suécia. Os funcionários da ZTE são jovens: a idade média é de trinta anos. São ambiciosos e trabalham com afinco. "Somos passionais, e isso se traduz em diligência", disse-nos Zhou Susu, da ZTE. "Nosso pessoal local geralmente trabalha de 12 a 14 horas por dia. Isso parece terrível para os nossos concorrentes."[7] Um gerente americano de uma fábrica de propriedade americana em Shenzhen disse a James Fallows, o editor da *Atlantic*: "As pessoas aqui trabalham com afinco. São jovens. São rápidas. Não tem isso de 'tenho de ir buscar meus filhos' que você ouve nos Estados Unidos."

Níveis salariais de baixo custo no longo prazo

Muitos observadores argumentam que os custos trabalhistas nas economias de desenvolvimento rápido vão aumentar muito mais depressa do que nos países desenvolvidos, e o diferencial salarial logo começará a diminuir.

Segundo a nossa visão, o hiato vai persistir pelos próximos vinte anos, se não mais. Isso se dá em parte porque há uma enorme reserva de homens e mulheres desempregados na China e na Índia que querem, podem e estão dispostos a trabalhar por salários muito inferiores aos dos trabalhadores nas economias desenvolvidas. Só na China mais de oitocentos milhões de pessoas — cerca de 12% da população mundial — vivem no campo, onde a renda é pouco superior a US$300 anuais[8] — menos de um terço da renda dos chineses que vivem nas cidades[9] e cem vezes menor do que a renda média, de US$40 mil, nos Estados Unidos. Com literalmente centenas de milhões de pessoas procurando empregos remunerados, é pouco provável que os salários para posições de baixa qualificação subam muito rapidamente nas próximas décadas.

O mesmo vale para posições que exigem mais instrução, treinamento ou habilidades. A Índia tem um grande contingente de trabalhadores instruídos e falantes de inglês que está se expandindo ao ritmo de um milhão de pessoas por ano. A demanda por trabalhadores acarretada pelo crescimento incrivelmente rápido dos serviços de TI e de terceirização dos processos de negócios (TPN) na Índia resultou em um aumento dos níveis salariais nesses setores, mas também fez com que empresas desafiantes ampliassem os seus horizontes na busca de trabalhadores de baixo custo — agora estão recrutando nas aldeias da Índia, e também se encaminhando para a China. A Índia é um dos poucos países nos quais a população em idade ativa deverá crescer nos próximos quarenta anos, o que ajudará ainda mais a manter os salários baixos. A ampla disponibilidade de acesso de alta velocidade à internet está ajudando a alimentar essa oferta de trabalhadores na Índia, possibilitando que as empresas treinem e tirem proveito das habilidades profissionais de pessoas em todo o país — até mesmo das que moram em áreas rurais.

A diferença em custos ainda é tão enorme que, mesmo se os custos trabalhistas nas economias de desenvolvimento rápido aumentassem num ritmo de dois algarismos anualmente num futuro próximo, o diferencial só diminuiria ligeiramente.

Faça as contas. Suponha que um operário de uma fábrica que mora nos EUA atualmente custa ao seu empregador de US$15 a US$30 por hora e que um operário de fábrica na China custa cerca de US$1 por hora — uma diferença que vai de US$14 a US$29. Suponha que os salários industriais na China subam a uma taxa de 8% anualmente, ao passo que nos Estados Unidos eles subam a uma taxa anual de 2,5%. Em 2012, o salário por hora médio ainda seria de apenas US$1,46 na China, mas teria alcançado US$24,55 nos Estados Unidos. Faça as contas até 2040 e, se as taxas de crescimento permanecerem as mesmas, os custos trabalhistas na China ainda serão apenas um quarto do que são nos Estados Unidos — US$12,68 em comparação com US$50,82.

Os custos trabalhistas nos menores países da Europa Oriental, no Brasil e no México podem sofrer uma pressão para baixo ainda maior. Os custos trabalhistas nesses países vão permanecer baixos em comparação com os dos Estados Unidos e da Europa Oriental, mas provavelmente será mais difícil competir com a China e a Índia porque seus custos trabalhistas já são mais altos, e os aumentos salariais anuais geralmente também são mais altos. Para continuar a competir com todos em toda parte, as empresas desafiantes da Europa Oriental terão de segurar os seus salários.

BYD : MAIS PESSOAS, MENOS ROBÔS

Não foi na aula de uma escola de negócios ocidental, mas por experiência própria, que Wang Chuanfu aprendeu que a mão-de-obra de baixo custo pode ser otimizada. E foi essa lição que o colocou na estrada para construir a maior fabricante de baterias de níquel-cádmio (NiCd) atual, com uma participação de mercado de 40%.

Wang Chuanfu, nascido em 1967, foi educado na Universidade Industrial do Centro-Sul, um dos melhores centros de pesquisa e educação da China em ciência metalúrgica e engenharia. Ele se formou em 1987 e, depois, foi para o Instituto de Pesquisas Metalúrgicas Shougang, em Pequim, onde obteve seu diploma de mestrado, em 1990. Depois, recebeu a proposta de um trabalho de pesquisa no instituto e a aceitou.

"Meu objetivo era ser um ótimo engenheiro", relembrou Chuanfu. Mas o instituto não tinha muitos recursos financeiros nos anos 1990 — muitos centros de P&D administrados pelo governo na China careciam de financiamento naquela época — e Wang ficou frustrado e ansioso. "Era muito difícil fazer qualquer coisa", disse ele.

Na época, os telefones celulares estavam chegando à China. Wang se interessou por eles e percebeu que, a menos que pudessem ser oferecidos a um preço significativamente mais baixo, a maioria do povo chinês nunca poderia comprar um. Depois de desmontar um ou dois telefones, ele concluiu que a bateria, que custava mais de mil iuanes, era o grande fator que incidia sobre o alto preço de venda. Wang decidiu que não deveria ser tão difícil assim produzir uma bateria com um preço baixo. Então, em 1997, pediu demissão do seu emprego no instituto e abriu sua própria empresa.

A produção de baterias de lítio era então dominada por Sanyo, Toshiba, Matsushita e Sony — fabricantes japonesas com *expertise* abundante na construção de produtos eletrônicos de precisão de classe mundial em linhas de montagem flexíveis e eficientes. As divisões de baterias dessas empresas não eram diferentes, fabricando produtos com uma combinação de rapidez, confiabilidade e custo ímpar em todo o mundo.

Wang pensou que simplesmente iria ao Japão, compraria a tecnologia e o equipamento necessários para produzir baterias de lítio na China e, depois, eliminaria custos com tabelas salariais e custos materiais baixos. No entanto, ele ficou pasmo com os preços que as empresas japonesas estavam pedindo pelos robôs e outros equipamentos de automação. Uma linha de produção completa custaria mais de 83 milhões de iuanes, ou cerca de US$10 milhões (ao câmbio de 1998), uma soma da qual o ex-pesquisador do governo não dispunha.

Wang avaliou as suas opções. Havia alguma outra maneira de competir no negócio de fabricação de baterias que não envolvesse um grande desembolso de capital? Wang achou que havia. Comprou apenas um robô japonês e o enviou para a China. Lá, estudou como funcionava e o desmontou, peça por peça. Concluiu que seria possível projetar e construir um robô semelhante na China, com a habilidade e o desempenho de que ele precisava, por um custo muito menor do que o de uma máquina japonesa.

Depois, Wang teve uma idéia ainda melhor. Estudou a própria bateria com grande atenção. Percebeu que uma bateria de telefone celular é, na verdade, um equipamento tecnológico bastante simples, muito menos complexo do que, digamos, uma placa de circuitos impressos ou o motor de uma impressora. A bateria é pouco mais do que um sanduíche de diversas folhas de óxido de lítio-cobalto, intercaladas por folhas de carbono, separadas por folhas ainda mais finas de plástico colocadas entre elas. Não havia motivo para que as pessoas não pudessem fazer o trabalho dos robôs, e tão bem quanto eles.

Então, Wang projetou uma linha de produção que substituía a fábrica automatizada de 83 milhões de iuanes por seiscentas pessoas e um único robô. As pessoas sentavam-se lado a lado em uma longa linha de montagem, passando o trabalho de uma pessoa para a próxima, empilhando folhas, curvando pedaços de metal, enrolando películas, construindo o sanduíche em camadas até ficar pronto. Toda a linha de produção não custou mais do que três milhões de iuanes, ou cerca de US$362 mil ao câmbio de 1998, menos de 4% do custo da linha de produção automatizada do Japão.

A BYD lançou a sua bateria a um preço 40% inferior ao dos produtos dos concorrentes japoneses.[10] "As empresas japonesas não acreditaram que podíamos fazer aquilo", disse Xia Zuoquan, co-fundador da BYD. "A chave é cortar custos e ao mesmo tempo manter o nível de qualidade", disse Deng Guorui, um executivo sênior da BYD. "Os nossos custos são de 30 a 40% mais baixos do que os das empresas japonesas, e nossa função e qualidade são semelhantes — talvez melhor."[11]

Wang fez mais do que depender da mão-de-obra em vez de do capital. Ele estabeleceu um tipo totalmente diferente de fábrica, uma unidade que fazia um uso incrivelmente intensivo e também extremamente flexível da mão-de-obra. Ao substituir equipamento por operários (ou, para ser mais preciso, não comprar equipamentos como primeira opção), a BYD pôde fazer mais do que eliminar custos — a empresa também reduziu o tempo de fabricação e pôde fazer ciclos de produção mais curtos e fazer uma variedade maior de produtos a um custo muito menor do que teria se tivesse de reequipar e reprogramar uma sala cheia de robôs a cada vez. A fábrica baseada em mão-de-obra permitiu que a BYD passasse mais rapidamente do projeto ao protótipo e à produção em escala comercial, o que lhe proporcionou uma vantagem no ritmo de inovação que oferecia aos seus clientes.

A otimização com mão-de-obra traz seus próprios desafios, é claro — sobretudo a necessidade de uma boa gestão da força de trabalho. Em economias de desenvolvimento rápido, a demanda por funcionários é intensa, e as ofertas de emprego competitivas são abundantes, portanto, as desafiantes estão sempre lutando para manter os custos de compensação baixos e, ao mesmo tempo, manter a retenção de funcionários alta.[12]

Formar clusters

As empresas desafiantes são particularmente experientes na manutenção de seus baixos custos mediante a formação de *clusters* — operar em concentrações de empresas correlacionadas, interdependentes, no âmbito de um setor que usa os mesmos fornecedores, a mesma mão-de-obra especializada e os mesmos canais de distribuição.

À medida que o tsunami ganhava força, os *clusters* industriais surgiam em todas as economias de desenvolvimento rápido. Há um *cluster* do setor de eletrodomésticos em Monterrey, México, que atende ao mercado norte-americano. Os membros do *cluster* incluem tanto empresas dominantes quanto desafiantes, tais como Whirlpool, Carrier, Criotec, Hussman, IMPCO Technologies, LG Electronics, Mabe e York — junto com duzentos fornecedores locais.

Há um *cluster* mexicano do setor de calçados em Guadalajara que inclui 315 fabricantes de produtos finais e 160 fornecedores. Cerca de metade deles interage diretamente entre si. O Brasil tem seu próprio *cluster* calçadista (que se concentra especificamente na produção de moldes para calçados) no vale do rio dos Sinos.

Há um grande centro aeroespacial em São José dos Campos, que fica a aproximadamente uma hora de carro de São Paulo, onde está localizada a sede da Embraer. A proximidade física e a contratação contínua de engenheiros aeronáuticos nesse *cluster* é uma das razões para o sucesso da empresa. Nos anos 1960, o governo brasileiro deu apoio à indústria aeronáutica e ao talento dos engenheiros locais que a impulsiona. Na época, "o Brasil tinha uma indústria incipiente", nos disse Satoshi Yokota, vice-presidente executivo da Embraer para desenvolvimento de tecnologia e design avançado. "A fabricação de automóveis tinha apenas dez ou 15 anos, havia poucos produtos eletrônicos, muito pouca fabricação mais complexa. No entanto, havia um núcleo de engenheiros aeronáuticos competentes e uma percepção por parte do governo de que se deveria investir nessa área."

A formação de *clusters* também está ganhando vulto na Bulgária, onde os fabricantes de móveis se concentraram em torno de Razlog, na parte sudoeste do país.

Na Índia, há um *cluster* automotivo em torno da cidade portuária de Chennai, na parte sul do país, onde cerca de 40% dos jogadores da indústria automotiva da Índia estão localizados.[13]

A China está abarrotada de *clusters*, e eles representam um grande percentual da produção de ferramentas do país, portanto, são uma importante fonte de insumos, materiais e capital de baixo custo. Muitos dos *clusters* da China se desenvolveram em torno de áreas urbanas em crescimento. As instituições educacionais também participam deles, bem como as empresas, treinando pessoal para a base produtiva local, garantindo assim o fornecimento ágil de engenheiros e outros funcionários qualificados aos *clusters*. A cidade de Xiamen, por exemplo, abriga um *cluster* do setor de eletrônica, um de fabricantes de máquinas e um da indústria química.

O maior e mais importante *cluster* da China está situado em torno do delta do rio Pérola, na província de Guangdong, logo ao norte de Hong Kong. A principal cidade é Guangzhou, conhecida antigamente como Cantão, que há séculos é uma cidade mercantil. A província de Guangdong tem uma população de cerca de noventa milhões de pessoas. Segundo uma estimativa, cerca de 18 milhões delas trabalham em indústrias.[14] Isso é mais do que toda a mão-de-obra industrial dos Estados Unidos, que é de cerca de 14 milhões de pessoas. A área industrial de Guangdong, segundo uma estimativa, é responsável por 13% de toda a produção industrial da China.

James Fallows, da *Atlantic*, passou muito tempo visitando instalações industriais no delta do rio Pérola e descreve uma fábrica típica da seguinte maneira: "Uma fábrica na província de Guangdong, a famosa Foxconn, fica no meio de uma conurbação nos arredores de Shenzhen, na qual ocupa tanto espaço quanto um grande aeroporto." Fallow escreve: "Cerca de 240 mil pessoas (o número que eu ouvi com mais freqüência; as estimativas variam entre duzentos mil e trezentos mil) trabalham em suas linhas de montagem, dormem em seus alojamentos e comem nos refeitórios da empresa. Disseram-me que os responsáveis pelo preparo das refeições da Foxconn matam três mil porcos por dia para alimentar os funcionários. O número faz sentido — um porco para cada oitenta pessoas, em um país no qual os porcos são relativamente pequenos e sua carne é um alimento padrão (não ouvi estimativas sobre galinhas)."

Centenas de empresas e seus fornecedores se estabeleceram no delta do rio Pérola, onde tiram proveito das várias vantagens em termos de custos proporcionadas pela formação de *clusters*.

COMPARTILHAR

Os membros de um *cluster* podem aumentar com eficácia a própria capacidade sem ter de arcar com o custo de construir novas fábricas ou instalações, compartilhando a capacidade de outros membros do agrupamento. Uma empresa pode terceirizar pedidos, ou partes de pedidos, que ela mesma não pode atender para outras empresas com recursos produtivos semelhantes na mesma área geográfica. A empresa não precisa rejeitar o pedido, ou oferecer uma data de entrega posterior, e o cliente nem fica sabendo.

É exatamente assim que o *cluster* Mesta — que se concentra em móveis — iniciou em torno do centro de negócios de Razlog, Bulgária. O *cluster* tomou forma quando um empresário holandês quis fazer um pedido para uma grande quantidade de móveis, e nenhum dos produtores locais tinha a capacidade para atendê-lo. Então, as empresas dividiram a produção de várias peças e concordaram em enviar os produtos finais com a marca de apenas uma das empresas.

Os membros do *cluster* podem compartilhar os custos de construção de certas instalações que exigem um dispêndio significativo de capital, tais como as estações de tratamento de vapor e esgoto necessárias à indústria de tingimento e impressão. As empresas em um *cluster* também podem gerir os custos comprando conjuntamente de seus fornecedores matérias-primas, componentes, bens finais, mão-de-obra, equipamento e serviços de apoio — tudo sem sacrificar sua independência e flexibilidade.

Membros de *clusters* muitas vezes economizam quantias substanciais em custos de transporte comprando coletivamente grandes volumes de bens e materiais. Cerca de 60% de todos os bens exportados da China contêm ingredientes ou componentes que foram importados. Quando os *clusters* compram no atacado e consolidam suas remessas para que haja um percentual mais alto de contêineres e caminhões cheios, todas as empresas nos *clusters* economizam e, em última instância, o cliente final também. E, no âmbito do próprio *cluster*, os custos de transporte entre fornecedores e fabricantes são muito reduzidos porque as empresas estão perto uma das outras.

A Flextronics, líder no setor de serviços de manufatura em eletrônicos, estabeleceu um gigantesco parque industrial na cidade de Doumen, no delta do rio Pérola, localizada a cerca de duas horas e meia de Hong Kong. Com uma área construída de 340 mil metros quadrados e várias fábricas que, juntas, empregam 45 mil funcionários, a Flextronics projeta, constrói e envia uma ampla gama de produtos que inclui telefones celulares, consoles de jogos, produtos para infra-estruturas de redes e vários tipos de componentes. Ela também é capaz de fornecer produtos de baixo custo e alta qualidade aos seus clientes comprando peças de fornecedores localizados perto do seu parque manufatureiro e administrando toda a cadeia de suprimentos, desde a fase de design até a montagem final e a logística. A duas horas de carro do parque industrial da Flextronics, estão milhares de fornecedores que oferecem quase todos os serviços e atividades de suporte à produção de que a empresa necessita. Essa configuração logística por si só resulta em custos de componentes que são muito mais baixos do que os de produtos semelhantes fabricados nos Estados Unidos.

A formação de *clusters* também facilita a troca de informações. Muitas empresas em um *cluster* são de pequeno ou médio porte e, portanto, carecem de meios para construir uma infra-estrutura eficaz de tecnologia da informação. Apesar de cada vez mais empresas desafiantes estarem usando a internet durante os estágios iniciais das transações comerciais, boa parte das informações ainda é trocada em interações presenciais. A proximidade física das empresas em *clusters* é ideal para esse tipo de comunicação e para o cultivo de relacionamentos pessoais e comunitários que são tão cruciais para o estabelecimento de confiança. Por sua vez, a confiança facilita o compartilhamento de informações abrangentes sobre mercados e também de caráter técnico e competitivo, o que permite que as empresas criem produtos e serviços apreciados pelos clientes.

No *cluster* calçadista do vale do rio dos Sinos, no Brasil, um grupo de fabricantes e seus fornecedores, além de outros parceiros, criou um programa de inovação baseado em tecnologia que visava melhorar a produção dos moldes de calçados e reduzir o tempo de desenvolvimento. O grupo incluía fabricantes, a universidade local, uma empresa de treinamento, uma empresa privada de inovação tecnológica e uma organização não-governamental (ONG) brasileira.[15]

No delta do rio Pérola, a Honda tem uma *joint venture* chamada China Honda Automobile Company (CHAC), que tira proveito do *know-how* produtivo e da rede de aprovisionamento de peças de seus parceiros na *joint venture* — a Guangzhou Honda Automobile Co., Ltd., e a Dongfeng Honda Engine Co., Ltd. A empresa controla custos por meio de economias de escala obtidas pelo relacionamento com seus parceiros. A CHAC é a primeira fabricante de carros de passeio na China a iniciar operações completas de exportação para os mercados europeus.[16]

Colaborar

Além de dividir instalações e custos, a formação de *clusters* também estimula e facilita a colaboração.

O grande sucesso da China com *clusters* industriais, especialmente nos três maiores — no delta do rio Yangtzé; no delta do rio Pérola, em Guangdong; e em Zhongguancun, em Pequim, o maior centro de P&D da China —, destaca importantes questões acerca de como os *clusters* podem fomentar a colaboração.

Primeiro, a política governamental pode desempenhar um papel importante na estimulação da cooperação nos *clusters*. As regras provisórias do Conselho de Estado da China sobre zonas experimentais de desenvolvimento industrial de nova tecnologia em Pequim levaram ao aumento da atividade na região de Zhongguancun; da mesma maneira, o "plano de coordenação e desenvolvimento do *cluster* urbano do delta do rio Pérola 2004–2020" ajudou no planejamento do desenvolvimento do *cluster* do DRP.[17] A facilitação governamental ou as políticas preferenciais relacionadas a finanças, mão-de-obra, aquisição e utilização de terras, infra-estrutura, atividades acadêmicas e pesquisa foram a espinha dorsal da colaboração dentro dos *clusters*.

Segundo, a colaboração nos *clusters* assumiu a forma de elos verticais, ou seja, entre fornecedores e seus clientes. No *cluster* do delta do rio Pérola, em Guangzhou, as fabricantes de automóveis Honda, Toyota e Nissan trabalham em colaboração com uma série de fabricantes de componentes automotivos. A colaboração nos *clusters* também toma a forma de elos horizontais — entre várias empresas concorrentes ou do mesmo setor — como acontece nos parques de software em Jiangsu e Xangai, no *cluster* do rio Amarelo.

As desafiantes também usaram os *clusters* como plataformas de colaboração para recrutar, treinar e interagir com profissionais altamente qualificados. Muitas empresas de engenharia e de alta tecnologia abriram centros de P&D na região de Bangalore, na Índia, nos últimos anos. É aí que fica o John F. Welch Technical Center, o primeiro e maior centro de P&D integrado e multidisciplinar da General Electric fora dos Estados Unidos, que emprega mais de 2.200 cientistas e engenheiros.[18]

Bangalore oferece não apenas um clima ótimo e bons bares (duas coisas que parecem ser pré-requisitos para os expatriados nesses centros), mas a região também abriga um grande número de universidades e institutos de pesquisa, tais como o Instituto Indiano de Ciências, uma das principais organizações de pesquisa fundamental da Índia. Eles representam bons parceiros de pesquisa e boas fontes de idéias e talentos.

Superdimensionar

A terceira importante ferramenta de custos que algumas empresas desafiantes (e poucas dominantes) conseguiram dominar é o superdimensionamento — desenvolver a capacidade de criar produtos em uma escala maciça, de liderança mundial, com a habilidade de crescer ainda mais, com certa facilidade e com custos relativamente baixos.

A Hisense, produtora chinesa de produtos eletrônicos de consumo, é sem dúvida uma superdimensionadora. A empresa tem a capacidade de produzir anualmente 16 milhões de TVs em cores, nove milhões de aparelhos de ar-condicionado, quase cinco milhões de telefones CDMA, dez milhões de geladeiras, um milhão de computadores e mais equipamentos digitais como *firewalls* e servidores, segundo Guo Qingcun, um vice-presidente da empresa.[19] A Hisense já excedeu em muito a sua meta de produzir 11 milhões de televisores ao ano até 2010, e está aumentando constantemente a sua participação no mercado global.[20]

A Goodbaby, fabricante chinesa de produtos infantis, alega operar a maior fábrica de carrinhos de bebê, a maior fábrica de cadeiras de segurança, a maior fábrica de bicicletas, a maior fábrica de carrinhos de brinquedo a pilha, a maior fábrica de produtos esportivos, a maior fábrica de móveis de madeira e a maior fábrica de fraldas do mundo — todas localizadas em seu parque industrial de 49 quilômetros quadrados em Kunshan.[21]

Da mesma maneira, a Pearl River Piano, que é a maior fabricante mundial de pianos, tem uma capacidade produtiva anual de cem mil unidades verticais e vinte mil pianos de cauda. A empresa alega operar a maior fábrica de pianos do mundo, com um efetivo de mais de quatro mil especialistas em música, em suas instalações no delta do rio Pérola.

Juan Antonio Alvarez, da transportadora chilena CSAV, diz: "Estamos em um ramo que é altamente influenciado por economias de escala, e, portanto, tamanho é um passo necessário para a rentabilidade. Não acho que seja preciso ser o maior para obter bons lucros, mas há um tamanho mínimo para a eficiência."

Para as empresas dominantes, cortar custos por meio do superdimensionamento parece um pouco mais natural do que as outras práticas de redução de custos das empresas desafiantes.

A GE Healthcare, a unidade da General Electric com um faturamento de US$15 bilhões, está superdimensionando a produção de alguns dos seus produtos médicos. A empresa, com sede no Reino Unido, está construindo uma fábrica escalonável no *cluster* manufatureiro em torno de Xangai que produz anualmente cerca de cinco milhões de produtos para raios X e ressonância magnética. A GE Healthcare planeja investir US$37,5 milhões para expandir a fábrica nos próximos dois anos e aumentar a capacidade produtiva para 15 milhões de unidades anuais. A nova fábrica será projetada de modo a poder ser expandida para produzir trinta milhões de unidades por ano.[22]

Em 2005, a Canon terminou a construção de uma gigantesca fábrica de impressoras a laser no parque industrial de Tien Son, na província de Bac

Ninh, no norte do Vietnã. A fábrica, de sessenta mil metros quadrados, está avaliada em US$70 milhões, emprega cerca de 3.500 pessoas e tem capacidade para produzir setecentas mil impressoras a jato de tinta por mês, ou 8,4 milhões por ano. "Planejamos fazer desta unidade a maior fábrica de impressoras a laser do mundo", disse Yasuo Mitsuhashi, executivo-chefe da Canon para produtos de impressão. A Canon se tornou um dos principais investidores estrangeiros do Vietnã, despejando cerca de US$236 milhões em suas operações no país.[23]

JOHNSON ELECTRIC: GRANDE FORÇA EM MICROMOTORES

De todas as superdimensionadoras desafiantes, a Johnson Electric talvez seja a campeã. Ela é hoje a maior fabricante mundial e independente de micromotores — os pequenos motores que fazem funcionar todos os tipos de produtos e componentes, dentre os quais secadores de cabelos, ferramentas elétricas e o espelho retrovisor lateral ajustável do seu carro. A maioria deles não é maior do que a parte côncava de uma colher.

A empresa foi fundada por Wang Seng Liang para fabricar produtos têxteis na China continental, criando produtos como toalhas e meias. Em 1949, logo após a revolução comunista na China continental, os ativos industriais de Wang foram confiscados pelo Partido Comunista Chinês como parte do programa de transformação econômica. Praticamente sem um tostão, Wang decidiu se mudar com a família para Hong Kong, onde logo abriu a primeira loja do que viria a se tornar uma cadeia de alfaiatarias. A empresa cresceu e prosperou.

No final dos anos 1950, Hong Kong havia se tornado um centro para a produção de brinquedos motorizados baratos. Consumidores na América do Norte e na Europa haviam descoberto esses produtos, e a demanda estava subindo vertiginosamente. Um dia, o chefe de uma empresa mercantil local foi visitar Wang. O negociante parecia ter uma idéia para um novo brinquedo — um barco motorizado que funcionava com uma bateria. Ele mostrou a Wang um modelo europeu do brinquedo e, sabendo que Wang tinha uma experiência industrial considerável por causa do seu passado na indústria têxtil, perguntou se ele podia descobrir como fazer uma versão mais barata do barquinho motorizado. Wang examinou-o minuciosamente. O produto em si não lhe interessava muito. Ele concluiu que brinquedos eram um produto vinculado à moda, não muito diferentes de toalhas e meias. Quando o negociante conseguisse vender grandes quantidades, os gostos mudariam, e as crianças iriam querer um avião ou um boneco de brinquedo em seu lugar. Mas o motor suscitou grande interesse em Wang. Patrick, filho de Wang, conta: "A experiência em Xangai lhe dizia para construir algo que não mudasse. Brinquedos estão sujeitos a modas. Motores, não."[24] Wang disse ao negociante que desenvolveria o motorzinho.

A decisão de fazer motores se revelou astuta. A maioria dos brinquedos produzidos em Hong Kong na época era acionada por um pequeno motor. Então, Wang foi capaz de vender seu produto não apenas para os produtores de barquinhos, mas para todos os outros fabricantes de brinquedos da região. Ele foi ganhando experiência aos poucos e chegou a uma escala de produção adequada para se tornar o principal fornecedor de pequenos motores para todas as empresas industriais em Hong Kong, e não apenas para as fabricantes de brinquedos. (Mesmo à medida que os lucros aumentavam, Wang ficava atento a todos os custos. Segundo o seu filho Patrick, Wang comprava móveis baratos para a fábrica e mantinha as luzes da fábrica baixas para poupar eletricidade.)[25]

Wang Seng Liang teve seis filhos, três meninos e três meninas, e mandou todos para estudar nos Estados Unidos. Ao voltarem para Hong Kong, três deles entraram para a gerência do negócio familiar. Eles viram que os motores para brinquedos que haviam gerado tanto sucesso para a empresa estavam rapidamente se tornando uma *commodity* de baixo valor. Convenceram o pai, então, de que havia um negócio muito mais lucrativo a ser explorado na criação de motores mais sofisticados, para produtos de maior valor — e para clientes que eram menos sensíveis a preços do que os negociantes de brinquedos em Hong Kong.

Em 1972, a Johnson Electric começou a diversificar, primeiro com motores para eletrodomésticos, e investiu agressivamente em pesquisa e desenvolvimento. Em meados dos anos 1970, a empresa estava produzindo motores para máquinas de escritório. Também começou a se expandir internacionalmente e, no final dos anos 1970, havia se tornado uma fornecedora da indústria automobilística da Alemanha Ocidental.

Em 1979, o programa de modernização do Partido Comunista abriu a oportunidade para que fabricantes com base em Hong Kong, como a Johnson Electric, transferissem sua produção para locais com custos mais baixos ao longo da fronteira. Patrick Wang passou três anos procurando um local apropriado em uma cidade que tivesse uma liderança local com a qual ele julgava que a empresa pudesse cooperar. Foi em Shajing, uma aldeia rural empobrecida na província de Guangdong, que Wang finalmente encontrou o homem certo. "Lá estava um líder local que dizia que o povo da sua aldeia era o mais honesto e trabalhador da China", lembra Patrick Wang. "Fiquei me perguntando se ele estava falando sério. Depois, vi como ele administrava as coisas. Os negócios na China são basicamente pessoas e contatos. Estabelecemos um ótimo relacionamento, e hoje ele ainda é nosso sócio."[26]

A Johnson Electric foi uma das primeiras empresas a se mudar para a área industrial do delta do rio Pérola, na época, em sua maioria, terras agrícolas e aldeias. A primeira fábrica de montagem aberta por Wang foi em um galpão de armazenamento de grãos. Hoje, naquele local, está a maior unidade industrial da Johnson Electric, conhecida como Johnson City.[27] O Grupo Johnson Electric emprega aproximadamente 45 mil pessoas em todo o mundo — das quais cerca de trinta mil em Johnson City (apesar de tecnicamente a maioria desses trabalhadores ser mão-de-obra terceirizada, e não funcionários da JE). O Grupo emprega outras quatro mil pessoas em outras localidades da China. Johnson City é praticamente um *cluster* em si mesmo, com mais de oitenta fornecedores localizados dentro ou em torno da unidade. A Johnson Electric criou uma operação que combina baixo custo e superdimensão — com produtos de qualidade — de modo a tornar a empresa quase imbatível em seu nicho. Hoje, a maioria dos micromotores para automóveis é produzida na China.[28]

O superdimensionamento do tipo que a Johnson Electric realiza depende de custos trabalhistas baixos, mas a mão-de-obra de baixo custo não define completamente a estratégia nem o sucesso da empresa. Em vez de trocar mão-de-obra por capital, a JE investiu pesadamente em modernização e automação no início dos anos 1990, e o fez de maneira tão consistente que, apesar de as vendas terem crescido a taxas de dois algarismos durante aqueles anos, os lucros permaneceram quase iguais. Na segunda metade dos anos 1990, os lucros quadruplicaram enquanto a empresa colhia os frutos de seus investimentos de capital.

O superdimensionamento pode ser uma boa estratégia de baixo custo para algumas empresas, apesar de geralmente exigir maiores níveis de investimento de capital do que a operação de várias unidades de menor escala. Mesmo assim, o custo de equipamentos, terreno, instalações e serviços nas economias de desenvolvimento rápido é suficientemente baixo para que as empresas desafiantes possam investir pesadamente no superdimensionamento e ainda assim produzir uma quantidade maciça de produtos de baixo custo e alta qualidade.

Simplificar

As empresas desafiantes mantêm seus custos baixos adotando uma abordagem de design de produtos muito diferente da adotada pelas empresas dominantes — elas simplificam tanto os produtos e serviços oferecidos quanto os processos usados para criá-los.

Em geral, as empresas dominantes partem de uma premissa fundamental a respeito de produtos e serviços: quanto mais, melhor. Mais recursos, mais capacidades, mais escolha. (Além de mais oportunidades para cobrar preços altos.)

Nas economias de desenvolvimento rápido, o processo de desenvolvimento de produtos e serviços repousa sobre premissas diferentes. As empresas desafiantes pensam no que seus clientes querem e precisam e, sobretudo, em quanto eles podem pagar. Elas procuram fazer produtos simples, com o número certo de recursos, que serão vendidos por um preço com que a maioria dos consumidores pode arcar.

A MÁQUINA DE LAVAR DE US$150: PRODUTO SIMPLES

No Brasil, por exemplo, as pessoas querem máquinas de lavar, mas não do tipo que você pode comprar nos Estados Unidos — como a Whirlpool descobriu quando lançou a sua primeira máquina de lavar aqui. Os brasileiros querem máquinas de lavar pequenas porque lavam suas roupas com freqüência, em pequenas quantidades. Querem que sejam bonitas porque ter uma máquina de lavar é um símbolo de status no Brasil, e os símbolos de status não devem ser feios. Geralmente, também não podem gastar mais do que US$150 para comprar uma máquina de lavar.

Na maioria dos países desenvolvidos, mais de 90% dos lares têm uma máquina de lavar automática, ou acesso fácil a uma, mas o mesmo não acontece com a maioria das pessoas nas economias de desenvolvimento rápido. Apenas 25% de todos os lares brasileiros têm uma máquina de lavar; esse número é de 8% na China e 4,5% na Índia.[29] Diante disso, a Whirlpool, fabricante de eletrodomésticos com sede nos Estados Unidos, decidiu que o mercado em potencial para uma máquina de lavar barata era enorme.

Em 1998, a Whirlpool lançou a sua primeira máquina de lavar de "baixo custo" no Brasil, uma versão simplificada de um modelo projetado nos EUA, vendida por US$300. O brasileiro médio ganha cerca de US$200 por mês. O americano médio ganha cerca de US$3.300 por mês. Quantos americanos gastariam mais do que todo o seu salário em uma máquina de lavar? Não muitos. De fato, o custo médio de uma máquina de lavar nos Estados Unidos é de aproximadamente US$461. O mesmo se aplicava ao Brasil. O produto não deu em nada.

A Whirlpool ainda acreditava que o mercado podia ser desenvolvido. Não obstante as vendas da empresa no Brasil estivessem caindo havia alguns anos, existem cerca de trinta milhões de lares de baixa renda no Brasil, que representam cerca de um terço do consumo nacional. Segundo alguns levantamentos independentes, uma máquina de lavar automática é o item que os consumidores de baixa renda mais desejam depois de um telefone celular.

Então, a Whirlpool decidiu criar um novo modelo de baixo custo, mas, dessa vez, iniciaria o projeto do zero, especialmente para o consumidor brasileiro — e, se tudo desse certo, para os consumidores de outras economias de desenvolvimento rápido. "Não era uma questão de simplificar um modelo existente", diz Marcelo Rodrigues, o principal engenheiro de máquinas de lavar da Whirlpool na América Latina e diretor de tecnologia de lavagem na Multibras S.A. Eletrodomésticos, a unidade brasileira da Whirlpool. "Tínhamos de inovar para aquele segmento específico."

A Whirlpool optou por desenvolver a máquina no Brasil, onde a empresa mantém um quadro de engenheiros e designers industriais qualificados e opera algumas de suas fábricas mais sofisticadas. A equipe de Marcelo

Rodrigues foi fundo nos princípios básicos de funcionamento das máquinas de lavar para desenvolver um modelo de baixo custo. A maioria das máquinas de lavar trabalha com um sistema de engrenagens que faz com que o mecanismo execute suas diferentes funções — tais como agitar e centrifugar. Esse sistema tem muitas peças e requer muito trabalho de montagem na fábrica. Para o novo modelo de baixo custo, a equipe brasileira criou um sistema de tração única que lava e centrifuga as roupas sem envolver engrenagens. Esse sistema mais simples não centrifuga a roupa tão rápido quanto o sistema de engrenagens, por isso as roupas saem dessa máquina de lavar um pouco mais úmidas do que costumam sair dos modelos convencionais. No entanto, a Whirlpool havia realizado grupos de discussão com consumidores-alvo que haviam garantido que o desempenho de centrifugação do novo sistema era suficientemente bom.

A equipe colocou o sistema de tração única em uma máquina com uma capacidade de carga pequena (quatro quilos). E acrescentou outro recurso que as curiosas donas de casa brasileiras haviam pedido — uma tampa superior de acrílico transparente que permitia a elas olhar dentro da máquina e vê-la funcionando. A tampa transparente não apenas satisfazia um desejo do consumidor, mas também era mais barata de produzir do que a tampa padrão. A equipe também deu atenção ao pedido de uma boa aparência para a máquina de lavar. "Percebemos que a máquina de lavar deveria ser esteticamente atraente: trata-se de um símbolo de status para esses consumidores", diz Emerson do Valle, vice-presidente da Multibras.[30]

A lavadora Ideale foi lançada no Brasil em 2003 com um preço no varejo de US$150, certamente uma das máquinas de lavar mais baratas do mundo. A Ideale basicamente criou um mercado para máquinas de lavar semi-automáticas de capacidade e preço baixos no Brasil, que dava aos consumidores de baixa renda uma opção atraente da qual eles não dispunham antes — a maioria usava os chamados "tanquinhos", a lavadora elétrica mais básica e mais simples disponível. A Ideale vendeu bem e era basicamente o único produto nessa nova categoria, então, os engenheiros da Whirlpool a incrementaram — acrescentando alguns novos recursos e tornando-a totalmente automática —, o que permitiu à empresa cobrar um pouco mais em relação ao produto inicialmente lançado e melhorar a rentabilidade ainda mais.

Dois anos depois, vendo o sucesso da Ideale, a Electrolux entrou para o segmento de baixo preço com uma máquina que oferecia uma capacidade de seis quilos. A Whirlpool, tendo demonstrado a viabilidade do segmento, reagiu lançando a sua máquina de seis quilos, a Ciranda.

Com a Ideale, a Whirlpool provou que pode competir nas faixas mais baixas do mercado e que até mesmo os consumidores brasileiros de baixa renda compram produtos mais avançados diante de inovações que satisfazem as suas necessidades.

O carro de US$ 5mil: processo simples

Ao criarem produtos simples para consumidores de baixa renda nas economias de desenvolvimento rápido, as empresas também descobriram uma série de maneiras para tirar os custos dos processos de design, engenharia e fabricação.

O Logan, produzido pela Renault, a montadora francesa, é um carro de baixo custo originalmente projetado para novos mercados automotivos como a Europa Oriental e Central, e produzido em Pitesti, Romênia. Em uma segunda fase, foi introduzido no mercado europeu e, depois, em vários outros países em todo o mundo, dentre os quais Rússia, Colômbia e Brasil. Atualmente, é produzido em sete países e vendido em mais de cinqüenta mercados.

O Logan foi adaptado à Índia em uma *joint venture* entre Renault e Mahindra & Mahindra, o conglomerado indiano. "O propósito do carro Logan, da Renault", lê-se no site da empresa, "é permitir que a Renault alcance uma nova faixa de consumidores com um produto que inclui recursos essenciais sem ter de usar um carro fora de produção há vários anos". O carro é vendido a partir de cerca de €6.400 na Europa Oriental, apesar de o preço de venda ser bem mais alto na Índia, devido ao acúmulo de impostos.

O Logan teve de ser desenvolvido para manter o produto básico, a fabricação simples e o custo total baixo. A maioria dos fabricantes de automóveis constrói protótipos físicos para seus novos modelos para que os designers e executivos possam ver como será o carro uma vez que for produzido. Mas esse é um processo custoso, geralmente requer várias iterações e consome horas e horas de trabalho de profissionais talentosos e caros. Então, a Renault desenvolveu muito menos protótipos do que faria normalmente e modelou o carro essencialmente com um computador.

O Logan usa o maior número possível de peças e sistemas de outros modelos para evitar o custo de novos projetos. É desenvolvido em uma plataforma derivada daquela do Renault Nissan Alliance, que é a base dos modelos Renault Clio III, Renault Modus, Nissan March e Nissan Note. Olhando com atenção, você notará que o eixo dianteiro, as maçanetas das portas e a direção, dentre outras peças, são idênticos aos do Renault Clio.

O painel é criado com um único molde em vez de ter um design mais complicado e multifacetado, para economizar em ferramental e reduzir o tempo de montagem. As saídas de ar, a tampa do porta-luvas e outras peças são facilmente encaixadas. Os painéis da carroceria são moldados a partir de chapas padronizadas de aço e unidos com técnicas convencionais de soldagem. Carros mais caros são revestidos de painéis de aço de várias espessuras, geralmente manuseados por robôs que executam a solda a laser. O pára-brisa e as janelas são os mais planos possíveis, para reduzir o custo ferramental.

O Logan é oferecido com poucos recursos de luxo. Nada de vidros elétricos ou travamento central. Nada de comando satélite do rádio na coluna de direção no modelo básico. Nada de ajustes complicados dos assentos. Esses recursos são todos opcionais. Rodas de liga leve não estão disponíveis.

Na Índia, 50% do conteúdo do carro provêm de fornecedores locais, segundo Rajesh Jejurikar, diretor administrativo da Mahindra Renault, e o sistema de transmissão é adquirido de fábricas de baixo custo na Romênia. Como a Mahindra Renault compra muitas peças na Índia de fornecedores de baixo custo, nesse país o custo de produção do Logan, que já é baixo, é ainda menor. "Nossos dados de gastos mostram que o custo do projeto é substancialmente baixo", disse Jejurikar.

Carlos Ghosn, presidente e executivo-chefe da Renault (e também da Nissan), construiu uma reputação mundial tirando o máximo proveito de qualquer centavo de uma empresa. Ele sustenta que teria sido impossível adaptar o modelo Logan ao mercado indiano sem unir forças com um parceiro baseado na Índia. "O Logan é fruto de dois anos de colaboração das duas empresas. A produção começou um mês antes do previsto e com um custo 15% inferior ao projetado", disse Ghosn. Na Índia, o Logan se tornou o carro mais vendido da categoria.

Implicações: pense nos custos do jeito que as desafiantes pensam

Ao trabalhar habilmente os níveis de vantagem em termos de custos — que já são habilmente operados pelas empresas desafiantes —, as empresas dominantes podem reduzir a diferença de custos para fazê-la aproximar-se de uma paridade de custos. Isso requer mais do que simplesmente deslocar operações para um país de baixos salários. Fazer isso não vai resolver instantaneamente o problema de custos. Isso porque as empresas dominantes tendem a operar em economias de desenvolvimento rápido de maneira muito diferente das empresas desafiantes — e isso pode ter um efeito significativo na capacidade de realizar as economias de custos que elas buscam.

Por exemplo, as empresas dominantes tendem a localizar suas operações em cidades caras, não otimizam suas atividades para tirar proveito da mão-de-obra, ignoram práticas de trabalho locais, investem pesadamente (e, sim, admiravelmente) na proteção ambiental e na segurança dos funcionários, e trabalham com suas próprias redes globais de fornecedores, e não com as redes locais. E mais, elas muitas vezes lutam com outros custos que as desafiantes não têm de enfrentar — como custos indiretos e alocações globais, bem como a despesa muitas vezes considerável com o pessoal expatriado.

Além da simples realocação, há uma série de ações que as empresas dominantes podem implementar, e questões que podem enfrentar, para ajudar nos custos.

TRANSFIRA MAIS DO QUE APENAS A FABRICAÇÃO

As empresas podem reduzir o custo de desenvolvimento de produtos deslocando suas funções de pesquisa e desenvolvimento para a Índia, a China ou para outras economias de desenvolvimento rápido, para tirar proveito da diferença de custos de engenheiros e cientistas com boa formação. A IBM, por exemplo, deslocará a sua sede global de aprovisionamento para Shenzhen — é a primeira vez que a IBM transfere a sede de uma grande divisão empresarial para um local fora dos Estados Unidos. "Em uma empresa globalmente integrada, pela primeira vez, uma capacidade mundial da empresa pode estar localizada onde faz mais sentido, em qualquer lugar do mundo", diz John Paterson, o chefe de aprovisionamento da IBM.

A empresa quer ganhar vantagens competitivas posicionando os encarregados do aprovisionamento o mais perto possível de seus clientes e fornecedores. Ao longo dos anos, a IBM enfatizou o seu objetivo de tornar a gestão da cadeia de suprimentos um foco central dos negócios. Essa estratégia permitiu-lhe reduzir seus custos de logística em aproximadamente 20% entre 1996 e o final de 2003, apesar de ter ocorrido um salto no volume de bens transportados.[31]

A BMW, a montadora alemã, anunciou planos para criar um centro internacional de aprovisionamento na Índia, provavelmente em Chennai, a área com a maior concentração do setor automotivo no país.[32]

As empresas desafiantes também estão captando a mensagem. A Lenovo, a fabricante chinesa de computadores que comprou as operações de computadores pessoais da IBM em 2005, planeja centralizar suas atividades globais de publicidade em Bangalore, Índia. A mudança foi pensada para tirar proveito das capacidades dos profissionais de criação talentosos e de baixo custo, e também para melhorar a criação de publicidade para produtos globais. "O antigo modelo era: você tem a idéia em Londres e Nova York e depois a faz circular por todo o mundo", disse Shelly Lazarus, presidente do conselho e executiva-chefe da Ogilvy & Mather Worldwide, do WPP Group Plc., ao *The Wall Street Journal*. A empresa criou anúncios para a Lenovo durante anos e colaborou no desenvolvimento da operação criativa na Índia. "Agora, precisamos ser capazes de ter idéias em qualquer lugar. Como nossos clientes estão pensando sobre suas marcas de maneira mais global, tivemos de ajustar o nosso modelo."

APRENDA

"Se eu falar com meu gerente de marketing que não está aqui", disse o dr. Amar Lulla, executivo-chefe da Cipla Ltd., a fabricante de medicamentos indiana, "obterei um *feedback* imaginário". Com uma freqüência excessiva, as empresas dominantes não aprendem o suficiente acerca das economias de desenvolvimento rápido nas quais operam ou pretendem operar.

Em vez disso, dependem do *feedback* imaginário reunido durante algumas poucas visitas superficiais a seus mercados distantes, obtido em estadias naqueles mercados, e que consistem sobretudo em reuniões em hotéis cinco estrelas e visitas guiadas a fábricas guaribadas, ou extraído de relatórios escritos por parceiros ou conselheiros que talvez tenham interesses próprios a defender.

A Procter & Gamble é uma empresa dominante que aprendeu a se concentrar de forma atenta e diligente nas necessidades e nas capacidades de consumo dos seus clientes. No México, por exemplo, a P&G se concentrou nas necessidades de consumidores de baixo custo que freqüentam as minúsculas lojas chamadas pela P&G de lojas de alta freqüência.

Nas economias de desenvolvimento rápido, a P&G estima que 80% das pessoas compram os bens desejados — principalmente comida, refrigerantes e pequenos itens domésticos — nos estabelecimentos de alta freqüência que se enfileiram nas movimentadas ruas das cidades grandes e pequenas. No México, diz a P&G, há cerca de 620 mil lojas desse tipo, e elas surgem a cada uma ou duas esquinas. O freguês das lojas de alta freqüência gasta, em média, 23 pesos, ou US$2,14, por dia nessas pequenas lojas. Mas esses pesos perfazem vendas anuais de cerca de US$16 bilhões no México, segundo cálculos da P&G.

A P&G está realizando um esforço combinado para desenvolver e comercializar produtos para esses consumidores. Isso envolve a compreensão não apenas do que os consumidores querem, mas também de como eles pensam e agem diariamente. Por exemplo, no México, os trabalhadores muitas vezes recebem a sua remuneração no final da jornada de trabalho, e geralmente em moedas de cinco ou dez pesos. Então, a P&G desenvolveu embalagens pequenas de seus produtos, não exigindo muita troca de dinheiro. "Se você quer vender para consumidores de baixa renda, precisa saber o que eles têm em seus bolsos", disse José Ramón Riestra, diretor da P&G para lojas de alta freqüência na América Latina. "Não faz sentido ter algo que custa 11 ou 12 pesos." Uma embalagem de dose única do xampu Head & Shoulders da Procter & Gamble custa dois pesos, cerca de US$0,19.[33]

Esteja lá

Não há nada melhor do que estar lá, e "lá" significa onde os clientes e seus colegas estão — geralmente em locais de baixo custo. Todavia, as empresas dominantes geralmente estabelecem operações em áreas de alto custo das economias de desenvolvimento rápido — tipicamente nas cidades grandes e cosmopolitas — e levam equipes de gestão experientes e de alto custo para administrá-las. Esses expatriados geralmente são bem pagos e estão acostumados a um certo padrão de vida, do qual relutam em abrir mão. Então, as empresas dominantes os instalam (bem como suas famílias) em casas grandes, muitas vezes com empregados domésticos, ajudam seus filhos a se matricular em escolas americanas, fornecem carros com motoristas, pagam suas viagens para o país de origem e oferecem uma série de outras mordomias que tornam a vida longe de casa mais fácil e confortável.

As empresas desafiantes seguem um outro caminho. Na China, por exemplo, as empresas nacionais estão dispostas e aptas a operar em locais afastados, no interior do país, em busca dos melhores custos. Embora muitas empresas dominantes abram escritórios e operações em Xangai e em outros parques industriais e *clusters* urbanos, as empresas chinesas estão mais propensas a localizar suas fábricas em Dongguan ou em outras áreas com um mercado de mão-de-obra menos competitivo e incentivos mais generosos dos governos locais. Essas áreas distantes possuem menos comodidades internacionais e suporte do que é esperado pelos gerentes expatriados e suas famílias. As barreiras culturais e lingüísticas para os estrangeiros são maiores. E, é claro, os custos são bem menores.

Crie parcerias

As empresas dominantes têm uma desvantagem quando o assunto é compreender e navegar pelas práticas e procedimentos locais — mesmo quando têm funcionários locais. As empresas chinesas sabem como alavancar os *clusters* locais de fornecedores industriais que oferecem componentes de baixo custo e serviços rápidos de design. E também é mais provável que tenham relações privilegiadas com funcionários do governo e empresas estatais. Graças a essas conexões, conhecem e podem aproveitar integralmente os incentivos concedidos por governos locais e regionais que estão competindo por investimentos.

Ao participar de *joint ventures* e outras formas de colaboração com as desafiantes, as empresas dominantes podem aprender acerca de suas vantagens de baixo custo — e alavancá-las.

A Palm Inc., com sede na Califórnia, fez uma aliança com a HTC, de Taiwan, para desenvolver o Treo 650 Smartphone. Os projetistas da Palm determinaram a aparência do produto, escolheram componentes fundamentais como o visor e os chips principais, e especificaram exigências de desempenho. Mas a HTC realizou boa parte do design mecânico e elétrico. "Sem dúvida, eles se tornaram parte do processo de inovação", diz Angel L. Mendez, vice-presidente sênior de operações globais da Palm. "A questão não é tanto terceirização, mas a maneira colaborativa como o design é concebido." Resultado: a Palm eliminou meses do tempo de desenvolvimento, reduziu em 50% as imperfeições do produto e aumentou as margens brutas do Treo em cerca de 20%.[34]

Ao falar da aliança da sua empresa com a Mahindra & Mahindra para produzir e vender o econômico Logan, Carlos Ghosn, presidente e executivo-chefe da Renault, disse: "Há uma diferença fundamental na atitude de redução de custos entre as empresas ocidentais e as empresas indianas. E é isso que queremos capturar com essa parceria."

FAÇA DE TUDO ISSO UM MANTRA

Atentar para o diferencial de custos é, acima de tudo, uma questão de mentalidade.
- Repita o mantra a seguir pelo menos uma vez ao dia:
- Um alto número de funcionários nem sempre é ruim.
- A automação nem sempre é o que há de melhor.
- Compartilhar elimina custos.
- Ao se tornar grande, torne-se muito grande.
- A simplicidade vende.
- Alto valor, baixo custo.
- Atenção à diferença de custos.

CAPÍTULO 4

Desenvolver pessoas

"Desenvolver pessoas, essa é a parte divertida."
Amar Lulla, Cipla

Quando decidiu que era hora de construir um megaiate, Thomas Perkins, um empresário do Vale do Silício, sabia qual era o melhor lugar para realizar essa tarefa: Tuzla, Turquia. Há vinte anos, ele teria levado o seu projeto de um veleiro de 88 metros e US$80 milhões — chamado Maltese Falcon — a um dos veneráveis armadores da Europa, provavelmente na Itália, nos Países Baixos ou na Alemanha. A idéia de construir uma embarcação desse tipo na Turquia teria soado como "construir uma Ferrari no Afeganistão", segundo Baki Gökbayrak, o arquiteto naval turco que gerenciou o projeto de Perkins e é um dos empresários que deu início à ascensão da construção naval na Turquia.

Gökbayrak começou no final dos anos 1980, produzindo "cascos nus" de baixo custo feitos de alumínio para empresas européias. Como não havia uma quantidade suficiente de trabalhadores qualificados na Turquia, Gökbayrak contratou lenhadores do interior e os treinou em ofícios marinhos. Assim como as empresas indianas de terceirização que rapidamente aprimoraram suas capacidades, as empresas turcas começaram a realizar tarefas cada vez mais complexas. O Maltese Falcon — totalmente feito na Turquia — é um projeto avançado que conta com três mastros de fibra de carbono, que exigiram a construção de fornos sob medida e um console com um painel táctil que controla os mastros rotativos, para dentro dos quais as velas se recolhem.

Apenas na última década, a cidade de Tuzla foi transformada de uma cidade pesqueira com cinqüenta mil pessoas em uma capital industrial com 150 mil habitantes. Cerca de trinta mil deles estão empregados na indústria da construção naval, e muitos vêm da Turquia central, onde megaiates raramente se aventuram. Os custos de construção não apenas são mais baixos na Turquia em relação aos outros países europeus, mas a qualidade do acabamento é igual ou superior. Segundo Perkins, se ele tivesse construído o Maltese Falcon na Itália, "o custo teria sido muito mais alto, e a embarcação não seria tão perfeita".[1]

Os construtores navais turcos — como os terceirizadores indianos, os fabricantes chineses de manufaturas e outros desafiadores nas economias de desenvolvimento rápido — descobriram que a melhor maneira (e às vezes a única) de conseguir as pessoas de que precisam para fazer o trabalho que eles querem executar não é procurando-as, mas desenvolvendo-as.

Na Índia, a Wipro construiu seu considerável sucesso a partir da sua capacidade de reconhecer e realizar o potencial do talento humano — permitindo que as pessoas se desenvolvessem para que a empresa pudesse crescer junto com elas. Em meados dos anos 1960, Azim Premji, atualmente executivo-chefe e diretor administrativo da Wipro, mas, na época, um líder novato, estava sentado à mesa de jantar em sua casa com um punhado de colegas falando sobre o futuro. Segundo Pratik Kumar, o vice-presidente executivo de recursos humanos da Wipro, os líderes "começaram a articular como eles gostariam de construir a empresa. Como gostariam de se profissionalizar? Como gostariam de trazer talentos? E, mais importante, que valores — que elementos do nosso comportamento — eles gostariam que a organização e seus funcionários demonstrassem?".

Além dos valores fundamentais da empresa, a proposta de valor da Wipro para os seus funcionários seria construída em torno de três "pilares", como Kumar os chamou, sobre os quais eles construiriam as atividades de recursos humanos: oportunidades iniciais de crescimento, investimento em aprendizado e desenvolvimento, e um mundo de oportunidades no espectro de trabalho disponível.

"Há também um elemento mais brando", acrescentou Kumar, "que é o papel desempenhado pela cultura para fazer com que as pessoas acreditem que vieram ao lugar certo e que querem investir seus anos em uma carreira aqui".

Olhando de uma certa distância para a ascensão da Wipro, é fácil imaginar que o sucesso da empresa foi obtido com relativa facilidade. A Índia não está abarrotada de pessoas com boa formação, que falam inglês, são jovens, disponíveis e estão ansiosas para trabalhar?

Não exatamente. Na verdade, nas economias de desenvolvimento rápido, há um problema de talentos, um desalinhamento entre a quantidade e a qualidade das pessoas e a quantidade e a qualidade dos trabalhos que precisam ser realizados. Em alguns lugares, há uma abundância de trabalhadores; em outros, uma grande carência. Em outros lugares, pode haver um hiato crescente entre o numero de pessoas disponíveis para o trabalho e o de pessoas que são realmente empregáveis.

Tanto para as empresas dominantes quanto para as desafiantes, o talento não é mais uma questão operacional ("Precisaremos contratar X pessoas em tal e tal lugar e pagar X por hora"); ele se tornou uma questão de estratégia. "Quais produtos podemos criar, e onde podemos criá-los, diante da disponibilidade e das restrições de mão-de-obra e de talento?" Portanto, ao competir na era da globalidade, é necessário prestar atenção às principais ações envolvidas no desenvolvimento de pessoas:

- Recrutar para crescer rapidamente
- Desenvolver para a profundidade
- Alocar para obter resultados rápidos
- Deixar que os líderes cresçam

Recrutar para crescer rapidamente

A tremenda demanda por pessoas é em grande parte o resultado de uma acentuada taxa de crescimento que os países desafiadores vivenciaram nos últimos anos. A demanda por trabalhadores na China é tão grande que há cerca de 140 a 150 milhões de trabalhadores migrantes deslocando-se continuamente de uma província para outra, entrando às multidões nas cidades em que há mais trabalho. Na metrópole sulista de Guangzhou, por exemplo, há cerca de 7,5 milhões de habitantes registrados e 3,7 milhões de trabalhadores migrantes vivendo em habitações temporárias à sua volta.[2] Em 2007, a cidade proibiu o uso de bicicletas motorizadas, o principal meio de transporte dos trabalhadores migrantes, para reduzir os crimes de rua cometidos por assaltantes motorizados.

Na China, a demanda por trabalhadores com bom grau de instrução e qualificados também é elevada, especialmente gerentes que falem inglês. Segundo algumas estimativas, mais de 99% das pessoas com diploma universitário do país estão empregadas, em comparação com 96,5% para os trinta países da Organização para Cooperação e Desenvolvimento Econômico (OCDE).[3]

Na Índia, serão criados um milhão de novos empregos em 2007. Os setores de TI e terceirização dos processos de negócios precisam fazer vinte mil novas contratações por mês. Espera-se que o setor de varejo organizado crie 2,2 milhões de empregos até 2010. Só a IBM planeja criar mais de cinqüenta mil novos empregos na Índia entre 2007 e 2010. Os grandes centros de crescimento, como Bangalore e Puna, enfrentam grandes carências comparadas a muitas outras regiões do país. Como resultado, os gerentes seniores obtiveram aumentos salariais anuais de 20 a 25% nos últimos quatro anos.

Na Europa Oriental, os trabalhadores estão deixando os seus países para irem trabalhar nos desenvolvidos. Na "Detroit do Leste", o grande *cluster* automotivo perto de Bratislava, Eslováquia — onde Volkswagen, PSA Peugeot Citroën e Kia têm fábricas —, a demanda por operários é tão intensa que a Peugeot Citroën ofereceu mais de mil unidades habitacionais para atrair as pessoas do leste da Eslováquia. A Skoda, que opera fábricas na vizinha República Tcheca, aumentou os salários em 12,7% para cerca de 25 mil dos seus trabalhadores.

Na Romênia, mais de 10% da população do país de 22,3 milhões de habitantes, cerca de 2,5 milhões de pessoas, trabalhavam no exterior depois de 1989, e essas cifras aumentaram especialmente depois de 2002.[4] As dificuldades da população da Romênia são agravadas pela baixa taxa de fertilidade do país: 1,3 nascimento por mulher, significativamente inferior à taxa de 2,1 necessária para garantir a renovação da população (um problema que é comum em toda a Europa). Um estudo do Instituto Nacional de Pesquisas Econômicas (INCE) prevê que a Romênia vai depender de imigrantes para satisfazer a demanda por mão-de-obra durante pelo menos os próximos cinco anos. O estudo também diz que, até 2013, o número de estudantes universitários vai cair até 40%.[5]

Na Polônia, o êxodo dos trabalhadores para os países desenvolvidos em busca de empregos com melhor remuneração é tão maciço (dois milhões de poloneses deixaram o país desde 2004), que o presidente Lech Kaczyński teve dificuldade para achar alguém para pintar seu apartamento em Varsóvia.

Uma piada ouvida em um bar em Gdansk:

Polonês 1: As estatísticas mostram que quatro em cada dez jovens poloneses vivem estressados.

Polonês 2: E os outros?

Polonês 1: Vivem em Londres.⁶

O MITO DA EDUCAÇÃO

Em qualquer economia de crescimento elevado, uma intensa demanda por recursos humanos pode parecer comum, mas o mesmo não acontece nas economias de desenvolvimento rápido. Isso se dá não apenas porque as populações são muito grandes, mas também porque o nível educacional parece muito alto.

De fato, tanto a Índia quanto a China têm dificuldades para educar seu povo, e a empregabilidade das pessoas com mais instrução é menor do que a esperada.

O problema é mais agudo na Índia. Existem cerca de oitenta mil instituições de ensino superior no país, inclusive cerca de trezentas a quatrocentas universidades, em comparação com quatro mil nos Estados Unidos. O número de instituições educacionais aumentou durante os últimos três anos — apesar de esse total incluir uma variedade muito ampla de faculdades, universidades, escolas de comércio, instituições de treinamento profissional e outros tipos de estabelecimentos de ensino. Um sistema de certificação foi adotado há apenas dez anos e, em muitos estados, a certificação é voluntária. Contudo, é certo que uma grande porcentagem dessas instituições não seria classificada como faculdade nos Estados Unidos ou em outros países desenvolvidos. Um estudo sugere que apenas um quinto delas pode ser considerado de padrão internacional.

Um levantamento realizado em 2006 pelo Suplemento de Educação Superior do *The Times*, de Londres, colocou apenas duas universidades indianas em uma lista das duzentas melhores do mundo — o Instituto Indiano de Tecnologia, na 56ª posição, e o Instituto Indiano de Administração, na 68ª. A China obteve três posições entre as cem melhores: a Universidade de Pequim, na 14ª colocação; a Universidade de Tsinghua, na 28ª; e a Universidade de

Ciências e Tecnologia de Hong Kong, na 58ª. A única instituição classificada do México foi a Universidade Nacional Autônoma do México, na 74ª posição. A Rússia também tem uma universidade, a Universidade Estatal Lomonosov de Moscou, na 93ª posição da lista. Por outro lado, 33 das melhores universidades do mundo, segundo o levantamento do *The Times*, estão localizadas nos Estados Unidos, incluindo sete instituições entre as dez melhores. (Adivinhe qual ficou em primeiro lugar? Sim, a Harvard.) Quatorze estão localizadas no Reino Unido, e todas as outras em países desenvolvidos.

Entre três e quatro milhões de estudantes se formam em faculdades e universidades indianas anualmente. Deles, 65% obtêm diplomas de áreas que não são técnicas, dentre os quais títulos de bacharel em artes e em ciências. Segundo a Hewitt Associates, empresa de consultoria em recursos humanos, apenas cerca de um quarto de todas as pessoas que concluem a graduação são diretamente contratáveis sem um treinamento interno abrangente.[7] Outras estimativas colocam o nível de empregabilidade em 15%. Alguns analistas prevêem uma carência de cerca de quinhentos mil trabalhadores nos setores de TI e de terceirização de processos de negócios na Índia já em 2010.[8]

James Surowiecki, escrevendo na *The New Yorker*, cita um estudo liderado por Vivek Wadhwa, da Universidade Duke, que conclui que os padrões para o emprego de "engenheiro" são muito diferentes nos Estados Unidos e na Índia e que, segundo os critérios americanos, a Índia produz cerca de 170 mil engenheiros por ano, e não os quatrocentos mil que são freqüentemente citados.[9] Mesmo assim, o número de formandos continua a aumentar. Até 2010, espera-se que a Índia forme seiscentos mil engenheiros, matemáticos, técnicos e cientistas.[10]

Na China, a Revolução Cultural — que ocorreu entre 1966 e 1976 — perturbou gravemente ou encerrou a educação de milhões de pessoas que atualmente fariam parte de escalões de gerência, mas que, em vez disso, estão trabalhando em empregos de baixa remuneração que exigem muito menos instrução.

Hoje, muitas dessas pessoas que perderam sua instrução são pais ou avós, e elas ficam tão preocupadas com a idéia de colocar seus filhos nas melhores universidades que gastam uma quantia enorme de recursos e energia com educação. Segundo a Academia Chinesa de Ciências Sociais, os lares gastam mais com educação do que com qualquer outra coisa, apesar de ser permitido que os moradores do campo e das cidades tenham apenas um filho. As escolas públicas chinesas geralmente têm turmas grandes e equipamentos ruins, então, os pais subornam funcionários para colocarem seus filhos nas melhores escolas. Eles também gastam muito com professores particulares e programas independentes como o FasTracKids, que se autodenomina um "programa de MBA mirim" e aceita crianças com apenas quatro anos de idade.[11]

Houve uma explosão no número de faculdades e universidades em toda a China — de 1.041 em 2001 para 1.800 em 2006, um aumento de mais de 70%. E mais, as grandes universidades públicas chinesas — como a Universidade Renmin da China (antiga Universidade do Povo), a Universidade Normal de Pequim e a Universidade Médica da China — expandiram-se consideravelmente nas últimas décadas e abriram campi satélites em cidades de crescimento rápido como Zhuhai. Já nos Estados Unidos, o número de instituições de educação superior diminuiu um pouco nos últimos anos. Em 2001, havia 4.197 instituições; em 2006, o número era de 4.162.

Como resultado da proliferação e expansão das faculdades e universidades chinesas, muitas outras vagas foram disponibilizadas. No passado, apenas cerca de 4% dos melhores estudantes chineses em idade universitária conseguiam entrar para a faculdade, mas agora há vagas para cerca de 17%. Em 2007, o número recorde de dez milhões de estudantes chineses prestou o *gaokao*, o exame que dura de dois a quatro dias e determina se o candidato ocupará uma das cinco milhões de vagas de graduação disponíveis.[12] O número de universitários formados disparou de 1,5 milhão em 2002 para 2,8 milhões em 2004 e cerca de 3,4 milhões em 2005.[13] Até 2010, espera-se que cerca de oitocentos mil estudantes que se formaram nas faculdades e universidades chinesas obtenham diplomas de engenharia, matemática, ciências ou de outras disciplinas técnicas.[14]

Juntas, portanto, Índia e China formarão quase 1,5 milhão de alunos de ciência e engenharia até o ano 2010, 12 vezes a produção do sistema universitário americano nas mesmas disciplinas. Se essas tendências persistirem (e o mais provável é que acelerem e não que diminuam o ritmo), em 2020 ou mesmo antes, a maior parte dos recursos de desenvolvimento de pesquisa e desenvolvimento de produto estará na China e na Índia, e não no Ocidente.

A pergunta permanece: quantos deles podem executar o trabalho?

Desenvolver para a profundidade

Devido ao fato de a demanda por talento ser tão alta e a oferta ser tão frustrantemente disponível, mas ao mesmo tempo indisponível, as empresas desafiantes dedicam muito esforço ao segundo aspecto da luta por talentos — treinar, formar e desenvolver funcionários em potencial e novos recrutas para terem habilidades com a profundidade necessária, bem como uma noção mais profunda de compromisso com a empresa.

O ICICI Bank, o segundo maior banco da Índia, enfrentou pela primeira vez o problema da "empregabilidade" em 2003, quando a sua demanda por trabalhadores começou a exceder seriamente a oferta. Na época o ICICI Bank era um credor institucional pequeno. Hoje, é um grande banco de varejo com ativos de US$79 bilhões, uma rede de 950 agências, 3.300 caixas eletrônicos e — o mais importante para esta discussão — um quadro de funcionários de 42 mil pessoas. O banco contrata de 15 mil a vinte mil novos funcionários por ano e consegue uma taxa de rotatividade muito mais baixa do que os seus concorrentes.

Para encontrar e obter as pessoas necessárias para fomentar o seu crescimento, o ICICI Bank tomou uma decisão estratégica fundamental: desenvolver talentos em vez de tentar achá-los totalmente desenvolvidos. Como K. Ramkumar, executivo-chefe de recursos humanos do ICICI Bank, nos explicou, o processo significou — e ainda significa — identificar pessoas que tinham "um potencial não utilizado, nascente" e, depois, treiná-las e desenvolvê-las para se tornarem funcionários do ICICI Bank com alto desempenho. "Não há carência de talentos na Índia", disse-nos ele. "Há carência de habilidades, mas não de talentos."

Para dar às pessoas o conhecimento e as habilidades básicas de que precisarão em seus empregos, o ICICI Bank essencialmente criou a sua própria instituição de ensino superior, um sistema de treinamento de alto nível. Essa instituição inclui capacidades abrangentes de aprendizagem eletrônica, nove institutos de gestão localizados em todo o país e cerca de 2.500 "provedores de conteúdo", também conhecidos como professores. Um percurso de estudo dura em média um mês — com mais duas semanas de treinamento funcional durante o primeiro ano — e o novo recruta sai com a capacidade de ser produtivo quase imediatamente.

O ICICI Bank está utilizando um conceito importante que muitas empresas nas economias de desenvolvimento rápido estão adotando em suas lutas com a questão do talento: a capacidade de aprendizagem de um funcionário — a habilidade inerente de uma pessoa de aprender, e não apenas as credenciais acadêmicas ou o conhecimento de conteúdo técnico ou empresarial do candidato.

Muitas empresas indianas dos setores de tecnologia da informação e de terceirização de processos de negócios chegaram à mesma conclusão, e o sucesso de iniciativas desse tipo sugere que o conceito de "potencial nascente" é intrigante. De fato, os resultados iniciais de um estudo realizado por uma empresa desafiante de grande sucesso mostrou que não havia uma forte correlação entre a qualidade da educação de um funcionário (definida pela qualidade da escola que o funcionário freqüentou) e o seu sucesso dentro da empresa.

A Wipro desenvolveu a Wipro Academy of Software Excellence (WASE) para recrutar e treinar formandos que não sejam da área de TI em habilidades ligadas a TI e engenharia de software, em conjunto com o Instituto Birla de Tecnologia e Ciência, um instituto de engenharia em Pilani, Índia. A Wipro paga a matrícula e as taxas, e os candidatos selecionados trabalham em projetos da empresa durante os dias da semana enquanto freqüentam aulas na instituição nos fins de semana. O programa tem sido um sucesso retumbante — este ano, a Wipro empregará cinco mil dos seus formandos.

Da mesma maneira, a Tata Consultancy Services (TCS) está preparando os formandos em disciplinas científicas para uma carreira em TI pelo TCS Ignite — um programa no qual os novos contratados recebem sete meses de treinamento, mas já fazem parte da folha de pagamento e trabalham em projetos reais da empresa nesse período. O Tata Academic Interface Program interage com faculdades locais para criar vários tipos de compromisso acadêmico ao mesmo tempo em que permite à empresa ganhar exposição junto ao contingente de talentos local.

Na China, a Hisense, que fabrica produtos eletrônicos de consumo, iniciou uma cooperação com a Universidade de Aeronáutica e Astronáutica de Pequim para criar um programa de pós-graduação em engenharia aprovado pelo Ministério da Educação, e com a Universidade de Pequim para criar um programa de MBA à distância. "Essas medidas criam um grande número de recrutas para a Hisense", disse Guo Qingcun, vice-presidente da Hisense, e ajuda a garantir para a empresa um "manancial de talentos".[15]

Na Índia, muitas empresas desafiantes estão olhando para além do contingente de talentos das principais faculdades e universidades nas maiores cidades e procurando recém-formados de instituições nas cidades menores. Mas, como a qualidade da educação nessas instituições é muito inconsistente, as empresas precisam desenvolver um conhecimento profundo dos padrões educacionais locais. Quando necessário, as desafiantes fornecem material de ensino e até mesmo professores às faculdades locais. Elas também podem criar ferramentas de avaliação para ajudá-las a avaliar tanto o conhecimento como a capacidade de aprendizagem dos candidatos. S. Ramadorai, executivo-chefe da Tata Consultancy Services, diz que tais atividades permitem que a empresa "uniformize os diferentes níveis de habilidade" de uma maneira mais eficaz do que a dos concorrentes e tenha efetivamente acesso ao talento que existe em abundância em boa parte das pequenas cidades da Índia.

Muitas empresas de TI na Índia estão apostando ainda mais na idéia de potencial nascente; introduzindo um programa para contratar bons alunos de origens excepcionalmente pobres, que não possuem os recursos para custear os estudos em alguma das melhores universidades. As empresas criaram um programa de treinamento especial para esses recrutas, que, posteriormente, assumem cargos na empresa.

As desafiantes da China, da Índia e de outras economias de desenvolvimento rápido estão contornando as deficiências de seus próprios sistemas educacionais patrocinando os estudos de graduação de alguns de seus concidadãos mais inteligentes nas melhores universidades dos Estados Unidos e ajudando-os a passar algum tempo trabalhando para empresas dominantes. Depois, as empresas desafiantes os levam de volta para os seus países acreditando, teoricamente, que se beneficiarão dessa combinação de educação ocidental e vivência e compreensão de seu país de origem. Entre 2001 e 2004, estima-se que 25 mil profissionais de TI voltaram dos países desenvolvidos para a Índia.[16] As empresas desafiantes estão não apenas tirando talentos dos países desenvolvidos para preencher posições de liderança, mas cerca de 68% dos executivos indianos que trabalham atualmente nos Estados Unidos estão procurando por conta própria oportunidades de emprego que os levem de volta para seu país de origem.[17] Esses repatriados educados no Ocidente estão ajudando a fomentar o impulso das desafiantes para construir suas capacidades de inovação. Muitas das funções de P&D das maiores desafiantes são comandadas por líderes que trabalharam para empresas dominantes em algum momento de suas carreiras.

Desenvolver programas especiais de recrutamento, criar instituições acadêmicas, esquadrinhar áreas remotas em busca de talento, pagar os empregados para que aprendam em casa e mandá-los para o exterior — tudo isso pode parecer caro, mas empresas desafiantes como a Wipro e a TCS dizem que tais processos não agregam custos. Apesar de a Wipro levar seis meses para treinar um jovem com um diploma de graduação que não seja de engenharia, a diferença de remuneração é suficiente para compensar o custo do programa de treinamento mais longo. Treinar alguém que não é engenheiro "custa para nós, na verdade, 50% do que custaria uma pessoa formada em engenharia do ponto de vista salarial", disse Pratik Kumar, da Wipro.

Se continuarem a obter resultados positivos, esses programas de recrutamento poderão abrir novos contingentes intactos de candidatos nas economias de desenvolvimento rápido ao mesmo tempo em que oferecerão aos jovens oportunidades que antes não estavam disponíveis.

PERCEBER O POTENCIAL NASCENTE

O recrutamento, todavia, é apenas a primeira parte da luta. A seguir, as empresas desafiantes têm de dar duro para identificar aqueles candidatos que têm os melhores desempenhos, continuar a educá-los e cativá-los suficientemente para que não queiram abandonar o navio diante da primeira oferta atraente que receberem de uma concorrente — e tudo isso é muito difícil de realizar quando a força de trabalho está crescendo de 30 a 35% por ano.

No ICICI Bank, depois que os novos contratados se unem à força de trabalho, líderes seniores dedicam grande parte de seu tempo (centenas de horas anualmente) a analisar o talento em todos os níveis da organização. Para ser bem-sucedido, diz Ramkumar, "você precisa de agilidade estratégica, e não de pensamento estratégico".

Treinamento semelhante e aprendizagem compartilhada podem ser vistos no Grupo Tata, na Índia. O Tata Management Training Center (TMTC), que é mantido pelo Group Corporate Center (GCC), é usado para "desenvolver e compartilhar conhecimento relacionado a globalização, inovação e experiências específicas da empresa", como nos explicou Alan Rosling, um diretor executivo do Grupo Tata. Gerentes juniores e seniores de todas as empresas do Grupo Tata freqüentam a TMTC para aprender uns com os outros e reafirmar os valores do grupo — confiança, integridade e compromisso social — que respaldam os esforços de globalização da empresa. O Tata Quality Management System (TQMS) — também mantido pelo GCC — garante a avaliação de todas as empresas Tata por uma equipe de mais de quatrocentos avaliadores que, como diz Rosling, "compartilham conhecimento, melhores práticas e aprendizagens internacionais".

A Tata Consulting Services (TCS), parte do Grupo Tata, abriu um centro de treinamento em Montevidéu, Uruguai, para fornecer mão-de-obra treinada para os setores em desenvolvimento de TI e terceirização de processos de negócios na América Latina. "Pretendemos treinar mais de três mil funcionários nos próximos quatro anos em uma ampla gama de tecnologias, metodologias, competências lingüísticas e questões de sensibilidade cultural para servir clientes do exterior", afirmou Mario Tucci, vice-presidente da TCS Iberoamerica.[18]

"Cada passo de crescimento apresenta um novo conjunto de desafios — em recrutamento, treinamento, alocação, retreinamento e substituição de pessoal. Somos um setor no qual fazer com que as pessoas passem do treinamento para a alocação sem perda alguma é uma medida fundamental de utilização", disse Ramadorai, da TCS.

Na China, o programa Session C da Johnson Electric (nomeado em homenagem a um programa semelhante da General Electric) é um processo criado para identificar e desenvolver os maiores talentos na empresa e está sob responsabilidade direta do executivo-chefe. Uma auditagem regular identifica os maiores talentos, que são chamados internamente de "JE Jenes". Em 2005, a Johnson Electric lançou um seminário de desenvolvimento de gerentes seniores para reunir as legiões internacionais de gerentes seniores da Johnson Electric durante uma semana todo ano, para que eles aprendam e criem vínculos entre si. Esse é um suplemento em nível sênior ao programa de desenvolvimento interno de lideranças JENESIS, o carro-chefe da JE. A JE também opera internamente a Universidade Johnson, que fornece anualmente à empresa um número essencial de engenheiros de motores altamente qualificados.

Uma das estratégias adotadas pela Wipro para ajudar a desenvolver o seu pessoal é facilitar a troca de papéis criando um mercado interno de mão-de-obra. Na Wipro, todo emprego anunciado externamente é disponibilizado internamente através de um programa chamado Wings Within. Se for selecionado para uma nova posição, um funcionário da Wipro tem a liberdade para mudar, e seu gerente atual não tem a autoridade para bloquear a nova alocação, desde que o trabalho atual não seja prejudicado pela realocação proposta. A escala desse mercado interno de mão-de-obra é impressionante; das sete mil pessoas que assumem novos cargos na Wipro a cada trimestre, cinco mil são novos contratados e dois mil provêm de dentro da própria empresa.

Esses esforços não apenas atraem e engajam as pessoas, mas ajudam as empresas desafiantes a reter seus talentos. Como há muito crescimento, demanda muito alta de talento e grande carência de funcionários com boa instrução — e como as empresas muitas vezes aumentam as taxas de remuneração para atrair as pessoas de que precisam —, há um nível surpreendentemente alto de rotatividade e bem pouca lealdade por parte dos funcionários nas economias de desenvolvimento rápido. Há vinte anos, antes do início do tsunami, havia um contrato social tácito entre os funcionários e os empregadores. Hoje, esse contrato foi abandonado em favor de oportunidades individuais de carreira.

Na China, não é raro um funcionário conseguir uma função altamente desejável em uma empresa dominante famosa e sair após seis meses no emprego por um aumento salarial de US$5 mil. As taxas de rotatividade para os executivos na China são 25% maiores do que a média global.[19] Um levantamento do Corporate Executive Board mostra que, na China e na Índia, os funcionários são assediados por ofertas de outras empresas por meio de *headhunters*, agências de emprego e pedidos diretos — mais de 50% dos funcionários são contatados. Nos países desenvolvidos, cerca de 20 a 25% dos trabalhadores empregados são sondados por outras firmas.

As altas taxas de rotatividade não são apenas o resultado de funcionários surrupiados por empresas concorrentes em regiões próximas ou no mesmo país. Na Índia, assim como na Europa Oriental, os trabalhadores estão sendo atraídos para trabalhar em outros países mundo afora. "É uma crise enorme. Enorme!", disse A.M. Naik, presidente do conselho e diretor administrativo da Larsen & Toubro. "Quase intransponível. Todos os engenheiros estão indo embora. Meus engenheiros de solda, engenheiros metalúrgicos, gerentes de construção, gerentes de projeto. Todos estão indo embora. Em 2050, entre 15 e 17% da mão-de-obra em todo o mundo serão indianos."

Os benefícios de treinar os próprios funcionários na Embraer

A fabricante de aeronaves Embraer decidiu enfrentar a necessidade de engenheiros especializados assumindo ela mesma a tarefa de treiná-los, com um percurso de estudos acadêmicos e práticos de 18 meses para seus próprios engenheiros, culminando em um diploma de mestrado para aqueles cujo trabalho final é apresentado e aprovado. A empresa paga a conta de todas as despesas e de todos os cursos, e dá um laptop para cada aluno. Treinando os alunos para usar o software e o equipamento da própria empresa, a Embraer pode produzir anualmente entre cem e 150 novos engenheiros "extremamente capazes", enquanto mantém um efetivo de cerca de 4.500 pessoas.

Os estudantes aplicam as habilidades que aprenderam — com a orientação de supervisores, mentores e outros engenheiros — para projetar um produto original nos seis últimos meses do curso. Esse sistema ajuda a garantir a extrema qualidade de serviço da Embraer, pois a empresa conta assim com uma agradável pirâmide de talentos no lugar de um gargalo. Também permite uma significativa taxa de retenção, pois os estudantes são motivados a levar adiante seu crescimento profissional e pessoal.

Desde a fundação da universidade, em 2001, a empresa investiu mais de US$100 milhões no treinamento de engenheiros e perdeu menos de 10% dos alunos que se formaram no programa. Essa estratégia não apenas está melhorando as taxas de retenção e sustentabilidade da empresa, mas também a ajuda a crescer à medida que o programa ganha cada vez mais atenção e elogios tanto interna quanto externamente. O programa de treinamento é um recurso atraente para muitos brasileiros que não possuem instrução além do Ensino Médio e é um passo importante no desenvolvimento profissional. A competitividade, por sua vez, permite que a empresa selecione apenas os melhores candidatos para os empregos.

O treinamento de seus próprios engenheiros se torna ainda mais atraente quando as implicações culturais da globalização são levadas em consideração. Como Satoshi Yokota destacou, a Embraer tentou primeiro contratar funcionários estrangeiros para satisfazer a sua necessidade de engenheiros, inclusive mais de trezentos russos, canadenses, americanos e indianos, dentre outros. No entanto, ele disse que essa solução foi inadequada porque muitos dos recrutas eram pouco mais do que "mercenários" para a causa. Então, a universidade surgiu como a solução perfeita para criar mão-de-obra local qualificada para uma empresa com base local.

Ganhar popularidade oferecendo serviços de treinamento é uma estratégia adotada por outras empresas sul-americanas também, como por exemplo a mineradora brasileira CVRD (Companhia Vale do Rio Doce). Tito Martins, diretor de assuntos corporativos da empresa, apontou como a experiência de negócios no Brasil é útil quando aplicada a negócios em outras economias em desenvolvimento. Segundo ele, as perspectivas locais sobre o investimento da empresa em programas sociais, o apoio aos funcionários e o treinamento podem ter um impacto significativo no crescimento e no sucesso da CVRD no exterior.

Alocar para obter resultados rápidos

Além de suas atividades de recrutamento e desenvolvimento, as empresas desafiantes também diferem muito das dominantes no modo como alocam e utilizam talentos — elas aperfeiçoaram a ciência e a arte da alocação e da utilização produtiva rápida de seus talentos.

Na China, a Hisense criou o Instituto de Pesquisa Hisense da Universidade Shandong, que coopera com instituições de ensino superior para desenvolver vários tipos de novo conhecimento. O centro goza do status de "zona especial" concedido pelo governo chinês, e a chance de ser uma das 140 pessoas que trabalham e estudam lá é muito atraente para recrutas em potencial. "A base da inovação tecnológica é reunir e cultivar talentos", disse Guo Qingcun, vice-presidente da Hisense. A empresa acredita em uma "operação guiada por talento", diz ele, e "formulou um sistema de pesquisa de recursos humanos" especializado em todos os aspectos da gestão de talentos — "busca, utilização, cultivo, promoção e retenção", como ele os chama.

A Wipro acredita que tem uma vantagem competitiva em relação às concorrentes dominantes graças às suas capacidades de alocação. Elas incluem a velocidade no treinamento e na integração de novos contratados e a prática de transferir pessoas entre projetos para que elas sejam utilizadas da forma mais plena possível. A Wipro também fragmenta processos complexos em elementos menores e mais simples para que os funcionários com uma média de quatro ou cinco anos de experiência possam realizar tarefas cuja realização anteriormente exigia um funcionário que tivesse de oito a dez anos de experiência. O resultado é que a idade média da equipe muitas vezes é reduzida sem redução de produtividade. Tudo isso é particularmente importante para a Wipro porque a sua força de trabalho de quase oitenta mil pessoas continua a crescer de 30 a 35% ao ano, e 50% das suas contratações são de "novatos" — jovens recém-formados no ensino superior —, de forma que a idade média dos funcionários da Wipro é de apenas 27 anos.

Esses esforços para recrutar, desenvolver e alocar engenheiros e cientistas são muito importantes porque as empresas desafiantes que são capazes de construir operações de engenharia de dimensões muito grandes podem ganhar uma vantagem competitiva significativa. Na China, por exemplo, a Huawei Technologies construiu uma posição de liderança no mercado de equipamentos para telecomunicações — não apenas na China, mas em muitos mercados estrangeiros — alavancando a sua capacidade de contratação interna de talentos de engenharia. A Huawei emprega trinta mil engenheiros (quase metade do total do seu efetivo) e os aloca em 12 centros de P&D, dos quais cinco estão fora da China, e trabalha constantemente para aumentar suas capacidades. A Huawei apresenta propostas agressivas para novos pedidos, sabendo que pode usufruir de seus vastos recursos de engenharia para projetar e instalar produtos e sistemas mais rápido que as concorrentes.

Na Índia, a Tata Motors e a Bajaj Auto adotaram uma abordagem semelhante e criaram grupos muito grandes de engenharia. Elas podem não apenas criar novos produtos em uma fração dos custos das empresas dominantes, mas também estão desenvolvendo novas formas de vantagem. Por exemplo, a utilização de seus engenheiros em funções essenciais como engenharia de processos e de produção pode gerar uma redução de 20 a 30% nos custos de capital de novas fábricas e equipamentos. Uma equipe interna de engenheiros geralmente vai muito mais fundo no detalhamento de como otimizar a configuração de fábricas e as especificações de equipamentos do que equipes semelhantes em empresas dominantes. Isso porque muitas vezes as equipes dominantes terceirizam essa função devido ao elevado custo do talento, e dependem de especialistas e fornecedores de equipamento externos que preferem vender soluções padronizadas.

Deixar que os líderes cresçam

As economias de desenvolvimento rápido estão crescendo tão depressa que as empresas podem entrever uma oportunidade, correr para capturá-la e aproveitá-la rapidamente. Todavia, os líderes que estão acostumados a planos qüinqüenais, estratégias inabaláveis e fatores de sucesso bem-definidos talvez não consigam reconhecer oportunidades tão fugidias, ou, se conseguem vê-las, talvez não tenham a capacidade ou autoridade para capturá-las com rapidez suficiente e aproveitá-las imediatamente.

As empresas desafiantes bem-sucedidas são lideradas por indivíduos fortes que obtêm poder, por meio de suas organizações (e de si mesmos), para realizar tarefas — indivíduos que são, acima de tudo, construtores. Os construtores são em parte empresários — uma pessoa que está sempre procurando novas oportunidades e assumindo riscos pessoais determinantes para obtê-las. Também são em parte capitães de equipes — sempre recrutando, desenvolvendo e inspirando o próprio pessoal e buscando parceiros para aumentar as capacidades.

Construtores são bastante diferentes de operadores, cuja força reside em manter e em aplicar melhorias incrementais às operações estabelecidas. Os operadores tendem a ser mais eficazes em ambientes relativamente maduros. Os construtores muitas vezes vão inventando as coisas pelo caminho e exigem que seus gerentes e funcionários façam o mesmo. Eles estão mais dispostos a agir rápido e a basear suas decisões em intuições, bem como em análises (as quais, devido a informações escassas sobre o mercado, podem de qualquer forma não estar disponíveis).

Para construir uma empresa capaz de ter sucesso nas economias de desenvolvimento rápido, são necessários construtores nas posições de liderança em toda a empresa. O ambiente é um espaço de negócios tangivelmente mais oportuno do que aquele ao qual as empresas dominantes — especialmente as que estão sob o controle de operadores — estão acostumadas. Há governos intervencionistas que se empenham em proteger certos setores, favorecer abertamente fabricantes domésticos e obrigar a transferência de *expertise* estrangeira para as empresas locais — fatores que abrem novas oportunidades para empreendimentos locais. Há setores, empresas e mercados relativamente jovens nos quais nenhuma empresa pode reivindicar uma vantagem competitiva decisiva (como, digamos, a Wal-Mart no varejo de mais baixo custo). Existem objetivos compulsórios de desenvolvimento social (emprego, diminuição da pobreza, educação) ao lado dos objetivos de lucro, o que significa que, às vezes, em vez de fazer o que é comercialmente oportuno (demitir funcionários), os líderes precisam encontrar outra solução que seja aceitável tanto pessoal quanto socialmente. E existem empresas dominantes mais sofisticadas e com mais recursos financeiros fincando bandeiras por todo o mercado doméstico.

Ao se depararem com concorrentes globais grandes e estabelecidas nesses ambientes, as empresas precisam encontrar uma vantagem competitiva em algum lugar, e, muitas vezes, isso significa se agarrar a incertezas, assumir riscos em busca de alguma nova vantagem.

Cheung Yan é uma improvável empresária que construiu sua empresa, a Nine Dragons, do nada. De origem humilde e sem educação formal, Cheung começou a trabalhar ainda jovem em uma fábrica têxtil antes de conseguir um emprego em uma pequena empresa de papel. Lá, ela percebeu a demanda crescente por reciclagem de resíduos de papel para a produção de material de embalagem, então fundou uma empresa em Hong Kong em 1985, mas logo se mudou para os Estados Unidos, onde havia mais resíduo de papel disponível. Aproveitando a onda da globalização, a empresa de Cheung estava coletando a embalagem dos bens chineses importados para os Estados Unidos e exportando-as de volta para a China. Em apenas cinco anos, a empresa se tornou a maior exportadora de resíduos de papel dos Estados Unidos.

Em 1995, Cheung voltou a Hong Kong e fundou a Nine Dragons. Ela demorou três anos até instalar a primeira máquina de fabricação de papel, com uma capacidade produtiva de duzentas mil toneladas por ano. Cheung continuou a aumentar a capacidade acrescentando mais máquinas e, em 2007, tinha uma capacidade de 5,4 milhões de toneladas. Ela planeja dobrar essa capacidade construindo uma terceira unidade de produção na China, que, segundo seus planos, fará da Nine Dragons a maior produtora mundial de papel. Ao mesmo tempo em que ganhava escala para reduzir o custo unitário, a Nine Dragons também conseguiu manter os preços, e tem hoje uma margem de 20%, uma das mais altas do setor. Cheung se tornou uma das mais ricas *self-made women* do mundo.

Nas economias de desenvolvimento rápido, as empresas bem-sucedidas reconhecem seus líderes-construtores e lhes dão muito espaço para operar.

Implicações: invista exageradamente nas pessoas

A situação mundial de talentos está tumultuada.

Trabalhadores com pouca qualificação estão atravessando o planeta, afastando-se de uma situação de baixa remuneração quando atraídos por outra ligeiramente melhor na escala salarial. Indianos vão para o Golfo Pérsico. Mexicanos atravessam a fronteira rumo aos Estados Unidos. Chineses deixam as fazendas e se dirigem a Changsha e Guangzhou. Eslovacos migram para a Polônia. Poloneses correm para a Inglaterra.

Há uma grande demanda por trabalhadores com alto nível de instrução e qualificação em toda parte. "Se você quer retê-los, é melhor ter várias localizações geográficas nas quais eles possam trabalhar dentro de sua empresa", disse A.M. Naik, da L&T. "A questão é ser multinacional. Um funcionário da GE pode ser transferido de qualquer lugar para qualquer lugar. Se você quiser trabalhar na África, pode ir."

De todos os recursos pelos quais todo mundo estará competindo em toda parte, o talento é o mais precioso e mais difícil de encontrar. Muitas empresas desafiantes, como vimos, estão trabalhando para desenvolver seus próprios talentos. O resto, você pode ter certeza, vai sair à caça.

PLANEJE-SE PARA EXIGÊNCIAS GLOBAIS DE TALENTO

A compreensão das competências necessárias para levar a cabo planos estratégicos de crescimento requer mais do que apenas a previsão de metas do quadro de pessoal. As empresas dominantes precisam planejar suas necessidades de talento a partir de uma base global se realmente desejam explorar os contingentes mundiais de talento. Isso é mais fácil de ser dito do que feito, devido às arraigadas fronteiras geográficas, funcionais e mentais que existem em muitas empresas dominantes.

A fim de posicionar de forma eficaz suas atividades em todo o mundo e se valer dos contingentes globais de talento, as empresas dominantes precisam levar em consideração cada país e região na maneira como abordam o planejamento, o aprovisionamento e a alocação dos talentos. Essa estratégia requer colaboração entre uma comissão executiva global (que deve incluir representantes funcionais e comerciais) e executivos que operam em âmbito nacional em mercados de alto crescimento. Ao prever com precisão as necessidades globais de talento e determinar os melhores lugares onde encontrar esse talento, as empresas podem obter as melhores pessoas para os empregos certos em qualquer lugar do mundo. Isso pode significar a utilização de forma oportuna do talento em engenharia na Índia ou do talento em programação na China, ou a exportação de líderes empresariais brasileiros para comandar operações na Venezuela.

Para que o planejamento global de talentos tire proveito do crescimento e dos contingentes de talento das economias de desenvolvimento rápido, é necessária uma mudança na mentalidade das empresas.

Shane Tedjarati, chefe da Honeywell China, fala da mudança de paradigma que é necessária para aproveitar plenamente o potencial da China. Ele acredita que muitas empresas dominantes abordam a China e a Índia com uma mentalidade do tipo "do Ocidente para o Oriente", mas que essa atitude não as levará muito longe. Direção estratégica, design de produto e inovação, bem como políticas e procedimentos globais, são muitas vezes desenvolvidos no Ocidente e transplantados para o Oriente com pouca ou nenhuma adaptação local. Para desencadear plenamente o potencial do talento local, as empresas dominantes devem permitir que suas organizações locais inovem e desenvolvam produtos (para consumo tanto naquele mercado como no exterior) e criem políticas e estratégias operacionais locais que não somente são mais adequadas aos mercados locais, mas que também podem ser exportadas com grande sucesso para outras economias de desenvolvimento rápido e, em alguns casos, até mesmo para o Ocidente.

Pode parecer arriscado para uma empresa dominante abandonar as políticas e os produtos que lhe proporcionaram sucesso, e ainda mais arriscado dar carta branca a novos talentos em um território comparativamente desconhecido. Contudo, essa é a maneira mais eficaz de obter uma vantagem em um mercado local e, com planejamento cuidadoso e colaboração, também é a melhor forma de ganhar confiança e familiaridade com os novos talentos e a nova filial da empresa.

A WebEx, uma pequena empresa de internet recém-estabelecida no Vale do Silício, é um exemplo de utilização de um contingente local de talentos. A WebEx oferece ferramentas de colaboração on-line para o usuário global de internet. Logo no início, a empresa percebeu que, para competir de forma eficaz, precisaria utilizar um contingente global de engenheiros talentosos e qualificados com um custo inferior ao do contingente ao qual tinha acesso nos Estados Unidos.

Um dos fundadores da WebEx é um cidadão chinês que havia se mudado para os Estados Unidos quando estava na faixa dos trinta anos e que tinha um profundo conhecimento do mercado chinês. Por necessidade financeira, ele e seu sócio, nascido na Índia e educado nos Estados Unidos, conseguiram lançar com sucesso centros de desenvolvimento e programação em três cidades de segundo escalão na periferia de Xangai. Contrataram um responsável de recursos humanos muito capaz que conseguiu recrutar engenheiros altamente qualificados. Eles têm oitocentos funcionários chineses (muitos dos quais nasceram e foram criados na China) e desenvolveram uma eficaz estrutura de equipe EUA-China para oferecer trabalho complexo e de alto valor para programadores, tanto chineses quanto americanos. A empresa foi comprada em 2007 pela Cisco Systems, que estava observando a estratégia da WebEx.

A Cisco também conseguiu mudar de mentalidade. A empresa está planejando criar uma segunda sede na Índia para tirar proveito das oportunidades nas economias de desenvolvimento rápido, e mais de 20% da equipe de liderança está baseada lá.

CONSTRUA UMA LIDERANÇA LOCAL

As empresas dominantes têm de se tornar (ou ao menos parecer que estão se tornando) mais parecidas com empresas locais para enfrentar os desafios nos mercados domésticos das desafiantes. Isso significa que elas precisam reunir uma forte equipe local de liderança para guiar o progresso da empresa. Uma equipe local de liderança é capaz de entender as sutis nuances culturais; tem um conhecimento inerente das complexas dinâmicas mercadológicas, regulatórias e políticas e é capaz de navegar por entre elas; e consegue se comunicar com parceiros locais (fornecedores, distribuidores, varejistas etc.) no próprio idioma deles.

A construção de uma equipe local de liderança bem-sucedida é um desafio multifacetado. Primeiro, para atrair e reter os melhores talentos locais em todos os níveis da organização, deve haver um caminho claro e viável até a liderança. Não pode existir um telhado de vidro real ou aparente para os locais, ou eles procurarão em outro lugar uma carreira que lhes permita realizar seu potencial. Segundo, muitas vezes sai caro pagar pacotes de compensação de expatriados para a maior parte de uma equipe de liderança no longo prazo. Por fim, muitas empresas dominantes estão achando cada vez mais difícil ter um contingente interno suficientemente grande de executivos seniores que estão dispostos e aptos a se mudar para todos os mercados em crescimento. Muitas empresas dominantes estão lutando para superar esses obstáculos e construir uma equipe de liderança visionária, empreendedora e focada nas pessoas usando talentos locais.

Para combater esse problema, as empresas dominantes de sucesso criam sistematicamente um programa para acelerar o percurso até a liderança para os funcionários locais. Um percurso de carreira que normalmente demoraria de dez a 15 anos nos Estados Unidos ou na Europa pode ser reduzido para cinco anos na China se forem dadas ao talento júnior de alto potencial as experiências certas. Exigências como conjuntos abrangentes de habilidades, tarefas executadas em vários lugares e experiência operacional e estratégica não são tão difíceis de satisfazer desde que você saiba com bastante antecedência que terá de orquestrar essas oportunidades dentre os funcionários locais. Da mesma maneira, fornecer as oportunidades apropriadas de formação de redes para que o talento local de alto potencial ganhe a confiança de um executivo americano ou europeu não é impossível — só requer planejamento.

EQUILIBRE NECESSIDADES LOCAIS E PADRÕES GLOBAIS

Equilibrar de forma eficaz a personalização dos recursos humanos locais e os padrões globais é uma tarefa que exige todas as capacidades de gestão do talento. Do recrutamento ao treinamento e desenvolvimento, passando pelo planejamento sucessório e pela medição de desempenho, as empresas devem alavancar de forma eficaz programas e abordagens globais ao mesmo tempo em que os acomodam ou adaptam para satisfazer as demandas e complexidades locais.

Para o recrutamento, isso significa adaptar a proposta de valor do emprego aos mercados locais para oferecer aos melhores talentos os pacotes e oportunidades que são mais importantes para eles. A P&G faz isso oferecendo aos seus funcionários na Rússia apoio para financiamento hipotecário — uma regalia que não seria igualmente apreciada nos Estados Unidos, onde há grande oferta de hipotecas de baixo custo. Para o treinamento, as empresas precisam entender as lacunas em termos de habilidades, experiência e conhecimento que podem estar presentes em um mercado, mas não em outro, e ajustar suas atividades conforme as necessidades.

Como vimos, as empresas desafiantes desenvolveram suas soluções únicas sob a forma de universidades internas para cobrir as lacunas entre os talentos inerentes dos seus funcionários e suas credenciais acadêmicas. A maioria das empresas dominantes vem tentando roubar esses profissionais das desafiantes para satisfazer suas próprias necessidades de contratação. Isso faz com que os salários subam e também cria problemas de retenção por toda parte.

Falamos com um gerente sênior de uma empresa indiana de TI sobre o modo como as desafiantes podem desferir um "golpe inesperado" (expressão usada aqui em parte ironicamente, mas, em parte, a sério) às concorrentes dominantes.

Nas grandes áreas metropolitanas, há pouca disponibilidade de talentos, e as pessoas têm um custo relativamente alto em comparação com outras partes da economia local. Em cidades de segundo, terceiro e quarto escalão, a situação se inverte — há grande disponibilidade de pessoas (afinal de contas, a maior parte da mão-de-obra mora fora das grandes cidades), e seu custo é baixo por causa do baixo nível de desenvolvimento e industrialização nessas áreas, onde, conseqüentemente, há baixa demanda por seus talentos.

As empresas dominantes geralmente baseiam suas operações nas cidades de primeiro escalão e procuram seus talentos no contingente que está disponível ali. As desafiantes podem transferir suas operações para outras cidades e localidades mais afastadas porque precisam reduzir seus custos e também porque sabem como operar nessas áreas.

Então, segundo esse gerente, as empresas dominantes levam golpes inesperados — elas se vêem presas a uma posição na qual a disponibilidade de talento está se esgotando e os custos estão subindo, ao passo que as empresas locais saem silenciosamente das grandes cidades e reduzem seus custos tirando partido de grandes contingentes de talentos de baixo custo longe dos grandes centros. Esse gerente pode ter exagerado o problema que as empresas dominantes enfrentam, mas pode-se tirar uma lição da sua interpretação acerca da localização das atividades de recrutamento e treinamento dessas empresas nas economias de desenvolvimento rápido.

O Grupo Schindler, um fabricante suíço de elevadores, é uma empresa dominante que está experimentando recrutar pessoas em cidades de segundo e terceiro escalão. Apesar de a experiência em empresas dominantes ser muito valorizada pelos maiores talentos chineses, essas pessoas preferem trabalhar para marcas famosas. Além disso, quanto mais atraente for o setor ou a empresa, maiores são os salários iniciais, e maior a facilidade para recrutar os melhores talentos em cidades de primeiro escalão. A Schindler, apesar de ser respeitada em seu setor, dificilmente pode ser considerada um ícone de marca global. E a fabricação de elevadores também não é considerada uma atividade glamorosa. Além disso, a Schindler não queria mudar toda a sua estrutura de compensação oferecendo uma remuneração alta demais para atrair talentos. Então, a empresa começou a concentrar seus esforços de recrutamento em um contingente de candidatos fora das grandes cidades, tendo assim mais probabilidade de sucesso no recrutamento e na conservação de seus funcionários. Esse método, apesar de ainda ser um trabalho em curso, tem grande potencial para os executivos da Schindler. Eles acreditam que isso vai contribuir para uma taxa de retenção mais alta e uma fidelidade ainda mais forte por parte dos funcionários.

Uma vez que o talento é contratado, empresas dominantes como a Unilever integram suas equipes locais de liderança ao seu planejamento sucessório global e ao processo de medição de desempenho para fazer emergir os melhores talentos de todo o mundo. Nessas empresas dominantes, todos os talentos são analisados em nível local de acordo com a mesma medição global de desempenho e potencial. Depois que um grande talento é identificado, comissões regionais e funcionais o analisam à luz de cargos disponíveis globalmente. Depois, desenvolvem planos globais para rotações, oportunidades de carreira e necessidades individuais de desenvolvimento.

Equilibrar os benefícios do baixo custo e a necessidade de uma qualidade-padrão de talento é uma proposta desafiante. Uma conhecida empresa americana de bens industriais teve grande dificuldade para atrair e reter talentos de qualidade em uma área da China. Em um esforço para reduzir os custos operacionais, criou um escritório satélite em uma cidade a cerca de noventa minutos de carro de Xangai. Essa empresa está descobrindo que não consegue atrair o tipo de talento necessário com os salários que oferece nessa cidade de segundo escalão. Em vez de transferir as operações para uma localidade metropolitana mais cara, a empresa está atualmente reavaliando sua oferta de remuneração.

Portanto, as empresas dominantes precisam ficar atentas ao sempre mutável mercado de talentos quando o assunto são as necessidades dos funcionários (priorização da remuneração, os melhores locais de trabalho e coisas assim). E, ao calcular os benefícios econômicos de uma localidade de baixo custo, é essencial avaliar o seu impacto no recrutamento e na retenção de talentos.

Pense em quem, não em como

Quantos designers de automóveis de classe mundial existem no mundo? Quantas empresas automobilísticas querem contratá-los? O que vem primeiro, a aplicação ou o engenheiro de software?

As empresas que querem ser bem-sucedidas na era da globalidade pensam com o mesmo cuidado sobre *quem* irá fazer o que precisa ser feito e sobre *como* aquilo será feito.

CAPÍTULO 5

Penetrar os mercados

"Nós escutamos o mercado."
Luís Carlos Affonso, Embraer

Nos bairros mais pobres do México, ao comprarem um ou dois sacos de cimento, os donos de casas têm outras preocupações além de bater eles mesmos uma nova laje ou construir a parede de um *patio*. Para eles, cimento é uma questão de *patrimonio* — um legado familiar. O chão de cimento interessa diretamente aos filhos e netos de seus antepassados, que se importavam o suficiente para agregar valor ao lugar. Quando fez a conexão entre cimento e legado familiar, a Cemex começou a vender seus produtos em sacos fáceis de carregar e a promovê-los com publicidade de tom aspiratório.[1]

Os consumidores nas economias de desenvolvimento rápido — especialmente os que vivem longe das luzes das cidades e dos distritos de alta renda — às vezes têm comportamentos que surpreendem não apenas as empresas dominantes, mas as próprias desafiantes. Na China rural, por exemplo, os técnicos que realizam consertos para a Haier — a maior fabricante mundial de geladeiras e a quarta maior fabricante de eletrodomésticos — descobriram que estavam visitando muitos clientes cujas lavadoras de roupas estavam com os tubos de drenagem entupidos. Então descobriram que, além de lavar roupas, os clientes também estavam lavando legumes nas máquinas. Especialmente as batatas-doces. A Haier avaliou a situação, fez algumas modificações no produto — incluindo tubos de drenagem maiores — e forneceu instruções sobre como usar as máquinas para lavar legumes.

Nos primeiros dias do tsunami, apenas uma pequena porcentagem das empresas dominantes conseguia enxergar as vastas populações das economias de desenvolvimento rápido como os enormes mercados que eram ou que podiam se tornar. Isso acontecia sobretudo porque as empresas dominantes simplesmente não entendiam as necessidades e os desejos do consumidor dos mercados de massa — ou mesmo dos clientes corporativos — na China, na Índia, no México ou na Polônia. Mesmo que entendessem, ou que achassem que entendiam, o que o mercado podia aceitar, eram fácil e compreensivelmente intimidadas pelos sistemas de distribuição desses países. Como você entrega um produto no labirinto de armazéns, depósitos, intermediários, pequenas lojas e vendinhas de rua usando caminhões dilapidados, veículos de três rodas, bicicletas, carroças puxadas por burros e homens com cestas nas costas? Então, a maioria das empresas dominantes ficava totalmente fora dos mercados das economias de desenvolvimento rápido ou se concentrava nos clientes mais sofisticados, que elas conseguiam entender melhor, e nos mercados urbanos, que conseguiam administrar com maior facilidade.

Agora, porém, os mercados das economias de desenvolvimento rápido estão se tornando extremamente atraentes para as empresas dominantes em uma ampla gama de setores por causa de suas enormes dimensões, de sua crescente prosperidade e de sua maior abertura para os negócios. Essas economias estão apresentando uma média de crescimento anual de 4 a 5% mais alta do que a dos mercados desenvolvidos, e, até 2010, representarão 45% do produto interno bruto mundial e 60% do crescimento do PIB, segundo a Economist Intelligence Unit.

A China, por exemplo, já é a maior consumidora de telefones celulares. Na Índia, espera-se que o mercado para bens de consumo duráveis dobre em cinco anos, crescendo de US$4,8 bilhões em 2005 para mais de US$9,7 bilhões em 2010. O mercado varejista, que movimentou mais de US$230 bilhões em 2005 e está crescendo 6% ao ano, deverá alcançar US$310 bilhões em 2010. E o crescimento não estará restrito a China e Índia. A previsão é de que a Rússia terá uma taxa de crescimento anual composta (CAGR, na sigla em inglês) de 22% nas vendas no varejo. O Brasil terá uma CAGR de 12% para roupas. A Turquia já está avançando: o seu produto interno bruto cresceu em média 7%, suas exportações mais do que dobraram e o investimento direto estrangeiro pulou de US$1 bilhão para incríveis US$18 bilhões.

Portanto, não há mais muita dívida de que as economias de desenvolvimento rápido estão no caminho para se tornar os mercados de crescimento mais importantes do futuro. No entanto, há incerteza acerca de como os mercados vão se desenvolver, quais segmentos vão decolar e quais empresas serão bem-sucedidas neles. O crescimento será conquistado por meio de um punhado de ações fundamentais na luta envolvida para ir fundo nesses mercados:

- Criar novas categorias
- Achar o ponto mais favorável
- Localizar
- Distribuir em meio ao caos
- Fazer negócios com empresas
- Entrar em novos mercados

Criar novas categorias

Nas economias desenvolvidas, as categorias de bens de consumo e bens industriais são bem definidas e conhecidas, e é bastante raro que uma empresa perturbe o ambiente comercial com um produto ou serviço que abra novos caminhos. Nas economias de desenvolvimento rápido, porém, os consumidores (e as empresas) ficaram tão limitados em seu consumo por tanto tempo que é mais fácil para uma empresa desafiante descobrir novos territórios para explorar e desenvolver.

Huiyuan: deixe o povo chinês beber suco puro!

Se alguém lhe oferecer um copo de suco de laranja ou néctar de kiwi quando você estiver visitando a China, esse gesto será, em grande parte, resultado dos esforços de Zhu Xin Li, um ex-funcionário do governo que ajudou a criar um setor de sucos de fruta que não existia antes. No início dos anos 1980, Zhu era o supervisor geral de Shandong, a segunda província mais populosa da China. Em um outono, de acordo com a história contada por Zhu, ele recebeu um decreto do governo central em Pequim dizendo que toda a terra disponível no país deveria ser utilizada para o cultivo de arroz. Mas a área em torno de Zibo, a cidade na qual Zhu vivia e trabalhava, era acidentada e montanhosa e, portanto, completamente inadequada para o cultivo de arroz. Ele decidiu ignorar a instrução e plantou macieiras. O pomar prosperou e produziu uma colheita tão farta que Zhu se viu com um excedente de produção. Ele pegou um pouco de dinheiro para comprar uma máquina de fazer suco, montou-a e começou a espremer maçãs.

Na época, as famílias chinesas não consideravam os sucos uma bebida importante em suas vidas, nem mesmo particularmente saudável. Não havia um copo de suco de laranja no café-da-manhã. As mães não punham caixinhas de suco nas lancheiras dos filhos. O leite era uma bebida popular para as crianças. Os adultos bebiam chá, água ou cerveja. Se as pessoas bebiam algum suco, era "refresco", uma mistura açucarada e sem polpa com 90% de água e outros ingredientes e apenas 10% de sucos misturados.

Mas Zhu não estava pensando muito no mercado, ou na ausência de um mercado, enquanto produzia seu suco de maçã. Estava apenas convertendo a sua colheita em um produto. Em 1992, enquanto ainda era funcionário do governo, Zhu abriu uma pequena empresa chamada Shandong Zibo Huiyuan, conhecida como Huiyuan. Um ano mais tarde, ele abandonou sua velha espremedora de frutas e instalou uma linha de processamento de frutas. Com pouca demanda doméstica por sucos, os concentrados de maçã da Huiyuan se tornaram um produto de exportação. A empresa prosperou com suas exportações e seu sucesso deu uma idéia a Zhu. E se ele conseguisse produzir suco de verdade, 100% suco, néctar — e não aquela coisa insípida e sem graça a que os consumidores chineses estavam acostumados —, e fazer com que as pessoas vissem como um suco podia ser delicioso e saudável?

Em 1994, Zhu transferiu a sede da Huiyuan para quinhentos quilômetros mais ao norte, em uma localidade na periferia de Pequim, e construiu uma nova fábrica de processamento de suco. Logo depois, a Huiyuan lançou seu primeiro produto 100% feito de suco e o distribuiu para os varejistas locais na província de Shandong — e foi surpreendida por uma demanda que quase não conseguiu satisfazer. A empresa aumentou sua capacidade de produção e expandiu sua linha de produtos, acrescentando diversos sucos em várias embalagens.

Em 1997, para deleite do seu sempre confiante fundador, a Huiyuan era uma marca conhecida em toda a China, especialmente nos lares em que havia crianças. A empresa começou a fazer publicidade e se posicionou como uma marca de bebidas naturais e saudáveis, boa para crianças e para toda a família. O slogan era: "Deixe que 100% do povo chinês desfrute de suco 100% puro!"

A Huiyuan abriu seu capital no início de 2007 com uma oferta pública inicial que arrecadou US$308 milhões. Havia cem vezes mais subscrições de investidores institucionais, e 938 vezes mais subscrições de investidores individuais, do que ações disponíveis.[2]

Achar o ponto mais favorável

Apesar de os consumidores chineses terem aceitado bem os sucos de fruta da Huiyuan (bem como os produtos de concorrentes locais que inundaram o mercado desde que a Huiyuan inaugurou essa categoria), os produtos da empresa ainda têm um preço bem inferior ao das marcas dominantes. Portanto, apesar de os consumidores na China, Índia e em outros lugares estarem começando a perceber e a se importar com diferenciações nas características dos produtos e valores ligados à marca, a característica que a maioria esmagadora procura é valor pelo seu dinheiro.

A luta, tanto para as empresas desafiantes quanto para as dominantes, é descobrir o ponto mais favorável, o que geralmente significa um patamar de preço mais baixo do que as empresas dominantes estão acostumadas a esperar — pela razão óbvia de que a grande maioria das pessoas nas economias de desenvolvimento rápido ainda é pobre em comparação com os consumidores nas economias desenvolvidas. Apenas pequenos segmentos das pessoas nessas economias têm renda ou patrimônio suficiente para serem considerados consumidores no sentido em que as empresas dominantes entendem esse termo.

Quando o tsunami começou, os consumidores nas economias de desenvolvimento rápido estavam pouco expostos aos hábitos de consumo do Ocidente. A maioria das pessoas comprava (ou trocava) seus produtos básicos de comerciantes locais e tinha pouco, ou nenhum, dinheiro extra para comprar itens supérfluos. Mas, à medida que o tsunami foi ganhando força — e à medida que as empresas desafiantes foram obtendo sucesso e criando valor e esses consumidores foram se tornando mais sofisticados —, um grande número de pessoas pôde deixar para trás a subsistência e melhorar o seu padrão de vida.

A ASCENSÃO DA CLASSE CONSUMIDORA

É muito difícil estimar exatamente que percentual das populações das economias de desenvolvimento rápido pode ser considerado "classe consumidora" ou "classe média", mas o tamanho, o patrimônio e o poder aquisitivo desse grupo certamente cresceram.

Na China, os consumidores nascidos depois de meados dos anos 1970 adotaram um estilo de vida orientado para o consumo, estão mais dispostos a gastar dinheiro, ávidos para experimentar, dão muito mais importância ao estilo e são mais sensíveis à publicidade do que os consumidores da geração de seus pais. Tendências semelhantes são evidentes nos consumidores da Índia, do Brasil e de outras economias de desenvolvimento rápido. Mudanças rápidas mais oportunidades abundantes acarretam rápidas inovações nos produtos e nos modelos de negócios.

Na Índia, a renda *per capita* é de cerca de US$600, enquanto nas economias desenvolvidas ela supera os US$20 mil. À medida que a renda *per capita* média foi aumentando, o mercado consumidor da Índia cresceu tremendamente. De revistas a moda, de veículos a equipamento de críquete, a classe média indiana, cada vez mais voltada para o consumo, está gastando mais com as coisas que deseja. Em 2007, a classe média e as classes mais baixas da Índia representaram 75% da despesa total do país.[3] A Índia é atualmente a 12ª maior economia de consumo do mundo, e todos os sinais indicam que a sua posição vai subir nos próximos anos.

Na China, a renda *per capita* é pelo menos o dobro da renda *per capita* indiana. As pesquisas e análises do Boston Consulting Group concluíram que, em geral, a riqueza na China está crescendo e se espalhando das grandes cidades para as cidades de segundo e terceiro escalão. Em 2008, mais de metade dos lares afluentes da China (lares urbanos com uma renda superior a US$4.300 ao ano) estarão localizados fora das 45 maiores áreas metropolitanas. Cerca de sessenta milhões de lares na China serão considerados de classe média.

Todavia, mesmo à medida que a renda aumenta, o dinheiro dos consumidores nas economias de desenvolvimento rápido não é particularmente flexível em termos de uso. Nos países desenvolvidos, a grande maioria das pessoas tem contas bancárias — cerca de 90% dos consumidores dos então 15 países da União Européia possuíam contas, bem como 91% dos americanos. As instituições e os órgãos regulatórios financeiros não colhem muitos dados (ou é mais provável que achem muito difícil fazer isso) nas economias de desenvolvimento rápido sobre o uso de contas bancárias. Levantamentos nacionais mostram que 43% das pessoas que vivem em zonas urbanas no Brasil têm contas bancárias, bem como 21% na Cidade do México, e os números são mais baixos em localidades menos afluentes.

Há mais dados disponíveis sobre o uso de cartões de crédito, e eles revelam como a sociedade de consumo ocidental depende de cartões de crédito e débito e como a saturação desses cartões é baixa nas economias de desenvolvimento rápido. Nos Estados Unidos, havia 2.249.780.000 (mais de dois *bilhões*) de cartões financeiros em circulação em 2006, ou 7,5 *per capita*, e a média anual de transações de varejo nesses cartões era de US$11.041 *per capita*. Na Europa Ocidental, havia cerca de 837.143.000 cartões em circulação em 2006, ou 1,8 *per capita*, com uma média de US$7.730 em transações anuais *per capita*. No Brasil, o número de cartões financeiros era de 2,5 *per capita* em 2006; na China, era de 0,9 *per capita* e, na Índia, 0,08. Os russos não carregam muitos cartões — apenas 0,56 *per capita* — mas aqueles que os possuem fazem transações mais polpudas, com um valor anual *per capita* de US$2.304, do que os titulares de cartões nas outras EDRs. As transações financeiras anuais *per capita* com cartões na China atingem US$138 e, na Índia, US$25.

Mensagem aos turistas: quando estiverem viajando pelas cidades pequenas ou pelos vilarejos da Índia, do México, da República Tcheca ou da maioria das outras economias de desenvolvimento rápido, levem dinheiro em espécie!

A disparidade de renda nas economias é acentuada pela enorme diversidade de suas populações. Na Índia, falam-se 15 idiomas principais, com mais de 1.600 dialetos. Na China, há oito idiomas principais, sete dialetos e muitos outros idiomas minoritários sendo falados. O mandarim é o idioma dominante nas principais cidades do norte da China, e o cantonês é o idioma dominante no sul, especialmente em Hong Kong. E por trás de cada língua há uma história, uma cultura e uma economia regional singulares que geram diferenças radicais em gostos, atividades e aspirações. Nos Estados Unidos, no Japão e na maioria dos países da Europa, há apenas um idioma dominante.

Tais diferenças representam um grande desafio para as empresas nas mais fundamentais atividades mercadológicas: segmentar a população para compreender suas motivações, expectativas e aspirações — e estimar qual é o poder aquisitivo de cada segmento. O termo "mercado de massa" quase perde o sentido. Sim, há uma massa de consumidores nas economias de desenvolvimento rápido, mas esses consumidores não podem ser tratados em massa, pelo menos não por meio de um conjunto de propostas de produto ou de uma campanha de comunicação falada ou escrita.

Informação insuficiente

Boa parte do problema para qualquer empresa que esteja colocando seus produtos e serviços nos mercados das economias de desenvolvimento rápido é que há muito menos dados demográficos e mercadológicos disponíveis do que nos países desenvolvidos.

Nos Estados Unidos, há uma fartura de dados disponíveis sobre os consumidores em várias fontes, tanto públicas quanto privadas. Governos gastam milhões (nos Estados Unidos, bilhões) realizando censos detalhados, formatando-os e analisando-os minuciosamente e disponibilizando-os por vários canais, dentre os quais a internet, absolutamente de graça. (Se você ainda não visitou www.census.gov, vai se deleitar com as estatísticas.) Mediante uma taxa, empresas privadas de pesquisas e serviços comerciais fornecerão muito mais informação sobre consumidores, suas características e comportamentos.

E mais, as empresas podem descobrir a maioria do que precisam saber sobre suas concorrentes graças à ampla gama de leis, regras, padrões, práticas e procedimentos que as companhias devem seguir para produzir seus relatórios, e também graças a uma imprensa relativamente livre. Além disso, a maioria das empresas está ansiosa para fazer com que você conheça quem elas são e o que estão fazendo, com seus comunicados à imprensa, em sites e todo o resto. O mundo desenvolvido está, como os leitores ocidentais bem sabem, abarrotado de um número excessivo de informações disponíveis 24 horas por dia, sete dias por semana.

Nas economias de desenvolvimento rápido, dados mercadológicos que vão além das informações demográficas básicas muitas vezes não estão disponíveis, o que torna difícil, ou impossível, fazer uma segmentação detalhada dos consumidores com base em seu comportamento ou em suas necessidades, um tipo de segmentação que as empresas dominantes estão acostumadas a usar quando desenvolvem ou ajustam seus portfólios de produtos.

Nos mercados desenvolvidos, até mesmo os comércios familiares têm caixas registradoras eletrônicas e leitores de código de barras, assim seus fornecedores podem ter uma boa idéia do que está acontecendo nas cidades pequenas e nos vilarejos remotos. Mas, nas economias de desenvolvimento rápido, quando você sai das maiores cidades há uma quantidade muito limitada de dados nos pontos de venda. Os produtores são quase totalmente incapazes de rastrear o que está sendo vendido, quando, a que preço ou para quem, a não ser usando o método antigo — visitas de campo. A falta de dados torna difícil a avaliação do desempenho dos produtos e a aplicação do conhecimento em futuras decisões sobre produtos e preços. É difícil gerar até mesmo os indicadores básicos de desempenho de empresas e produtos, tais como o retorno do investimento ou estimativas de ordem de magnitude aproximada (ROI e ROME, em suas respectivas siglas em inglês).

Localizar

As empresas desafiantes entendem intuitivamente a necessidade de customizar os produtos e bens oferecidos a segmentos específicos de consumidores a fim de obter êxito. A Huiyuan não vendeu seus sucos puros de frutas ou vegetais como "suco" aos seus primeiros clientes chineses, mas como puro "néctar", para diferenciar seus produtos das bebidas à base de fruta então disponíveis no mercado. Ela construiu sua marca em torno da plataforma de família e saúde — muito importante para os clientes chineses. Ampliou sua marca com muita rapidez para estabelecer uma ligação com as crianças, o que talvez seja a melhor maneira de agradar à família chinesa. Depois, começou a segmentar seus clientes com mais refinamento e entrou em outros nichos.

Se alguém perguntar a Zhu qual era a sua estratégia de entrada no mercado no início, em Shandong, ele não saberia o que dizer, a não ser que era sobreviver de qualquer maneira possível. Embora o seu sucesso possa ser atribuído a uma certa agilidade em explorar oportunidades, talvez o seu profundo conhecimento inerente dos clientes chineses e das maneiras para estabelecer uma ligação com eles tenha sido mais importante.

Em certas categorias de algumas economias de desenvolvimento rápido, porém, o conhecimento local se revelou pouco importante, então, as grandes multinacionais conseguiram vender com sucesso seus produtos globais com pouca, ou nenhuma, adaptação às condições locais. No Brasil, isso aconteceu no setor de cosméticos e beleza — até que uma empresa desafiante local surgiu e mostrou que a beleza também tem um significado local.

Natura: beleza brasileira

A obsessão brasileira pela beleza é lendária. O número de cirurgiões plásticos registrados no Brasil só é inferior ao dos Estados Unidos. O país é famoso por produzir um número desproporcional de modelos, como por exemplo Gisele Bündchen, uma top model que alcançou um sucesso internacional espetacular — tanto que sua proeminência no cenário mundial acarretou um aumento repentino no número de garotas brasileiras matriculadas em escolas de modelos e inscritas em concursos de beleza.[4]

A obsessão nacional pode ser claramente vista no enorme crescimento do consumo de cosméticos e produtos de toalete, que, em 2005, cresceu 34% em relação ao ano anterior, atingindo US$13,8 bilhões. Isso está muito acima do crescimento do PIB e representa quatro vezes a média internacional do setor. Em 2007, o Brasil se tornará o terceiro maior mercado mundial de cosmética, atrás dos Estados Unidos e do Japão. O crescimento não deverá arrefecer, pois tendências demográficas fundamentais — a população relativamente jovem, o aumento da classe média e uma parcela crescente de mulheres que trabalham fora — sustentarão ulteriores aumentos.

Durante anos, empresas globais gigantes como Unilever, Avon e L'Oréal ocuparam posições sólidas no mercado brasileiro de beleza. Então, em 1990, a Natura Cosméticos (fundada em 1969), com sede em São Paulo, começou a abalar o mercado. Dez anos mais tarde, a Natura se tornou líder no mercado de cosméticos, fragrâncias e produtos de toalete, com vendas de aproximadamente US$1,8 bilhão em 2006 e uma participação total de mercado de cerca de 13%, um pouco maior que a da Unilever. A Natura tem uma gama de artigos para homens, mulheres e crianças que inclui produtos para rosto e corpo, cabelos, banho, proteção solar e higiene oral, bem como maquiagem e fragrâncias.[5]

A Natura construiu a sua marca e o seu sucesso com base em atributos emocionais e funcionais (tais como prazer, naturalidade, alma brasileira, biodiversidade, inovação e qualidade) e no compromisso filosófico da empresa com o desenvolvimento sustentável e com a criação de relacionamentos de qualidade com os seus *stakeholders*. "Temos um conceito chamado 'bem estar bem'", explicou Rodolfo Guttila, diretor de assuntos corporativos e relações com o governo da Natura. "O bem-estar é o relacionamento harmonioso e prazeroso de uma pessoa consigo mesma, com o próprio corpo. Estar bem é a relação empática, bem-sucedida e gratificante de uma pessoa com os outros, com a natureza e com o todo."[6]

Então, em vez de usar gordura animal em suas fórmulas, a Natura cria suas loções e seus cremes com tipos especiais de óleo de palma. Muitos dos ingredientes fitogênicos e vegetais usados nos produtos da empresa — tais como açaí, andiroba, breu branco, castanha, copaíba, cumaru, cupuaçu, murumuru e priprioca — são colhidos na floresta Amazônica, onde a empresa trabalha com pequenos produtores locais e os estimula a plantar usando processos sustentáveis de manejo da floresta e de cultivo. A Natura usa fórmulas biodegradáveis e embalagens recicladas e recicláveis, e é uma pioneira entre as fabricantes brasileiras de bens de uso contínuo a vender produtos com refil. A empresa também participa de uma série de iniciativas para apoiar a sustentabilidade, tais como o Projeto de Educação e Recuperação Ambiental da Mata Atlântica.

Como resultado, a Natura tem uma imagem decididamente brasileira, em forte contraste com as marcas globais oferecidas pelas empresas dominantes, muitas das quais têm origens européias ou americanas. Esse provavelmente foi um fator para o sucesso da Natura, ao mesmo tempo em que o conceito tradicional de beleza feminina brasileira — que favoreceu curvas mais bem torneadas e quadris e traseiros mais generosos do que o estilo Twiggy da passarela da moda mundial — era desafiado por modelos como Gisele Bündchen. "A dela é uma beleza globalizada que não tem nada a ver com o biotipo brasileiro", disse ao *The New York Times* a psicóloga Joana de Vilhena Novaes, autora do livro *O intolerável peso da feiúra: sobre as mulheres e seus corpos*. "Ela tem quadris, coxas e bumbum muito pequenos. É uma Barbie."[7]

Todavia, a compreensão que a Natura tem de seus clientes não está limitada às suas preocupações com naturalidade e sustentabilidade.

A empresa vende seus produtos por uma rede de venda direta de mais de seiscentos mil "consultores" autônomos no Brasil, e outros setenta mil no resto da América Latina, a maioria mulheres que trabalham meio expediente e são pagas por comissão. Essa abordagem funciona bem porque as oportunidades de emprego no Brasil podem ser escassas, os salários são baixos e as redes de varejo são imaturas. Isso faz com que a Natura atinja o fundo do mercado médio de consumidores que vivem nas grandes cidades bem como nas comunidades menores em todo o vasto interior do país. (O Brasil é o quinto maior país do mundo em área, logo atrás dos Estados Unidos.)

Os consumidores também gostam de distribuição direta por causa do serviço personalizado e da interação próxima. Novos compradores, em especial, se sentem mais à vontade lidando com amigos e conhecidos do que com vendedores ou profissionais do ramo da beleza. Além disso, o modelo de venda direta fornece à Natura um canal natural de boca-a-boca que permite que a empresa dissemine a sua visão empresarial de sustentabilidade com grande eficácia e a um custo muito baixo.

Assim, a produtividade da força de venda da Natura é consideravelmente mais alta do que a média do setor, graças ao abrangente programa de treinamento, a uma forte liderança de vendas e — segundo a empresa — à "visão convincente e unificadora da companhia".[8]

A Natura foi recentemente incluída na lista das vinte melhores empresas globais para líderes compilada pela revista *Fortune*, a Hewitt Associates e o RBL Group, em um estudo sobre como as empresas em todo o mundo desenvolvem seus líderes. De acordo com dois mil executivos que responderam a uma pesquisa da revista *Carta Capital* e do Interscience Institute, a Natura é a marca mais admirada no Brasil.

E, não obstante a sua expansão a uma velocidade vertiginosa que aumentou a sua participação em segmentos fundamentais do mercado (cuidados com a pele, filtros solares, maquiagem, fragrâncias, cuidados com os cabelos, produtos de barbearia e desodorantes) de 12 para 22,8% em quatro anos — entre 2002 e 2006 —[9], a rentabilidade da Natura foi consistentemente superior à das empresas do setor. Atendendo a clientes no segmento intermediário de preço, a Natura é boa naquilo que é importante para bens de consumo de rotação rápida. A sua fábrica em Cajamar é uma das mais eficientes do setor, e, com uma impressionante média de mais de duzentos novos lançamentos de produtos por ano, a Natura satisfaz a demanda dos consumidores por mudança e aprimoramento.

Os líderes da Natura estão fazendo agora o que muitas outras desafiantes fazem depois de terem alcançado um sucesso sólido em seus mercados domésticos — estão visando a expansão internacional. "Achamos que existe muito espaço para crescermos no setor de cosméticos, e achamos que temos bons produtos que vão agradar os consumidores de outros países", diz Alessandro Carlucci, o executivo-chefe da Natura.[10]

Em um primeiro passo típico para as empresas desafiantes, a Natura entrou primeiro nos mercados mais próximos do seu mercado de origem, depois expandiu rapidamente o seu alcance, estando atualmente presente em todos os mercados importantes da América Latina. Em 2007, a Natura deu uma cartada ainda mais ousada abrindo a sua primeira *flagship store*, a Casa Natura, e não a abriu em São Paulo ou no Rio de Janeiro, mas na Carrefour de la Croix Rouge número dois, na sofisticada região de Saint-Germain, em Paris, capital do mercado de cosméticos mais exigente do mundo. A Casa Natura é um "espaço experimental", e não uma loja, segundo a empresa. Os consumidores podem desfrutar de massagem e café grátis e, depois, se familiarizar com a marca e com o que ela representa.

Carlucci considera isso uma experiência para estabelecer uma base na Europa e começar a construir a marca em mercados nos quais a Natura é desconhecida. Ele diz que está "muito contente" com as vendas iniciais em Paris e, além do começo das operações nos Estados Unidos em 2008, está de olho na Rússia e no Reino Unido para futuras expansões. Até 2017, a Natura pretende que uma porcentagem muito maior de sua receita anual seja gerada por operações fora do Brasil. Mas Luiz Seabra, fundador e co-presidente do conselho, acrescenta: "Aonde quer que formos, é importante que sejamos fiéis aos nossos valores. Essa é a nossa paixão. É quem somos."[11]

Distribuir em meio ao caos

Em 2007, a The Transport Corporation of India, uma "fornecedora de soluções multimodais integradas para a cadeia de suprimentos" de capital aberto, como a empresa descreve a si mesma, divulgou um estudo que relatava como uma carga típica é transportada de caminhão entre duas das cidades principais da Índia, Calcutá e Bombaim — uma viagem de 2.150 quilômetros. O estudo revelou que uma pessoa podia percorrer essa distância em dois dias de trem ou em quatro de carro, mas que um veículo de carga levava oito dias para percorrer a mesma distância devido a todo tipo de obstáculo oficial e a outros empecilhos.

O seguinte trecho da *The Economist* dá uma idéia das dificuldades enfrentadas pelos dois motoristas de caminhão durante a viagem aparentemente interminável:

O caminhão está carregado às 14h no centro de Calcutá. Mas só pode partir após as 22h porque veículos pesados só podem circular pelas ruas da cidade em certos horários. Naquele horário, há um engarrafamento e o caminhão só entra na Rodovia Nacional 6 às quatro da manhã. Leva 14 horas para percorrer os 180km até a fronteira do estado de Bengala Ocidental com Jharkhand. A essa altura, é noite e a fronteira está fechada.

Às cinco da manhã seguinte, o caminhão entra na fila da fronteira. São necessárias duas horas para a liberação dos documentos e mais uma vez o mesmo tempo para atravessar uma nesga de Jharkhand. Depois de outra fila de duas horas, o caminhão entra em Orissa e pode seguir por 200km sem maiores ocorrências. Mas, a essa altura, tem de passar a noite parado para evitar o risco de ataques por parte de bandidos ou insurgentes maoístas.

O quarto dia começa novamente às cinco. Depois de 12 horas de estrada, o caminhão chega à fronteira seguinte, com Chhattisgarh. Aqui, fica na fila por quatro horas, mas pelo menos pode cruzar a fronteira à noite, percorrendo respeitáveis 350km em um dia. Então, no quinto dia, o caminhão está em Maharashtra, o estado do qual Bombaim é a capital.

No entanto, o caminhão ainda tem de atravessar outras 12 cabines de pedágio e pontos de inspeção além dos 14 já superados, portanto, são necessários mais dois dias para chegar a Bombaim. O motorista tem então de telefonar ao agente da alfândega para processar o imposto, o que leva toda a noite. É a manhã do oitavo dia quando ele chega ao seu cliente em Bombaim, tendo atingido uma velocidade média de 11km/h e passado 32 horas esperando em cabines de pedágio e postos de inspeção.

Os desafios da distribuição começam com as grandes áreas geográficas dos países com economias de desenvolvimento rápido — China, Índia, Brasil, Argentina, África do Sul e Rússia representam cerca de 31% da superfície terrestre do mundo. Os desafios são exacerbados pelos sistemas rodoviários relativamente primitivos. Apesar de a China estar se esforçando muito para construir uma infra-estrutura de classe mundial, o país tem atualmente apenas 0,15km de rodovias asfaltadas por quilômetro quadrado de área, comparado com 1,62 no Reino Unido e 2,43 no Japão. E muitos países em desenvolvimento estão em uma situação muito pior que a da China.

Grandes áreas e estradas ruins já tornam a distribuição bastante difícil; agora acrescente a isso uma dispersão populacional incrivelmente irregular nessas áreas. Em uma extremidade da escala estão megacidades em crescimento com populações altamente concentradas. A China tem mais de 660 cidades, das quais 11 têm mais de dois milhões de habitantes. Na Índia, existem trinta cidades com mais de um milhão de habitantes. (Os Estados Unidos têm vinte cidades com mais de quinhentos mil habitantes e quatro com mais de dois milhões.) Contudo, as cidades nessas economias tendem a ser definidas de maneira bastante diferente das cidades no mundo desenvolvido. As cidades grandes se estendem por áreas amplas e pode não haver uma área densa, concentrada, que os ocidentais consideram o centro da cidade. Às vezes, os limites urbanos são generosos o suficiente para conter terras cultiváveis e fazendeiros, que tecnicamente são habitantes da cidade, mas que dificilmente podem ser considerados população urbana.

A maior parte das populações nas economias de desenvolvimento rápido ainda reside em cidades pequenas e aldeias. Na Índia, há aproximadamente 600 mil aldeias na quais vivem cerca de 70% da população. Na China, existem 680 mil aldeias e cidades pequenas. Esses mercados, por mais dispersos que sejam, contêm tanta gente que não podem ser ignorados.

O varejo nesses mercados é tão fragmentado quanto a população. A maioria dos estabelecimentos de varejo são comércios familiares; na Índia, mais de dez milhões de lojinhas representam 95% das vendas na maioria das categorias de produtos. Apenas 4% dos estabelecimentos de varejo na Índia podem ser classificados como "modernos" ou "organizados", na acepção de supermercados, hipermercados, shopping centers, lojas de departamento ou cadeias de lojas. A China tem cerca de 23 milhões de estabelecimentos de varejo, dos quais aproximadamente 78% são comércios familiares. Nos Estados Unidos, há menos de quarenta mil pequenas cidades, e 85% do varejo é moderno.

Ao longo das décadas, e até mesmo dos séculos, redes de distribuição foram desenvolvidas (ou simplesmente surgiram) para atender essas populações incrivelmente fragmentadas e o labirinto de lojas que as servem, e essas redes incluem vários tipos diferentes de intermediários. Há muitos grandes atacadistas poderosos que compram produtos dos fabricantes e, depois, os vendem aos varejistas, dos quais muitos também são financiados pelos próprios atacadistas.

Os fabricantes têm pouco, ou nenhum, controle sobre esses canais atacadistas e não têm contato algum com os varejistas nas redes, mas os canais atacadistas lhes proporcionam um grande alcance. Os fabricantes também podem optar por trabalhar com um distribuidor que funciona como uma extensão da empresa — não lida com produtos de outros fabricantes — e opera exclusivamente dentro de um dado território.

Também há negociantes que operam tanto como atacadistas quanto como varejistas e recebem produtos diretamente do fabricante. Alguns fabricantes também trabalham através de estoquistas e subestoquistas que retiram os bens no fabricante e os entregam diretamente aos estabelecimentos varejistas. Os intermediários muitas vezes desempenham dois papéis de uma só vez. Um distribuidor que vende para varejistas em um território também pode ter uma presença própria no varejo naquele mesmo território ou em outro. Para alguém de fora, pode ser muito difícil determinar a melhor maneira de colocar seus produtos em diferentes mercados e muito confuso definir quem é quem e o que é o quê.

Para a empresa dominante, há ilhas de familiaridade nessa paisagem proibitiva. O varejo de grande escala começou a surgir e está começando a impor disciplinas mais conhecidas aos canais de abastecimento. Na Índia, o segmento de grande varejo ainda está nascendo, com apenas 3 ou 4% do mercado. No entanto, os ambientes estão mudando, especialmente na China, onde as grandes cadeias multinacionais de varejo estão proliferando, com jogadores globais como o Carrefour e a Wal-Mart abrindo novas lojas a um ritmo agressivo. Best Buy, The Home Depot, Walgreens e muitos outros varejistas de bens de luxo também estão entrando no mercado, embora de maneiras diferentes (alguns com aquisições ou *joint ventures*) e com velocidades variáveis.

Os varejistas domésticos também estão mudando. Alavancando fundos angariados nos mercados de capital, empresas de supermercados como a Wumart e outras estão se expandindo para aproveitar um mercado em contínuo crescimento. A Lianhua, uma varejista local chinesa, opera cerca de dois mil estabelecimentos em 16 províncias, e a cadeia regional Hongqi tem mais de duzentos supermercados apenas na província de Sichuan. Durante os últimos anos, as vendas nesses formatos modernos de varejo cresceram mais de 50% ao ano, mas ainda representam menos de 30% de todas as vendas no varejo na China e atendem apenas um quarto dos quinhentos milhões de consumidores que vivem nos milhares de grandes e pequenas cidades chinesas ou nas suas imediações.

Nesse estágio de desenvolvimento do mercado, os jogadores, tanto desafiadores quanto dominantes, precisam atender tanto os varejistas organizados quanto as pequenas lojas para atingir por completo as populações.

A Goodbaby chega a todos

A Goodbaby, uma das maiores fabricantes mundiais de produtos para bebês, começou a construir o seu sucesso na China superando o desafio da distribuição para mostrar seus produtos aos pais. O presidente do conselho e executivo-chefe da Goodbaby, Song Zhenghuan, nos disse: "Alcançamos o nosso sucesso enfrentando diretamente os problemas e conflitos do desenvolvimento comercial da China e aprendendo com essas tribulações."

Na China, a Goodbaby é atualmente a marca mais reconhecida de equipamentos para bebês e crianças, com um portfólio de produtos com mais de 1.600 itens em 15 categorias, que incluem carrinhos de bebê, camas, roupas, cadeirinhas para carros, brinquedos e fraldas. A empresa domina os segmentos médio e alto do mercado chinês para carrinhos e porta-bebês e controla aproximadamente 80% do mercado em suas categorias primárias de produtos.

A Goodbaby também está presente em mais de oitenta países, em mercados desenvolvidos e em desenvolvimento. Nesses mercados, a empresa oferece uma série de produtos que variam de preço e qualidade, desde o nível médio até o alto, mas é mais conhecida por seus carrinhos, que podem ser vendidos por mais de €700 na Europa. A Goodbaby envia cerca de quatro mil carrinhos de bebê diariamente para os Estados Unidos — a maioria deles com a marca Geoby —, onde conquistou 25% desse mercado.[12] Na Europa, a sua participação de mercado é de 20%.[13] A Goodbaby também fabrica aproximadamente metade das bicicletas infantis compradas anualmente nos Estados Unidos.[14]

A Goodbaby, com sede na cidade industrial de Kunshan, construiu a mais extensa organização de vendas e marketing em seu setor. A rede consiste em 35 filiais, e cada uma delas opera no âmbito da sua província ou cidade para firmar acordos com a grande rede de distribuição local a fim de abrir novos pontos de presença. Em todo o país, a Goodbaby opera mais de 1.600 lojas próprias especializadas e pontos de venda de grandes dimensões em lojas de departamentos. Levando-se em consideração as lojas menores e os representantes de venda, a empresa tem dez mil pontos de venda e quatro mil funcionários de marketing e vendas, bem como outros trezentos distribuidores independentes.[15] Outros 230 centros nacionais fornecem assistência aos produtos Goodbaby, muitos dos quais são vendidos com uma garantia vitalícia.

Com a sua rede de distribuição estabelecida, a Goodbaby expandiu sua presença doméstica pela construção acelerada de estabelecimentos de varejo próprios. Em agosto de 2006, em Xangai, a Goodbaby abriu a primeira de uma série de *flagship stores* domésticas. A Goodbaby Mother and Babies Boutique é a primeira loja da China com todos os produtos necessários para as mães e seus bebês. A loja oferece produtos e equipamentos — tanto das marcas Goodbaby quanto de marcas estrangeiras com as quais a Goodbaby tem acordos de vendas —, bem como consultoria profissional. Depois dessa primeira loja, foram inauguradas outras duas, em Pequim e Shenzhen, no mesmo ano. A Goodbaby diz que vai abrir mais quinhentas lojas na China até 2010, usando recursos obtidos com a muito bem-sucedida oferta pública inicial no índice Hang Seng da Bolsa de Hong Kong, completada no início de 2006.[16]

A força da rede de distribuição doméstica da Goodbaby permitiu que a empresa firmasse acordos exclusivos de distribuição com muitos dos seus clientes produtores de equipamento, que esperam tirar proveito da bem-desenvolvida rede de distribuição da Goodbaby para conquistar uma parte do maior mercado do mundo em potencial.

ICICI Bank: o modelo dos grupos de auxílio mútuo

Algumas empresas desafiantes seguiram o modelo dos grupos de auxílio mútuo para se estabelecer em uma comunidade pequena. Trata-se de grupos de dez a vinte pessoas em aldeias, geralmente mulheres, que assumem projetos e investimentos para o desenvolvimento econômico pessoal e comunitário. Os grupos dependem do conhecimento local, de informações privadas e de contratos morais entre seus membros para construir as estruturas e os incentivos certos.

O modelo de grupos de auxílio mútuo tem sido aplicado de forma mais evidente no setor de serviços financeiros. O banco sem fins lucrativos Grameen, em Bangladesh, fundado por Muhammad Yunus, vencedor do prêmio Nobel, desenvolveu o modelo para projetos de microcrédito em todo o mundo em desenvolvimento. Na Índia, o ICICI, um grande banco comercial e de varejo, descobriu que o modelo pode ser adaptado para empresas com fins lucrativos.

Na Índia, os serviços bancários para a classe baixa têm sido visto tradicionalmente como uma obrigação social. Os bancos comerciais têm de oferecer algum crédito aos agricultores pobres e ter um certo número de agências em áreas rurais — operações que, no máximo, se pagam. Mais recentemente, essas exigências se ampliaram para incluir doações e empréstimos para instituições de microfinanças.

Em 2001, o ICICI Bank se fundiu com o Bank of Madura, um pioneiro na comercialização do modelo de auxílio mútuo. Na época da fusão, 1.200 grupos de auxílio mútuo do Bank of Madura já estavam formados sob a Iniciativa de Desenvolvimento Rural do banco. Em cada grupo, as mulheres seguiam um calendário acordado de encontros e um programa de poupança, e também participavam de um calendário de treinamento estruturado e financiado pelo Bank of Madura. Ao atingirem certos marcos de poupança e treinamento, os grupos podiam se candidatar conjuntamente para um pequeno empréstimo, sem garantias, de aproximadamente US$5 mil. Se o grupo pagasse o empréstimo, podia continuar renovando-o, aumentando constantemente os limites de crédito. "Poupança primeiro, crédito depois" era o lema de cada grupo de auxílio mútuo. Os membros aprenderam que poupar dinheiro podia reduzir sua vulnerabilidade a variações de renda e saúde. O programa foi um sucesso social considerável: os participantes se sentiam mais fortes e achavam mais confiança para gerir suas próprias vidas e para falar sobre os problemas da comunidade. Foi possível criar micronegócios e fazer investimentos vitais nas aldeias. Federações de grupos de auxílio mútuo que representavam milhares de membros estavam se formando.

Porém, financeiramente a iniciativa ainda tinha de mostrar que podia ser sustentável. Ao assumir o controle, o ICICI Bank percebeu que, para conseguir ser rentável, o programa de grupos de auxílio mútuo precisaria de muito mais membros com os mesmos custos indiretos. A solução que o ICICI Bank concebeu foi um modelo de desenvolvimento de talentos que treinava e incentivava os membros dos grupos de auxílio mútuo a promover novos grupos nas aldeias vizinhas e, em última instância, a se tornar os coordenadores regionais de alguns promotores de grupos de auxílio mútuo. Esse programa de incentivo em diferentes níveis — reminiscente de Mary Kay nos Estados Unidos — aumentou significativamente o número de grupos de auxílio mútuo. De 1.200 grupos em 2001, o número subiu para mais de oito mil formados no início de 2003.

A iniciativa continua a ser um desafio para o ICICI Bank. Reduzir os custos indiretos através de novas tecnologias e modelos de distribuição e, ao mesmo tempo, melhorar o acesso e a conveniência em áreas rurais é uma tarefa em andamento. Mas o programa é rentável e o ICICI Bank acha que se sustenta.

Fazer negócios com empresas

Ao escreverem sobre as economias de desenvolvimento rápido, os jornalistas tendem a se concentrar nos consumidores e nos produtos de consumo com os quais os seus leitores podem se identificar facilmente. Assim, a impressão que temos a partir da mídia é que os mercados de consumidores são os únicos que realmente interessam nas economias de desenvolvimento rápido. Todavia, também existe um enorme conjunto de oportunidades para empresas que vendem bens a outras empresas (B2B — *business-to-business*).

Juntas, as cinco maiores EDRs — China, Índia, Brasil, México e Rússia — representavam, em 2006, 43% dos veículos comerciais registrados no mundo, 39% da venda de equipamentos para telefonia móvel, 32% do consumo global de eletricidade, 19% da venda de produtos refinados e 15% das receitas de atividades de construção e engenharia.[17] A China sozinha consome quase metade da produção mundial de cimento e um terço da produção mundial de aço.[18] É inútil dizer que todas as previsões indicam que a demanda por produtos negociados diretamente entre empresas nas economias de desenvolvimento rápido cresce muito mais rápido do que nas economias desenvolvidas.

A entrada em um mercado de produtos negociados diretamente entre empresas apresenta desafios que, sob certos aspectos, são mais assustadores e menos compreendidos do que os desafios enfrentados por fornecedores de bens de consumo. E um dos principais desafios é a força das empresas desafiantes que servem seus clientes corporativos. Na verdade, apenas cerca de um quarto das cem desafiantes do BCG podem ser consideradas operações puramente de empresa para consumidor. Um outro quarto tem partes significativas de seus negócios tanto no mercado de empresa para consumidor quanto no mercado entre empresas, e cerca de metade delas vende principalmente para outras empresas.

Por que tantas desafiantes são companhias que só negociam com outras empresas? A resposta mais óbvia é que foi assim que uma grande parte delas começou — como fornecedoras de bens e serviços para outras empresas. Outro motivo é que as empresas dominantes não penetraram no mercado entre empresas e, portanto, deixaram muito espaço para que as desafiantes operassem. Na maioria das categorias de comércio entre empresas, as dominantes operaram exatamente como nos mercados de consumo — atacando a extremidade mais alta do mercado, onde podem alavancar produtos globais, impor um preço vantajoso, contornar os complicados sistemas de distribuição e evitar a severa competição de custos dos concorrentes locais. Isso deixou enormes mercados abertos para os concorrentes locais, que ascenderam para preencher essas lacunas.

Os mercados B2B são adequados para os pontos fortes das desafiantes e não deixam expostas as suas fraquezas mais óbvias. Empresas industriais que fornecem produtos para outras empresas competem principalmente em termos de suas capacidades de fabricar e distribuir com baixo custo, capacidades essas que foram aperfeiçoadas por anos de concorrência dentro de seus países e, em muitos casos, de concorrência em mercados de exportação. Baixo custo e alta qualidade são de suma importância. *Branding* e marketing, nem tanto.

Ajuda governamental a setores pilares

Muitas companhias de comércio entre empresas que são estatais (ou que foram em algum momento) também foram favorecidas por suas ligações com os governos. Sabe-se que, em algumas partes do mundo, a industrialização liderada pelo Estado estava mais voltada para setores de comércio entre empresas. O que é menos sabido é que o Estado ainda desempenha um importante papel nesses setores em países como a China e a Rússia. O governo chinês, por exemplo, define setores chamados de "pilares", que recebem tratamento preferencial e apresentam restrições em termos de participação estrangeira. Esses setores incluem geração e distribuição de energia, petróleo e petroquímica, telecomunicações, carvão, aviação e transporte marítimo, maquinário e engenharia, automóveis, metais e mineração e construção.

A intervenção estatal assume diferentes formas. Em alguns casos, trata-se da propriedade direta. Desde 2003, as maiores empresas da China são controladas pela Comissão de Supervisão e Administração de Ativos Estatais (CSAAE), um megacionista que supervisiona um portfólio de mais de 150 empresas (das quais 14 estão na lista Fortune Global 500) cujas receitas combinadas chegam perto da marca de US$1 trilhão. Meios mais indiretos de controle incluem todo o arsenal de política industrial: licenciamento, controle de importações, subsídios fiscais, acesso preferencial a crédito bancário, fusões e aquisições patrocinadas pelo Estado e a indicação de nomes para cargos de alta gerência.

O principal objetivo dessas políticas é transformar empreendimentos estatais burocráticos e deficitários em empresas viáveis — e, em alguns casos, criar campeões globais. Exatamente por esse motivo, porém, as coisas estão mudando. Sabendo que a abertura, em última instância, garantirá a competitividade, os formuladores de políticas chineses estão gradualmente afrouxando o controle.

A batalha pelo mercado médio B2B

Há uma suposição atraente a respeito do mercado entre empresas nas economias de desenvolvimento rápido: o segmento mais alto dos mercados vai crescer à medida que as empresas se tornarem mais bem-sucedidas, acumularem ativos e oferecerem cada vez mais diferenciações de produtos com maiores distinções entre marcas.

Será que as empresas dominantes não vão estar na melhor posição para atender esses clientes de alta margem que continuam a crescer?

A resposta provavelmente é não, pelo menos em muitos setores. A batalha importante — na qual as empresas desafiantes ganharão ou perderão suas futuras fortunas — será pelo mercado médio. É aí que está uma grande parte do valor, um terço ou metade do mercado. O mercado médio também é o que mais cresce, impulsionado por fatores de demanda e oferta.

ZTE: ATENDER AO MERCADO MÉDIO DE TELECOMUNICAÇÕES

Na China, a batalha pelo mercado médio foi especialmente dramática nas telecomunicações. O que aconteceu nesse setor na China, começando na década de 1990, não tem precedentes na história. O mercado chinês cresceu praticamente do nada para se tornar o maior mercado de telecomunicações fixas e móveis do mundo em termos de número de clientes. O país tem atualmente quase quinhentos milhões de assinantes de linhas móveis, aos quais se juntam cinco milhões de novos usuários todo mês.[19] A cada ano, mais de trezentos bilhões de mensagens de texto são enviadas para cima e para baixo e o número de usuários de internet com conexões de banda larga ultrapassou oitenta milhões em 2007, superando os Estados Unidos e se tornando o maior mercado mundial de banda larga.[20]

Ao olharmos para quais fabricantes de equipamentos — de dispositivos de rede a estações de base e telefones móveis — se beneficiaram da gigantesca construção de rede que possibilitou esse crescimento, descobrimos, é claro, gigantes globais: Ericsson, Nokia, Alcatel, Siemens e Motorola.

Mas empresas locais chinesas, como a ZTE, também prosperaram. Fundada em 1985 com o nome de Zhongxing Semiconductor, sob o controle do Ministério da Indústria Aeroespacial, a ZTE cresceu 37% ao ano desde 1995 e registrou uma receita de US$2,7 bilhões em 2005. É a única fabricante chinesa do setor de TI e telecomunicações listada entre as cem maiores empresas de tecnologia da informação na revista *BusinessWeek*. Para a China e a ZTE, um marco do amadurecimento do setor de telecomunicações aconteceu em

2001, quando a empresa superou as fabricantes estrangeiras de equipamentos e venceu uma licitação para um grande contrato de implantação da rede móvel CDMA da China Unicom.

Até certo ponto, a história de sucesso da ZTE se baseia em custos. A ZTE costuma oferecer os seus produtos por preços 30% inferiores aos praticados pelas empresas dominantes.[21] No entanto, o sucesso se deve também à sua capacidade de entender os seus clientes e competir pelo mercado médio.

Na China, a ZTE fez investimentos em grandes mercados rurais, nos quais a concorrência era relativamente fraca, os consumidores eram relativamente pouco sofisticados e nos quais a empresa podia customizar os seus produtos — que se baseavam em produtos tecnológicos de parceiros estrangeiros — para satisfazer as necessidades dos consumidores locais. Os produtos eram muito semelhantes aos das empresas dominantes, mas não eram exatamente imitações. Segundo Zhou Susu, vice-presidente sênior da ZTE, a empresa teve de passar por um período de imitação e adaptação. "A indústria de telecomunicações na China tem apenas vinte anos — globalmente, a indústria tem uma história muito mais longa. Vamos demorar a passar por todas as fases: do processamento à fabricação e à P&D até chegar enfim à participação no estabelecimento de um padrão global. Então, quando dizem que somos imitadores, as pessoas só têm razão em parte."[22]

A ZTE está superando o estágio da imitação. A empresa hoje investe pesadamente em pesquisa e desenvolvimento, com uma impressionante taxa de 12% das vendas, opera 14 centros de P&D em todo o mundo e, desde setembro de 2006, deu entrada no registro de cinco mil patentes nacionais e internacionais.[23] E, apesar de ainda não ser de vanguarda, a maior parte dos produtos da ZTE satisfaz as exigências de muitos clientes — a um preço muito mais baixo.

Entrar em novos mercados

Quando um produto ou serviço encontra o ponto mais favorável na equação "valor/dinheiro" em um mercado em desenvolvimento, é bastante provável que ele seja igualmente atraente para clientes em outras economias de desenvolvimento rápido. E mais, poderá se revelar atraente para clientes em economias desenvolvidas, até mesmo quando ainda não há um segmento equivalente nesses mercados. Não é de surpreender, portanto, que muitas empresas desafiantes estejam se aventurando no exterior para vender tanto para empresas quanto para consumidores. Algumas usam outros mercados em desenvolvimento como pontos de apoio, ao passo que outras atacam mercados maduros diretamente.

BAJAJ AUTO: MOTOS PARA COMPRADORES

A Bajaj Auto, que antes era uma fabricante de veículos de duas e três rodas com design antigo para o mercado indiano, construiu sua participação de mercado e sua marca indo mais fundo no seu próprio mercado e, depois, entrando cuidadosamente em outras economias em desenvolvimento.

Na Índia, onde os veículos dominantes são os de duas e três rodas — e onde um veículo de quatro rodas é apenas desejo para a maioria das pessoas —, há muito mais variantes desse engenho que as empresas dominantes chamam de motocicleta. A Bajaj Auto se tornou uma das empresas líderes no setor de veículos de duas rodas na Índia — com uma receita de US$2,5 bilhões em 2007 e 34% de participação de mercado — graças a uma compreensão aguçada do que os indianos querem em suas motonetas e motocicletas.

Para um ocidental, não parece haver muita diferença entre uma motocicleta com um motor de menos de 100cc e uma outra com um motor de 125cc — até mesmo uma Vespa básica tem um motor de 150cc, e é difícil achar uma Harley com menos de 500cc. Mas, na Índia, os segmentos de clientes têm uma divisão muito mais sutil. As motos com menos de 100cc são para consumidores novatos, realizando sua primeira compra e saindo do segmento de ciclomotores pela primeira vez, e o preço é importante para eles. Quem compra motocicletas de 125cc está interessado em valor e se dispõe a pagar um pouco mais por alguns recursos suplementares, como um design melhor e a tecnologia de dupla ignição digital (DTS, na sigla em inglês), que aumenta o desempenho. O comprador preocupado com valor é geralmente um motociclista mais experiente e já há muito tempo deixou para trás a motocicleta básica com menos de 100cc.

A Bajaj utiliza uma extensa rede de concessionárias para penetrar com profundidade nas áreas rurais, onde a próxima geração de motociclistas novatos pode ser encontrada.[24] "De duas a três vezes por ano fazemos um levantamento da satisfação do cliente em relação a nossos produtos e aos dos concorrentes", diz Sanjiv Bajaj, diretor-executivo da Bajaj Auto. "Tentamos entender se os clientes ainda estão alcançando o nível de satisfação que esperamos que os nossos produtos proporcionem. Também podemos aferir como os clientes estão evoluindo."[25]

Um dos principais motivos para a Bajaj enviar seu pessoal ao interior para observar e conversar com os consumidores é porque praticamente não há outra maneira de reunir informações sobre as pessoas que usam seus produtos: simplesmente não há muitos dados disponíveis. Isso é um problema para as empresas desafiantes em seus países de origem, e se torna mais difícil quando elas procuram penetrar nos mercados de outras economias de desenvolvimento rápido.

A Bajaj manteve essa prática ao abordar outros mercados fora da Índia. Em mercados pequenos, nos quais menos de cem mil unidades são vendidas anualmente, a Bajaj trabalhou inteiramente com distribuidores já existentes. "O nosso papel no mercado se tornou o de auditor", diz Bajaj. "O que quer dizer que, além de oferecer um produto de boa qualidade e assegurar o fornecimento de peças de reposição, garantíamos a qualidade do serviço para o consumidor. Nosso propósito fundamental era que o cliente recebesse o mesmo serviço, estando a Bajaj diretamente presente ou não. Isso significava treinar pessoas locais para todas as tarefas, desde o serviço de venda até a disponibilização de peças."

Nas Filipinas, a Bajaj estabeleceu um relacionamento com a Kawasaki, fabricante japonesa de motocicletas. A Kawasaki havia projetado muito tempo antes motores de motocicletas a serem vendidos pela Bajaj na Índia com a sua própria marca, mas a Bajaj havia aprimorado as suas pequenas motos a ponto de agora elas terem a mesma qualidade das motos Kawasaki. Nas Filipinas, a Kawasaki tinha uma presença forte e precisava de um portfólio de produtos mais amplo para vender, então concordou em importar kits para motos de 100cc da Bajaj. A Kawasaki os monta e vende pela sua rede de venda e distribuição — com a marca Bajaj. Em 2005, cinco mil motos foram vendidas. Em 2006, o número pulou para vinte mil. Em 2007, a Bajaj vendeu trinta mil unidades e, em 2008, as projeções de vendas são de 65 mil.

Na Colômbia, a Bajaj encontrou consumidores que gostavam particularmente do produto de 100cc chamado Boxer. Trata-se de uma motocicleta com um baixo consumo de combustível, que pode atingir 85km/l. Quando o preço dos combustíveis começou a subir em 2005, a Boxer realmente decolou, e a Bajaj se tornou a maior fornecedora de motocicletas da Colômbia, ultrapassando as fabricantes japonesas.

Ao reunir *feedback* dos seus distribuidores, e através de informações obtidas em pesquisas com os clientes tanto sobre vendas quanto sobre serviços, a Bajaj captou a evolução das necessidades e dos gostos dos consumidores nesses pequenos mercados. Às vezes, a empresa modificava o produto para satisfazer preferências locais. Na Nigéria, por exemplo, os clientes estavam satisfeitos com o desempenho e a confiabilidade das motos Bajaj, mas diziam que precisavam de um assento mais longo, pois até três ou quatro pessoas andam na moto de uma só vez. Também queriam um suporte para pequenas cargas e cores mais fortes.

A Bajaj também fez um mapeamento competitivo para ver quais empresas estavam presentes no mercado e quais produtos dessas concorrentes estavam sendo vendidos. A partir dessa informação, a empresa avaliou as perguntas essenciais que devem ser respondidas para penetrar mais fundo em mercados desconhecidos: Nossos produtos estão com o posicionamento correto? Temos o preço certo? Os clientes têm a percepção certa dos produtos?

Gradualmente, a Bajaj foi construindo participação de mercado e liderança em muitos mercados menores. Sri Lanka: primeiro lugar, com 50% de participação no mercado de veículos de duas rodas. Bangladesh: primeiro lugar, com 25% de participação de mercado. Primeiro lugar em motocicletas na Colômbia e segundo lugar na América Central. "Pudemos provar em muitos desses mercados que somos capazes de vencer", disse Sanjiv Bajaj. "Se você errar em mercados desse tamanho, certamente vai perder nos grandes. Agora tínhamos a coragem para ir para o grande mercado."

A Bajaj voltou a sua atenção para mercados que tinham potencial para atingir volumes de até meio milhão de veículos de duas rodas por ano, em três ou cinco anos. "Nesses mercados, achávamos que teríamos de desempenhar um papel maior. Além das pesquisas com os clientes, decidimos implantar uma pequena equipe de marketing e serviço para garantir que estávamos penetrando no mercado."

Em 2007, a Bajaj tinha uma rede de distribuição que se estendia por cinqüenta países, com exportações de 440 mil unidades, um aumento de 77% em relação ao ano anterior. "Dada a natureza da gama de produtos que exportamos, não podemos nos dar ao luxo de entrar na Europa Ocidental, nos Estados Unidos e no Japão", disse Bajaj, "onde o risco político e o risco-país são significativamente mais baixos. Além disso, os países em desenvolvimento representam cerca de 90% das vendas mundiais de veículos de duas rodas, ou aproximadamente quarenta milhões de unidades por ano".

Mas, com o preço dos combustíveis continuando a subir, talvez não demore muito até que os moradores das cidades americanas se acostumem a ver veículos de três rodas da Bajaj em suas ruas.

O PRÓXIMO BILHÃO

Além do mercado médio e dos membros da classe consumidora em ascensão, ainda existe um outro grande grupo de consumidores em potencial — em todas as economias de desenvolvimento rápido — que é mal definido e difícil de categorizar e que muitas vezes é chamado de "o próximo bilhão". Trata-se de um segmento da população que se situa entre a classe média emergente (que também tem uma definição bastante incerta) e o grupo de pessoas extremamente pobres que estão na parte inferior da pirâmide econômica.

Esse grupo tem sido quase invisível tanto para as empresas desafiantes quanto para as dominantes, que, por conseguinte, o negligenciaram quase por completo. As empresas não criaram produtos especialmente para esses clientes, que têm sido atendidos por uma rede informal de varejo de lojas independentes e comerciantes de rua, onde têm de tolerar escolhas limitadas, serviço ruim e taxas extorsivas. Esse ambiente de varejo funciona com base em informações locais, relacionamentos privados e meios informais — até mesmo ilegais — de fazer negócios. Os vendedores muitas vezes conseguem obter preços altos até mesmo desses clientes.

A rede informal de varejo está prosperando o suficiente para demonstrar que o potencial de consumo do próximo bilhão é significativo. Se essas populações fossem uma nação, o seu PIB seria maior do que os de Brasil, Coréia do Sul, Índia, México e Rússia juntos. As condições das pessoas que fazem parte do próximo bilhão são bastante semelhantes às das economias de desenvolvimento rápido como um todo, antes de elas terem iniciado seu rápido percurso de desenvolvimento. Trata-se de um grupo que está à beira do alto crescimento e do aumento de consumo.

É por isso que algumas empresas desafiantes — tendo alcançado um bom nível de penetração nos mercados afluente e de classe média — estão começando a olhar para essa porção negligenciada da população como uma nova fonte de lucros.

No entanto, a conversão do próximo bilhão em consumidores apresenta um desafio singular para as empresas. Apesar de a demanda existir como um todo, o poder aquisitivo dos indivíduos do próximo bilhão não permite que eles sejam atendidos de forma lucrativa por modelos de negócios convencionais e pelos sistemas de distribuição atualmente disponíveis. A rede de varejo informal, por sua própria natureza, é difícil de dimensionar.

O problema não é apenas de distribuição, mas também diz respeito às necessidades e aspirações dos próprios consumidores do próximo bilhão. Eles não estão procurando apenas o preço mais baixo, uma versão simplificada de um produto projetado originalmente para mercados mais sofisticados. Eles valorizam conveniência, flexibilidade e tempestividade, e estão dispostos a pagar por isso.

Os consumidores do próximo bilhão, que estão entrando no mercado pela primeira vez, não reconhecem ou respeitam os limites tradicionais entre setores. Por exemplo, quando precisam de um fornecedor de serviços de pagamento e transações financeiras, não se importam muito se estão lidando com um banco, uma companhia telefônica ou um varejista. Nas Filipinas e na Zâmbia, clientes em áreas urbanas criaram uma maneira engenhosa de transferir dinheiro para familiares que vivem em áreas remotas. O cliente compra um cartão pré-pago com minutos a serem usados em um telefone celular, depois transfere os minutos para o familiar. O parente troca os minutos por dinheiro junto à operadora de telecomunicações. Dessa maneira, os clientes podem contornar totalmente o uso de bancos, que geralmente cobram altas taxas para transferências feitas por não-correntistas e cujos procedimentos tendem a ser inconvenientes, irritantes e demorados.

As empresas desafiantes, muitas das quais surgiram nesse mesmo segmento populacional, entendem que tais comportamentos não serão revelados por meio de técnicas-padrão de pesquisas de mercado. Talvez nem mesmo conversar com esses consumidores seja especialmente informativo. Eles podem não ser capazes de articular suas necessidades e seus problemas básicos e talvez não estejam cientes de que há bens e serviços disponíveis para ajudá-los a satisfazer essas necessidades e resolver esses problemas. Você não pode descrever os diferentes recursos que gostaria de ter em uma máquina de lavar se não faz nem idéia da existência de uma máquina desse tipo. É por isso que as pessoas em zonas rurais da China não tinham escrúpulos de jogar batatas-doces para dentro de suas máquinas de lavar Haier. Por que não?

A única maneira de as empresas descobrirem o que o próximo bilhão está fazendo e o que ele quer é mergulhar na vida de seus consumidores-alvo. A Bharati, uma operadora indiana de telefonia móvel, descobriu uma maneira engenhosa para distribuir chips SIM e cartões pré-pagos aos seus clientes na cidade de Bombaim. A empresa criou um sistema de entrega utilizando a rede já existente de cerca de cinco mil *dabbawallas*, homens que recolhem almoços caseiros preparados nos subúrbios e os entregam aos consumidores em seus escritórios no centro da cidade. Os *dabbawallas* prestam esse serviço há 125 anos em Bombaim, com uma precisão que poderia ser considerada "Six Sigma". Agora, junto com os *curries* e *naans*, eles entregam cartões e chips telefônicos.

Implicações: vá o mais fundo que puder

Embora o tamanho do prêmio seja atraente, a entrada nos mercados das economias de desenvolvimento rápido envolve uma luta para definir, alcançar e entender os seus clientes. Trata-se de uma luta para satisfazer as necessidades e os níveis de preço deles. E de uma luta para fazer o produto chegar até eles.

Embora alguns jogadores globais, como Unilever, Siemens, Citi e HSBC, tenham uma presença significativa em muitos desses mercados desde o início do século XX, a maioria das empresas dominantes só intensificou seu foco e seus investimentos nesses mercados nos últimos anos. Muitas encontraram empresas desafiantes muito fortes e aprenderam algumas lições difíceis durante suas incursões nesses mercados.

Qualquer empresa com aspirações à liderança global deve enfrentar uma pergunta assustadora: com que rapidez você quer perder sua participação global de mercado? Todo dia, as vendas de uma empresa global representam uma fatia menor do bolo em expansão que é o mercado mundial. Capturar uma fatia do crescimento do mercado nas economias de desenvolvimento rápido é uma necessidade. A questão é como.

Conheça o consumidor

Primeiro, e acima de tudo, trata-se de desenvolver um conhecimento profundo das necessidades reais dos consumidores.

Nos primórdios da globalização, surgiram várias histórias sobre empresas dominantes que estavam levando seus produtos para o exterior e cometendo todo tipo de deslize porque não entendiam o idioma ou a cultura local. (Uma lenda não confirmada era a de que, quando a Coca-Cola chegou na China nos anos 1920, o nome do refrigerante era representado nos letreiros das lojas por vários caracteres chineses que muitas vezes tinham um significado estranho ou indecifrável, dentre os quais "morda o girino de cera".)[26]

A necessidade de entender o consumidor não havia mudado quando a Campbell Soup Company, outra produtora de marcas que são ícones de consumo, procurou comercializar seus produtos nas economias de desenvolvimento rápido no início dos anos 1990. Quando a Campbell lançou suas sopas na Rússia e na China, ofereceu as mesmas variedades comercializadas em todos os outros lugares. Mas ambos os países, muito exigentes em relação a sopas, têm um consumo enorme do produto em comparação com os Estados Unidos. O consumidor chinês toma aproximadamente duzentos pratos de sopa por ano; os russos, cerca de 225; e os americanos, apenas 46. Eles têm muito orgulho de suas habilidades no preparo de sopas, adoram sabores e texturas fortes e, portanto, tinham pouco interesse em comprar sopas industrializadas com sabores estranhos em latinhas.

"Os russos se consideram os maiores especialistas do mundo em sopas e têm palavras que só são usadas para sopas, o que mostra como esse é um traço arraigado na cultura", disse Larry McWilliams, presidente da divisão internacional da Campbell, ao *The Wall Street Journal*.[27]

Em 2007, a Campbell fez um esforço para alinhar suas sopas ao povo que ela espera que vai consumi-las, criando uma nova linha de sopas que os cozinheiros russos podem usar como base para suas próprias criações domésticas.

Nunca suponha que você entende o papel que o cimento, uma máquina de lavar ou as sopas desempenham na vida e na cultura dos consumidores locais.

Entenda o sistema de distribuição

A distribuição nos mercados de desenvolvimento rápido é difícil, e essa é a noção mais importante que deverá nortear a sua abordagem.

Aceite a complexidade. Na maioria dos mercados em desenvolvimento, você precisa planejar ter mais de um modelo de distribuição e vários parceiros de canal para atingir diferentes segmentos de mercado ou regiões geográficas. Um modelo raramente é suficiente para todos eles. Uma empresa de bens de consumo na Índia poderia facilmente ter mil distribuidores e estoquistas para cobrir pequenas lojas de varejo nos maiores centros urbanos, uma equipe interna de vendas para atender grandes cadeias de varejo e parcerias com atacadistas e compradores locais para atender áreas rurais.

Exercite sua paciência, e invista em seus parceiros de canal. As empresas que dão a seus parceiros de canal treinamento (aulas e viagens), equipamento (caminhões e computadores pessoais), suporte de vendas (representantes de vendas, especialistas em merchandising e promotores subsidiados) e programas de *coaching*, têm relações mais estáveis com os distribuidores, atraem os bons profissionais e, em última instância, têm lucros maiores.

Como distinguir os bons distribuidores dos ruins? Meça o desempenho. Uma empresa líder no setor de bens embalados na Índia registra a disponibilidade de seus produtos nos balcões de varejo de quase um milhão de estabelecimentos toda semana, e atrela o pagamento de cada distribuidor aos resultados. A PepsiCo tem representantes de vendas nas economias de desenvolvimento rápido cuja única responsabilidade é monitorar as variações de preço nos mercados de atacado e identificar os atacadistas que reduziram os preços concordados.

ADOTE UMA VISÃO DE LONGO PRAZO

Adote uma visão de longo prazo, mas estabeleça metas de curto prazo. De acordo com a nossa experiência, os executivos costumam subestimar a dificuldade de entrar nos mercados das economias de desenvolvimento rápido. Será mais caro do que você pensa. As suas estratégias serão menos eficazes do que você pensa.

Pense num período de três a cinco anos. Concentre-se em acertar algumas coisas básicas: montar a equipe certa, obter os parceiros de canal certos. Coloque a sua organização em um caminho de aprimoramento contínuo e crescente. Sem isso, metas agressivas de vendas não valem nem os slides em que são impressas.

Com a equipe e as metas estabelecidas, concentre-se na execução. Não se surpreenda quando as tarefas que deveriam ser simples se tornarem estranhamente difíceis. Padronize e simplifique o que puder. Aceite a complexidade quando for inevitável.

Mantenha os seus olhos no cliente e no que está realmente acontecendo no mercado, mas não se esqueça de dar uma olhada no horizonte de vez em quando para se lembrar das enormes oportunidades à espera.

"A Microsoft demorou 15 anos e perdeu bilhões de dólares em receita para aprender como fazer negócios na China", diz Sigurd Leung, um analista da Analysys International em Pequim. "Éramos uma empresa americana ingênua", disse Bill Gates. "Você precisa continuar tentando. Agora, estamos numa posição maravilhosa na China, e teremos um ótimo crescimento em cada um dos próximos cinco anos."

De acordo com um porta-voz, Gates diz que tem certeza de que a China vai acabar se tornando o maior mercado da Microsoft, apesar de que isso ainda pode levar mais dez anos.

CAPÍTULO 6

Pontualizar

"As limitações físicas do passado sumiram."
Patrick Wang, Johnson Electric

No início do século XVI, uma indústria de pesca de bacalhau começou a se desenvolver ao longo da costa do que hoje é a Terra Nova. No início de cada primavera, embarcações da Inglaterra, Irlanda, França, Portugal e Espanha iniciavam uma viagem que podia durar três meses ou mais.

No começo, a indústria pesqueira dependia de um recurso fundamental: sal, como conservante. Os pescadores da Europa continental tinham acesso a grandes fontes de sal barato em seus países de origem, então, geralmente velejavam até as partes mais rasas, bem longe da costa da Terra Nova, pescavam tanto bacalhau quanto os seus navios podiam carregar, salgavam bastante os peixes e os levavam para seus países de origem para serem curados — sem colocar os pés em terra firme. Os mercadores ingleses, todavia, tinham de importar sal a altos preços, pois o clima frio e úmido da Inglaterra não era apropriado para produzi-lo através da evaporação da água do mar. Então, desenvolveram um método "seco" de conservar sua pesca, que envolvia uma salgadura muito leve e, depois, a secagem dos peixes ao sol em molduras de madeira, um processo que podia demorar semanas.

Esse método exigia o estabelecimento de uma operação em terra firme. Cada enseada ou braço de mar tinha as suas características específicas, e o bacalhau chegava a cada um deles de maneira diferente a cada ano, então as instalações para a secagem dos peixes tinham de ser situadas em um lugar que ficasse perto dos melhores pontos de pesca, fosse acessível à frota de chalupas que pescavam a partir do navio principal e tivesse muitas árvores e arbustos que pudessem ser usados pelo pessoal em terra para construir um desembarcadouro, as molduras para a secagem dos peixes e pequenas moradias.

Ao longo dos anos, os ingleses acumularam conhecimento e experiência na pesca de bacalhau no Novo Mundo e se tornaram especialistas no posicionamento de suas operações, aprimorando o processo e refinando o produto. Aos poucos, as pessoas foram se assentando na Terra Nova, onde estabeleceram operações permanentes. Saint John se tornou o centro da indústria. Os navios que chegavam da Europa traziam então comerciantes, e não pescadores.

Foi um exercício primordial, básico, de pontualização — estabelecer certas operações de um empreendimento em locais distantes a fim de alcançar o uso mais eficaz dos recursos e criar a cadeia de valor mais rentável.

No Grupo Tata, da Índia, as pessoas ainda falam da reunião seminal em que Ratan Tata desafiou a sua equipe de gerência sênior a pensar de outra maneira sobre a cadeia de valor da empresa. "Eu me pergunto por que sempre consideramos a Índia o nosso mercado", o presidente do conselho disse a eles. "Será que o resto do mundo não pode fazer algo por nós?"

O que o resto do mundo podia fazer pela Tata? Pela Índia? A pergunta era intrigante, mas enigmática, lembra R. Gopalakrishnan, um dos diretores da Tata que estavam presentes. "Quando o presidente faz uma afirmação como aquela", contou-nos ele, "as pessoas não podem deixá-la de lado. Essa idéia ficou pairando; nunca ia embora. Ficamos todos pensando: 'Vamos nos tornar globais e olhar para o mundo como o nosso mercado? Mas como?'"

A pergunta suscitou muita discussão. "No final, chegamos à conclusão", lembra-se Gopalakrishnan, "de que a globalização não é apenas conseguir participação de mercado em outros países. Não pense neles apenas como mercados. Pense neles como membros da cadeia de suprimentos. Um membro poderia estar na extremidade final. Outro, na extremidade inicial. Outro, no meio".

Se os outros países não fossem apenas mercados, mas também membros da cadeia de suprimentos, o que isso significaria para as operações da Tata? "Trata-se na verdade de desagregar a cadeia de suprimentos e realocar partes dela para os locais nos quais essas partes são mais importantes", disse Gopalakrishnan. "Significa perguntar: 'Será que fragmentamos todo o nosso processo de negócios? Onde podemos fazer cada coisa da maneira mais eficiente?'"

A forma inicial dessa atividade era conhecida como *offshoring* e, para as empresas dominantes, tratava-se fundamentalmente de um exercício de redução de custos — a força original por trás do tsunami. O *offshoring* geralmente envolvia o fechamento de instalações manufatureiras em países de alto custo como os Estados Unidos e a Europa e a transferência do trabalho para regiões de baixo custo, como China, Índia, América do Sul, México e Europa Oriental. O *offshoring* estendia geograficamente a cadeia de valor das empresas dominantes e, às vezes, podia mudar a propriedade de partes da cadeia se também houvesse terceirização envolvida, mas não mudava fundamentalmente a maneira como a cadeia de valor era gerida ou a localização do centro de gravidade. O controle (e o centro de gravidade) permanecia na sede central, em um mercado desenvolvido. Atividades de alto valor, como design e engenharia, também eram geralmente realizadas na localidade central, ou em sedes de unidades de negócios, também localizadas em mercados desenvolvidos. Os centros no exterior muitas vezes pareciam distantes postos avançados do império, ou um filho que se reporta a um dos pais. Os funcionários das unidades *offshore* eram trabalhadores com baixa qualificação ou gerentes que se reportavam a um executivo de uma economia desenvolvida, o qual às vezes residia no local, às vezes não.

Muitas empresas desafiantes começaram como centros *offshore* das empresas dominantes. À medida que foram crescendo, também começaram a olhar para além de seus países em busca de clientes e deram passos para realocar para o exterior partes de suas operações de crescimento.

Todavia, os objetivos das empresas desafiantes ao realizarem o *offshoring* eram bastante diferentes dos objetivos das dominantes. Primeiro, e acima de tudo, elas precisavam se aproximar dos clientes fora de seus próprios países. Também precisavam ganhar acesso a novos contingentes de talento qualificado, especializado e experiente existente em outros mercados, especialmente nas economias desenvolvidas. Porém, o mais importante é que queriam continuar a alavancar a vantagem do seu próprio país em termos de mão-de-obra e materiais de baixo custo e, portanto, sabiam que não podiam realocar todos os aspectos de suas operações para fora de suas bases originais.

As empresas desafiantes tinham uma importante vantagem em relação às dominantes quando o assunto era realocar operações para o exterior: elas não tinham que se preocupar muito com fechamento de instalações, demissão de funcionários, liquidar compromissos financeiros de longo prazo, venda de ativos ou outras questões de legado que eram tão problemáticas para as empresas dominantes que queriam ir para o exterior. As desafiantes não tinham tantos ativos para serem alienados ou deslocados. Tinham liberdade para se mudar e construir.

Então, desenvolveram gradualmente um modelo de negócios que ia além do *offshoring*. Elas já possuíam a vantagem de custo de seu país de origem (como vimos no Capítulo 3). Queriam explorar as vantagens de proximidade do cliente e de acesso a talentos a fim de que, para o cliente, a entrega do produto ou do serviço fosse otimizada e sem obstáculos — e a localização dessas capacidades era irrelevante. Isso envolvia desagregar suas cadeias de valor em elementos distintos e posicioná-los de acordo com considerações de custo, necessidade do cliente, contingente de talento e outros recursos — um processo que chamamos de pontualização.

A pontualização envolve a desconstrução da cadeia de valor e a execução das atividades onde quer que elas sejam realizadas da melhor maneira. Para algumas atividades, o foco é o baixo custo; para outras, é onde o talento certo pode ser encontrado; já para outras, uma localização próxima ao cliente é o mais importante. A cadeia de valor precisa ser reconstruída sem falhas, de forma que todas as partes funcionem da melhor maneira juntas. A pontualização é dinâmica — as condições, os clientes e os custos mudam; assim, os lugares da pontualização vão mudar ao longo do tempo.

Não é apenas a fabricação principal (ou o seu equivalente para as empresas de serviços) que é desagregada e posicionada de modo otimizado. Outras atividades de valor agregado, como P&D e vendas e serviços, também são alinhadas com essa abordagem, para que todo o modelo de negócios seja internamente consistente e globalmente favorecido. E as empresas desafiantes, por não ficarem atoladas com ativos herdados, tornaram esse modelo de negócios dinâmico, acessando novos centros de capacidades à medida que a competitividade dos velhos centros era erodida.

Na China, a Johnson Electric (JE), a maior fabricante mundial de micromotores, começou a adquirir empresas fora de seu país de origem em 1999. Com essas aquisições, a JE ficou mais próxima dos clientes e teve acesso a novas capacidades. A empresa fechou alguns centros de produção, dentre os quais unidades na Tailândia e no México, e realocou parte do trabalho para sua plataforma manufatureira de baixo custo e grande escala na China. Mas a JE ainda opera cerca de trinta unidades de manufatura e montagem em 11 países em todo o mundo. Na verdade, cerca de metade da sua renda deriva de unidades de produção fora da China. A JE também manteve e expandiu as suas funções de venda e desenvolvimento de produtos perto dos clientes nas Américas e na Europa, e as ligou a centros de P&D na Ásia. O resultado é que, em 2007, o modelo de negócios da JE está muito diferente da soma de todas as suas aquisições.

Na Índia, a Wipro, a líder de serviços de TI, havia montado o seu negócio de desenvolvimento de software e aplicações com quase todas as suas operações na Índia e praticamente nenhum de seus clientes lá. No início, a Wipro, como outras empresas de serviço de TI na Índia, costumava mandar grandes esquadrões de funcionários até o cliente para realizar o trabalho de programação — uma prática muitas vezes chamada de *bodyshopping*. À medida que foi conquistando mais clientes em todo o mundo e começou a oferecer serviços mais complexos e com mais valor agregado, a Wipro percebeu que certos aspectos de sua operação não podiam ser realizados totalmente junto aos seus clientes ou remotamente a partir da Índia. A empresa também viu que, à medida que seus contratos aumentavam e seus serviços se tornavam mais sofisticados, eram necessárias pessoas mais qualificadas do que as que estavam disponíveis em seu país de origem. Então, a Wipro montou uma rede de centros de desenvolvimento em todo o mundo (46 no início de 2007) que tirava proveito das vantagens de custo das economias de desenvolvimento rápido, das vantagens geográficas de estar perto dos clientes e das vantagens regionais em termos de habilidades, capacidades, conhecimento da cultura e fluência lingüística — tais como falantes nativos na Europa Oriental e no México. Depois de um certo tempo, a Wipro começou a chamar essa cadeia de valor pontualizada de "modelo de fornecimento global".

A Wipro e outras empresas desafiantes continuam a acrescentar novos centros para evoluir e refinar seus sistemas de fornecimento global e mantêm uma vantagem em relação às concorrentes dominantes. "Não se trata de arbitragem e custo de mão-de-obra", disse-nos Sudip Nandy, chefe de estratégia da Wipro. "Isso é um atrativo extra. O processo de *offshoring* envolve a capacidade de decompor um processo complexo e desagregar as habilidades necessárias. Hoje, podemos ter muitas combinações diferentes de pessoas altamente qualificadas e pessoas menos qualificadas, muito mais do que era possível no passado."

Empresas em todas as economias em desenvolvimento e em todos os setores — não apenas nos setores de alta tecnologia — começaram a lutar por uma configuração melhor de suas cadeias de valor. "É uma questão de descobrir exatamente onde a cadeia de produção pode ficar", diz Gabriel Stoliar, diretor-executivo de planejamento e desenvolvimento de negócios na diversificada mineradora brasileira Companhia Vale do Rio Doce (CVRD). "Na CVRD, acreditamos firmemente em planejamento, posicionamento, enfoque, concentração de esforços e integração ao longo da cadeia de produção — independentemente da localização geográfica."

Uma consideração importante na pontualização é manter os custos baixos, o que geralmente significa manter partes importantes das operações de uma empresa em seu país de origem. Mas, ao contrário das operações de *offshoring* das empresas dominantes, o custo raramente é a questão primária para as desafiantes. A pontualização para elas envolve três ações principais que podem gerar uma vantagem significativa:

- Conectar-se com os clientes
- Distribuir complexidade
- Reinventar o modelo de negócios

Conectar-se com os clientes

Uma das primeiras e mais atraentes razões para que as empresas desafiantes começassem a pontualizar foi a superação do hiato que havia entre elas e seus clientes estrangeiros, especialmente aqueles clientes baseados em economias desenvolvidas.

As desafiantes viram que as empresas dominantes tinham uma vantagem em sua habilidade de estar perto e se conectar com os clientes nos países desenvolvidos. "As empresas dominantes estão na nossa frente em intimidade com o consumidor", disse Sudip Nandy. "Elas têm acesso às salas de reunião dos conselhos e aos relacionamentos, algo que ainda não temos. Acho que estamos bastante à frente delas em excelência operacional e, provavelmente, estamos melhores no que diz respeito a inovação. Agora, estamos investindo em intimidade com o consumidor e é apenas uma questão de quem vai acertar primeiro essa combinação."

A Johnson Electric fornece capacidades "de ponta a ponta" (do conceito à produção) para novos produtos tendo um processo verdadeiramente global que vai do design até a fabricação. Designers de alto custo na Europa e nos Estados Unidos, posicionados perto dos clientes da JE, trabalham junto dos clientes para entender suas necessidades e desenvolver conceitos de alto nível. Na China, funcionários de custo mais baixo realizam o design detalhado, o ferramental, a criação de protótipos e os testes. O cliente, porém, vê apenas um fornecimento sem falhas de design e fabricação de alta qualidade e confiáveis.

A Bharat Forge e o dual-shoring

A Bharat Forge, com sede em Puna, Índia, desenvolveu a sua própria abordagem da pontualização, que é chamada de *dual-shoring* — uma estratégia que permite à empresa fornecer produtos e serviços de alta qualidade a clientes em todo o mundo a partir de pelo menos duas de suas unidades manufatureiras.

Fundada em 1961, a Bharat Forge inicialmente atendia a indústria automotiva indiana, fabricando uma série de componentes tais como virabrequins, hastes de conexão e eixos. No início dos anos 1990, a empresa se concentrava principalmente na indústria indiana e exportava pouco. Em 1997, logo após ter feito um grande investimento para aumentar sua capacidade na Índia, a Bharat Forge enfrentou uma crise quando uma desaceleração repentina e extrema da economia indiana afetou a indústria automotiva. Baba Kalyani, presidente do conselho da Bharat Forge, diz o seguinte: "Foi nesse momento que decidimos aumentar agressivamente as exportações para reduzir nossa dependência do mercado indiano." Em 2001, as exportações da Bharat Forge a partir da sua única fábrica em Puna representavam mais de 25% de suas vendas, enquanto a empresa expandia a sua base de clientes para empresas nos Estados Unidos, Reino Unido, Alemanha e Japão.

Foi em 2001 que a Bharat Forge estabeleceu a sua meta seguinte: tornar-se um dos principais jogadores globais no setor de fundição automotiva em cinco anos. Isso significava expandir sua presença para outros tipos de peças e segmentos (especialmente assentos de carros para passageiros) e para outras regiões geográficas. Para alcançar essa meta, a Bharat Forge adquiriu uma série de fundições nos Estados Unidos, Alemanha, Suécia e Escócia. Em 2005, formou uma *joint venture* com o FAW Group Corporation, o maior grupo automotivo da China, para cuidar da parte de fundição. Essa *joint venture* vai atender não apenas os mercados automotivos que mais crescem no mundo, mas também acrescentará uma outra unidade industrial de baixo custo à rede global do grupo.

A Bharat Forge não encerrou suas operações nas unidades de alto custo adquiridas e transferiu as atividades para a China. Em vez disso, usou essa rede global de fábricas para implementar a sua estratégia industrial de *dual-shoring* — estabelecendo mais de um local de produção para todos os componentes essenciais que a empresa produz. Em geral, em um local de produção próximo ao cliente, são executadas tarefas que requerem colaboração intensiva ou um tempo de resposta muito rápido, e, em um segundo local de produção, situado em um destino de baixo custo, mas tecnologicamente competitivo, como a Índia, são feitos trabalhos que necessitam ser realizados com o menor custo possível e que têm uma demanda razoavelmente previsível.

Isso permite que a Bharat Forge pontualize suas operações de forma que suas tarefas fiquem geograficamente dispersas, o que possibilita à empresa fornecer uma gama completa de serviços de design, fundição e usinagem a seus clientes em todo o mundo de maneira rentável. Por exemplo, a Bharat Forge India tem uma ampla capacidade na produção de componentes de motores e chassis para veículos de passageiros, veículos comerciais e pequenos caminhões, e também pode fornecer serviços de design e engenharia. As operações na Alemanha podem fazer tudo isso, porém com uma capacidade menor, e oferecem aos clientes uma interface próxima e reativa.

O próximo estágio desse modelo de negócios era alinhar os processos de P&D e vendas com esse modelo de fabricação em duas frentes. A manutenção de unidades em localidades de alto custo reduziria as margens da empresa — a menos que a Bharat Forge conseguisse substituir parte dos seus produtos de margem mais baixa por novos produtos que tivessem margens mais altas. Para conseguir mais pedidos novos para peças mais complexas, a Bharat Forge apresentava aos seus clientes uma oferta integrada de P&D e fabricação. Ao contrário das unidades manufatureiras — que operavam de maneira bastante independente dentro da rede —, a Bharat Forge integrou os centros de design em todo o mundo. Isso permitiu que a empresa reduzisse significativamente o custo e o ciclo temporal dos novos produtos, com 70% do design sendo feito no seu centro na Índia.

O estágio final foi tornar o modelo de negócios dinâmico por meio da avaliação periódica das margens de lucro de cada pedido, da transferência de pedidos com margens mais baixas para unidades de custo mais baixo e da substituição desses pedidos por produtos de margem mais alta.

Não é de surpreender que a Bharat Forge tenha uma margem LAJIDA de 20%, enquanto as suas concorrentes dominantes mais rentáveis lutam para superar marcas entre 10 e 15%. A pontualização faz com que os clientes da Bharat sintam que toda capacidade está ao seu alcance e que a empresa está fornecendo o valor mais alto possível. A localização real do trabalho é irrelevante.

Distribuir complexidade

A realocação de processos para o exterior geralmente dizia respeito a atividades simples e manufatura básica. As empresas dominantes geralmente mantinham as atividades mais difíceis — os trabalhos que exigiam os talentos mais brilhantes e o poder intelectual mais alto — em seus locais de origem. Mas as empresas desafiantes demonstraram que podiam dar conta de praticamente qualquer trabalho, a despeito de sua complexidade. Contudo, ao passarem para serviços com maior valor agregado, as empresas desafiantes foram ficando cada vez mais limitadas pela quantidade de talento disponível em seus países de origem. Então, uma parte importante da pontualização consistiu em situar elementos desses processos complexos em lugares em que o contingente de talento necessário já estava presente — ou em lugares para os quais esses profissionais não se importariam de mudar (ou pelo menos passar um tempo).

É por isso que muitas empresas desafiantes estabeleceram operações de pesquisa e desenvolvimento em países desenvolvidos como Alemanha, Áustria, Suécia e, cada vez mais, Estados Unidos, bem como em centros metropolitanos em outros países de desenvolvimento rápido como a República Tcheca e a Romênia.

No entanto, quando as empresas desafiantes competem em economias menos desenvolvidas, como as da Indonésia ou da África, as operações e atividades de pontualização podem se tornar delicadas. "Colocamos uma pequena equipe na Indonésia porque é o terceiro maior mercado mundial para veículos de duas rodas", disse Sanjiv Bajaj, diretor-executivo da Bajaj Auto. "Também podemos vir a criar uma unidade de montagem e fabricação no Brasil porque é o maior mercado da América do Sul. Quanto à África Ocidental, teremos uma pequena base na Nigéria. Você tem de ir para a Indonésia, tem de ir para a Nigéria, tem de ir para o Irã, tem de ir para o Brasil, para a Argentina, para a Colômbia — mas esses não são necessariamente os lugares mais seguros do mundo nos quais entrar, tanto do ponto de vista de estabelecer uma empresa quanto do ponto de vista de montar equipes."

WIPRO: DISTRIBUIR O INDISTRIBUÍVEL

Em 2007, a Wipro Technologies — "a fornecedora número 1 de soluções integradas, tecnologia e processos para empresas em uma plataforma global", como a empresa descreve a si mesma — comprou a Infocrossing, uma fornecedora de serviços terceirizados de TI com sede em Leonia, Nova Jersey. Ao preço de US$600 milhões, essa foi uma das maiores aquisições internacionais jamais realizadas por uma empresa indiana de software.

"A Infocrossing se encaixa perfeitamente em nossa oferta de infraestrutura e serviços remotos", disse Suresh Senapaty, diretor financeiro da Wipro. "Esperamos nos tornar líderes nesse setor com essa aquisição."[1] A Infrocrossing foi a última de uma série de aquisições feitas pela Wipro para ganhar capacidades e clientes que a empresa não possuía nos mercados desenvolvidos. A Wipro sabia que essas aquisições teriam uma estrutura de custos alta e que diluiriam as margens da empresa. E mais, as empresas adquiridas ofereciam serviços que pareciam ser tão complexos que seria difícil transferi-los de seus locais de origem e torná-los parte da rede global de centros de fornecimento da Wipro. No entanto, através da pontualização, a Wipro conseguiu fazer essas aquisições, oferecer os serviços complexos aos clientes em todo o mundo e manter margens que estão entre as mais altas do setor de software.

A Wipro fez isso distribuindo seus processos complexos e avançados de TI por seus centros globais de desenvolvimento mediante conceitos como design de usabilidade, desenvolvimento ágil de software e implementação do modelo fabril de desenvolvimento de software.

O design de usabilidade envolve a criação de software e outros recursos relacionados à interface ser humano-computador. "No design de usabilidade, quase ninguém acha que é possível fazer o trabalho remotamente", disse Sudip Nandy, chefe de estratégia da Wipro. "As pessoas dizem que não é possível fazer isso à distância. Nós dissemos: 'Muito bem, vamos ver. Estamos falando com alguns especialistas dessa área extremamente interessante.' O que estamos analisando é a desconstrução de todo o processo de usabilidade e estamos vendo quais partes podem ser executadas na Índia por pessoas com as habilidades certas — e como conseguir as pessoas certas para fazer isso."

O desenvolvimento ágil, que permite mudanças sucessivas durante o processo de engenharia, também foi considerado inadequado ao *offshoring* porque geralmente é realizado por pequenas equipes que trabalham em tempo real, com muita colaboração presencial, e envolve menos documentação escrita e processos definidos do que outros tipos de desenvolvimento. O objetivo é produzir software de alta qualidade com rapidez suficiente para satisfazer as necessidades em constante evolução do cliente, tudo isso com rentabilidade suficiente para não estourar o orçamento.

"Agora, estamos alargando as fronteiras do que é ágil", disse-nos Nandy. "Estamos tentando descobrir como podemos fazer uma parte do processo ágil aqui na Índia, e outra parte ao lado do cliente. Como podemos fazer isso primeiro em dois lugares e, depois, de fato distribuir o processo. Embora já tenhamos projetos bem-sucedidos no modo ágil distribuído, talvez seja necessário mais um ano até descobrirmos as respostas reais e internalizarmos esses processos em todos os nossos sistemas de suporte, mas essas são algumas das coisas que tornam os nossos serviços únicos."

A Wipro foi a pioneira na industrialização do desenvolvimento de software usando o modelo fabril — mais especificamente o Sistema de Produção Toyota e a produção enxuta. "É algo que só nós temos", diz Nandy. "Estamos trazendo o modelo fabril, com especialização e reutilização de processos complexos, para as novas áreas em que estamos entrando, nas quais estamos alargando as fronteiras e a definição de serviços de TI. Vamos tentar tornar cada um desses serviços igualmente escalonável, mensurável e realocável." (A aplicação do modelo fabril e de princípios de produção enxuta a serviços de software se tornou o tema de um estudo de caso da Harvard Business School.)

Para encarar esses novos desafios, a Wipro pontualizou aspectos das suas operações nos quais a maioria das empresas dominantes apenas começou a pensar. "Estamos tentando ficar na frente não apenas fazendo o mesmo trabalho que fazíamos na Índia, mas também tentando usar a América Latina, o Oriente Médio e a China da mesma maneira que fizemos na Índia", disse Divakaran Mangalath, diretor de tecnologia da Wipro. "Não estamos usando a Índia como a Accenture e a IBM. Estamos tentando usar a China e o Oriente Médio como uma base para o desenvolvimento de exportações para outros países."

O fator limitador da pontualização de tais operações fora da Índia é a escala. "Não consigo ver nenhum centro que possa crescer até alcançar o tamanho dos centros de desenvolvimento na Índia", disse Pratik Kumar, vice-presidente executivo de recursos humanos da Wipro. "Perdi a conta do número de centros que temos em todo o mundo, mas você precisa ver que eles só podem crescer até um certo ponto, e não além disso. A Índia ainda será uma parte muito forte da nossa história de crescimento. Mas a mão-de-obra se tornará mais diversa. A natureza do compromisso com os clientes vai mudar com todos esses centros."

E agora, com aquisições como a da Infocrossing, a Wipro está alavancando os Estados Unidos para as suas operações globalmente favorecidas. "Neste exato momento, estamos falando de criar centros *near-shore* e em proximidade dos clientes nos Estados Unidos", Kumar nos disse, antes da aquisição da Infocrossing. "Os funcionários desses centros serão americanos locais e não indianos deslocados para lá. Essa é uma tendência que vai aumentar." Então, será que a Wipro é uma empresa *offshore*? Talvez sim, fazendo *offshoring* para os Estados Unidos!

TATA TECHNOLOGIES: PERMITINDO O DIÁLOGO DA ENGENHARIA

Assim como a Wipro, a Tata Technologies (TT) implementou um modelo de negócios pontualizado em um dos processos mais complexos de negócios e indústria: a engenharia e design (E&D) de novos produtos para as indústrias automotiva e aeroespacial. Em um relatório de 2007, a Data Quest designou a Tata Technologies como a líder indiana em serviços de design de engenharia automotiva e a segunda maior receita em todos os setores da indústria de E&D, representando uma participação de mercado de 16,1%.

A Tata Technologies, uma subsidiária da Tata Motors, está instalada em Bombaim, mas é liderada por uma equipe internacional com sede em Cingapura. A organização engloba duas subsidiárias, a INCAT e a Tata Technologies iKS. A INCAT é uma empresa de terceirização de serviços de engenharia e de serviços de TI para desenvolvimento de produtos, com sede na área metropolitana de Detroit e com operações em 13 países. A Tata Technologies iKS, com sede em Denver, é uma provedora de conhecimento de engenharia para uma comunidade crescente de engenheiros em 25 países por meio de seu site do tipo Software como Serviço (SaaS), myigetit.com. Esse site ajuda a enfrentar o desafio representado por muitos jovens recém-formados em engenharia que não são empregáveis. O site oferece um meio barato de fornecer educação prática de engenharia a engenheiros, a despeito de onde eles vivem. Os engenheiros também podem conseguir certificação em alguns campos práticos, tais como disciplinas de engenharia automotiva, que não são ensinadas nas universidades. A iKS também fornece soluções corporativas que permitem que algumas das maiores empresas automotivas e aeroespaciais do mundo gerenciem a aquisição e a disseminação de conhecimento para os seus engenheiros.

A Tata Technologies tem instalações em 12 países — inclusive nas economias de desenvolvimento rápido da Índia, China (por meio de um parceiro), Tailândia e México, bem como em economias desenvolvidas, dentre as quais Estados Unidos, Reino Unido, Irlanda, França, Cingapura, Japão, Alemanha e Canadá. A empresa emprega mais de três mil engenheiros. De seus funcionários, 80% são cidadãos dos países em que trabalham; 20% são indianos — "a primeira provedora indiana de serviços de E&D realmente global", afirma a empresa em seu site.

Patrick McGoldrick, o executivo-chefe da empresa, estabeleceu como meta que a Tata Technologies se torne a maior provedora independente de engenharia e design e de serviços de gestão do ciclo de vida do produto (PLM, na sigla em inglês) para as indústrias automotiva e aeroespacial globais, com uma receita de US$500 milhões, até 2010. Por que McGoldrick tem tanta confiança de que vai alcançar sua meta de crescimento para 2010? Ele afirma que é por causa da combinação de intimidade com o cliente e conhecimento que as operações *onshore* da empresa fornecem e das atividades *offshore* de engenharia de baixo custo e alta qualidade que acontecem sobretudo na Índia e na Tailândia. Graças a essas vantagens, a TT pode designar diferentes atividades para qualquer local capaz de satisfazer melhor cada cliente; e, ao mesmo tempo, assim atingem-se as metas de desempenho da empresa.

Isso é algo particularmente complicado de ser alcançado — e muito incomum nos setores automotivo e aeroespacial — por causa da natureza do processo de E&D nesses negócios. "A maioria das empresas trata o desenvolvimento do produto como um diálogo, mais como uma arte do que como uma ciência", diz Warren Harris, executivo-chefe da INCAT. "Acrescentamos estrutura ao processo que, no passado, não era bem definido", afirma McGoldrick. "A TI se tornou uma arquitetura modular, na qual você pode facilmente deslocar as coisas. É algo extremamente criativo em design de produto. Mas temos uma força tremenda em engenharia mecânica, em design de componentes e em como melhorar todo o processo de engenharia. Trata-se de um campo muito singular. É muito difícil fazer isso de forma correta."

A Tata Technologies fornece serviços de desenvolvimento de produto de ponta a ponta para alguns dos produtos e projetos mais complexos do mundo. Os engenheiros em seu centro de desenvolvimento de produto em Puna ajudaram a projetar superfícies exteriores complexas para uma grande fabricante americana de caminhões e portas de veículos para uma fabricante americana de caminhões de bombeiro. O detalhamento conceitual foi feito com a equipe do cliente no local, ao passo que o design e o desenvolvimento foram feitos *offshore*.

"Reduzimos o peso da porta, a espessura e a complexidade dos mecanismos dentro dela. Parte do trabalho foi feito *onshore* e parte, aqui em Puna", disse Harris. "Isso não poderia ser feito se fôssemos uma empresa puramente *offshore*, e não poderia ser feito com o mesmo custo e com a mesma rapidez com que pudemos fazê-lo se fôssemos uma empresa puramente *onshore*."

Gerenciar tal complexidade à distância e realizar o trabalho sem perda de qualidade não é uma tarefa fácil. Ao entrar em um centro de terceirização de processos de negócios na Índia, você vê medições de qualidade e de satisfação do cliente para cada processo que está sendo realizado para um cliente nos Estados Unidos, todas rastreadas em tempo real e apresentadas em painéis digitais — algo que costumava acontecer sobretudo em fábricas automotivas. Com suas receitas diretamente ligadas ao desempenho nessas medições, não é de espantar que os fornecedores *offshore* de terceirização de processos de negócios sejam obcecados por acertar o trabalho de primeira.

Empresas desafiantes como a Wipro levaram essa obsessão com a qualidade de seu modelo de fornecimento global a um nível mais alto, mudando seu foco da eficiência de baixo custo para o aprimoramento de processos através de iniciativas como serviços de TI enxutos. Adaptada do alardeado Sistema de Produção Toyota, a filosofia enxuta destaca o aprimoramento de processos mediante melhorias sucessivas na qualidade e na inovação, acompanhadas por uma mudança organizacional. Em janeiro de 2006, a Wipro tinha mais de 235 projetos enxutos completados ou em andamento.[2] Seu objetivo? Atingir uma melhoria de pelo menos 10% em medições de projeto como fornecimento, esforço e qualidade. A forte crença de Azim Premji em fornecer valor para o cliente em inovação e processos de qualidade culminou no sistema que a empresa chama de "Wipro Way".

Ao reconfigurar suas cadeias de valor para gerenciar processos mais complexos e aumentar sua qualidade de serviço, empresas desafiantes como a Wipro e a Tata Technologies lutam para tornar suas ofertas ao cliente cada vez mais atraentes. Sudip Nandy, chefe de estratégia da Wipro, nos disse: "Estamos superando o estágio de ser pessoas que recebem pedidos dos clientes e os executam de forma muito eficiente e com baixo custo. Agora, estamos tornando a eficácia uma parte da nossa história e a pró-atividade, parte da nossa oferta de produtos."

Reinventar o modelo de negócios

Muitas empresas desafiantes estão guiando a transformação de cadeias de valor pela pontualização, repensando fundamentalmente e redefinindo radicalmente seus modelos de negócios e criando novas propostas de valor e novas arquiteturas de negócios. A Johnson Electric, a Wipro e a Bharat Forge fizeram isso. Empresas dominantes como a IBM, a American Power Conversion e a Standard Chartered estão começando a fazê-lo.

A VSNL é a operadora de telecomunicações internacionais de longa distância líder na Índia, com US$1 bilhão em vendas e US$14 milhões de lucro em 2006. Para fortalecer sua posição global, a VSNL adquiriu a rede submarina da Tyco (com sede nos Estados Unidos) e as operações da Teleglobe Communications Corporation, uma empresa canadense. Com largura de banda global e clientes no lugar certo, a VSNL criou um centro *offshore* de baixo custo para operações não essenciais das entidades combinadas. Com suas operações pontualizadas (e a VSNL foi uma das primeiras provedoras de largura de banda transformada em *commodity* a fazê-lo), a operadora indiana começou a transformar o seu negócio oferecendo serviços altamente competitivos e com valor agregado, como gerenciamento de redes, aos seus clientes globais.

Como N. Srinath, executivo-chefe da VSNL, nos disse: "A largura de banda nos dá margens, mas também precisamos de um portfólio de negócios que sejam complexos." Os negócios "complexos" aos quais ele se refere incluem soluções baseadas em redes para clientes — tais como gestão de infra-estrutura (inclusive gestão de segurança e outras aplicações), serviços de TI e gestão de conteúdo. Como Srinath observou: "Um bombeiro hidráulico nunca consegue superar o desempenho de um arquiteto." Ou seja, uma provedora de telecomunicações básicas não consegue superar uma empresa que combina telecomunicações e serviços de tecnologia da informação.

As grandes provedoras de serviços de TI também reformularam seus modelos de negócios a partir da pontualização — indo além do desenvolvimento e da manutenção de aplicações e passando a fornecer soluções de negócios mais amplas para empresas em todo o mundo. A Wipro, por exemplo, fez várias aquisições para ganhar acesso a conhecimento em novas áreas e a novos clientes em mercados desenvolvidos. E está combinando essas capacidades com sua capacidade de engenharia de baixo custo para criar propostas de valor atraentes no campo da engenharia para seus clientes. "Na Índia, 85% do valor agregado às atividades de P&D são agregados", diz Premji, o presidente do conselho e executivo-chefe da Wipro.

Como chefe de estratégia da Wipro, Nandy explica: "Estamos tentando mudar o panorama integrando linhas de serviço relevantes para oferecer uma solução única a cada cliente. Às vezes, isso pode significar tomar posse de um processo — o que inclui a infra-estrutura subjacente, a aplicação que roda na infra-estrutura e o processo de negócio." A Wipro prevê crescimento na prestação de serviços para organizações de assistência médica e também mais envolvimento com o setor de viagens.

Essas empresas desafiantes que se reinventam têm várias características em comum. Elas têm a capacidade de visualizar os produtos e serviços oferecidos pelo setor, e por elas mesmas, bem como a cadeia de valor, não em termos do que "é", mas do que "pode ser". Elas não apenas alavancam a vantagem do baixo custo de seus mercados originais, mas também constroem capacidades perto dos seus clientes. Não ficam satisfeitas com o que têm, acham maneiras de acrescentar novas habilidades. E, ao fazerem tudo isso, não apenas transformam a si mesmas, também levam à transformação de seus setores.

Cipla: transformando a si mesma e a um setor

A Cipla, uma das maiores fabricantes mundiais de medicamentos genéricos, viu uma oportunidade imensa na transformação da cadeia de valor da indústria farmacêutica global e no estabelecimento da Índia como o melhor local para a fabricação desses produtos.

A Cipla desenvolve uma categoria de produtos muito específica: medicamentos anti-retrovirais (ARV) genéricos. Foi a primeira empresa a receber a aprovação para o Triomune, que se tornou o ARV mais vendido usado no tratamento da aids. Também foi a primeira a lançar o Viraday, um ARV avançado, na Índia. Sua determinação em se tornar a melhor nesse estreito mercado permitiu que a Cipla construísse uma escala suficientemente grande para produzir medicamentos genéricos a uma fração do custo de suas concorrentes americanas.

Como outras empresas farmacêuticas indianas, a Cipla se beneficiou de patentes de processos que permitiam que as companhias introduzissem moléculas já lançadas no mercado ocidental por empresas farmacêuticas multinacionais, desde que seu processo de fabricação fosse diferente. As patentes de processo possibilitaram que empresas fabricassem medicamentos vitais localmente e a preços que as populações locais pudessem pagar. Hoje, de acordo com as novas obrigações multilaterais da Índia, as patentes de produtos — que estipulam que uma molécula previamente lançada não pode ser copiada mesmo que seja produzida através de um processo diferente — são a norma.

O executivo-chefe da Cipla, Amar Lulla, conta a história de sua empresa com um forte tom nacionalista. "Em 1935, durante a guerra, havia carência de medicamentos, e foi então que a Cipla nasceu. A indústria farmacêutica estava dominada pelas multinacionais e, até 1970, elas detinham uma participação de mercado de cerca de 75% a 80%. As empresas farmacêuticas indianas, que tinham uma participação de mercado muito pequena, se uniram sob a liderança do dr. K.A. Hamied e começaram a discutir se a Índia tinha condições ou não de ter patentes de produtos." Em 1972, o governo recomendou que as patentes de produtos fossem abolidas e que as patentes de processos fossem instituídas. Essa foi a virada decisiva para a indústria farmacêutica da Índia.

"Então, estávamos livres para fabricar quaisquer moléculas desde que não infringíssemos o processo que estava patenteado", diz Lulla. "Dessa forma, ao longo dos últimos trinta anos, a Índia se tornou o armário de remédios do mundo. Todas as moléculas eram fabricadas neste país, todos os processos eram executados, a indústria farmacêutica nasceu — os fabricantes de maquinário farmacêutico, o software, a infra-estrutura, tudo. Foi uma grande ameaça para as multinacionais."

Em 1985, as empresas dominantes começaram a sentir a pressão da indústria farmacêutica indiana e organizaram um *lobby* bem-sucedido para restaurar as leis de patentes de produtos. "Até aquele momento, a indústria farmacêutica olhava muito para dentro; tratava-se de um mercado muito controlado e era um momento muito difícil", explica Lulla. "Mas quando as patentes de produtos foram restabelecidas, o livre-comércio e a economia livre começaram a entrar em vigor. Os obstáculos foram removidos e começamos a ver o desempenho das melhores empresas."

Na Índia, o setor desenvolveu uma infra-estrutura completa de fabricação de medicamentos e assumiu o seu lugar no cenário mundial como o local preferido das empresas farmacêuticas globais que têm estruturas de alto custo ou que não podem lançar novos produtos tão depressa quanto a Cipla e as outras fabricantes indianas de medicamentos genéricos. Além da receita obtida com as parcerias, a empresa exporta matéria-prima, produtos intermediários, medicamentos sob prescrição médica e produtos de venda livre para mercados na Europa, nos Estados Unidos, na África, na Ásia, na América Latina e no Oriente Médio.

A Cipla ocupa o primeiro lugar em termos de vendas domésticas no varejo, com uma receita em 2006 de US$644 milhões (a taxa de crescimento anual combinada entre 2001 e 2006 foi de 25%) e um lucro operacional de US$179 milhões (taxa de crescimento anual combinada entre 2001 e 2006 de 26%). A empresa possui fábricas em Kurkumbh, Bangalore, Patalganga e Vikhroli, um subúrbio de Bombaim. O seu portfólio de produtos inclui medicamentos antibióticos, antibactericidas, antiasmáticos, antiinflamatórios, antielmínticos, anticancerígenos e cardiovasculares.

A versão da Cipla para a pontualização não envolveu a montagem de uma rede de instalações em todo o mundo. A empresa também não fez aquisições para ficar mais perto dos seus clientes globais ou para ter acesso a novos contingentes de talento. Em vez disso, a Cipla optou por pontualizar suas atividades pela Índia, e potencializou suas capacidades de escala e de engenharia de processo para alcançar um dos custos de manufatura mais baixos do setor. Ao fazer isso, a Cipla não apenas se tornou a parceira favorita de outros jogadores na cadeia de valor do setor farmacêutico, mas também está forçando as concorrentes a criar suas próprias versões de um modelo de negócios pontualizado.

"As oportunidades de crescimento são tremendas", observa Lulla. "As grandes empresas farmacêuticas precisam de nós para obter com rapidez tecnologia de desenvolvimento e produtos rentáveis. As operações delas são muito lentas e arrastadas, e têm um custo muito alto. Elas percebem isso, e todo dia temos pessoal de controle de qualidade que vem à Índia querendo investir e construir infra-estrutura industrial aqui."

Implicações: repense, reconfigure, reinvente

O *offshoring* começou como um exercício de redução de custos por parte das empresas dominantes, e seus modelos de negócios ainda estão arraigados em seus países de origem, que têm alto custo. Apenas umas poucas empresas dominantes foram além do *offshoring* e começaram a perceber os benefícios da criação de produtos e da gestão de serviços nas economias de desenvolvimento rápido. Embora a maioria das empresas dominantes estivesse focando os custos, as desafiantes estavam criando sua própria versão do *offshoring*, passando para o *best-shoring*, o *dual-shoring* e, por fim, para a pontualização de suas operações situando suas instalações e seus processos fora de suas fronteiras, para obter as vantagens de intimidade com o cliente, contingentes de talento e outras capacidades — e agora as empresas dominantes precisam agir de maneira semelhante.

A pontualização exige que uma empresa repense completamente os seus processos, reconfigure a sua cadeia de valor e até mesmo reinvente o seu modelo de negócios. Nenhuma empresa pode esperar acertar em cheio a sua pontualização — pelo menos não por muito tempo. O melhor que pode ser feito é chegar perto e ser flexível o bastante para ajustar e refinar o mais rápido possível.

ENFRENTE O LEGADO

O processo de pontualização pode ser extremamente difícil para as empresas dominantes — principalmente porque suas cadeias de valor são tão grandes e bem-estabelecidas que é preciso muita força de vontade, energia e muitos recursos para alterá-las.

Muitas das empresas desafiantes tiveram a vantagem de construir suas cadeias de valor do nada. Nenhuma fábrica a ser fechada. Nenhum trabalhador a ser demitido. Nenhum território a ser abandonado. Nenhuma regra a ser quebrada. Nenhum ego a ser ferido.

As onerosas questões de legado são em grande parte o motivo pelo qual as fabricantes globais de automóveis têm sido tão lentas na pontualização de suas atividades. Apesar de elas terem começado há mais de uma década, e não obstante o alarde da liderança, a porcentagem de peças adquiridas de países de baixo custo ainda está na faixa de um único algarismo. Menos de 5% da engenharia de sua P&D é realizada nas economias de desenvolvimento rápido — apesar de a China e a Índia serem famosas por seus grandes contingentes de engenheiros. E, das fábricas que as montadoras dominantes e seus fornecedores abriram em países de baixo custo como a China, muitas não alcançam um custo mais baixo do que suas operações em seus mercados de origem, porque foram montadas como réplicas das fábricas de alto custo em seus países natais.

Para melhorar o histórico operacional, as empresas dominantes precisam aprender como desatar os elos da cadeia de valor e transferi-los para os locais globalmente mais vantajosos. Esses elos não devem funcionar como réplicas de suas operações de alto custo em seus países de origem, mas devem tirar proveito das condições e capacidades locais e, então, religar-se sem falhas com os elos em seu país de origem para fornecer um produto ou serviço. Isso pode significar trabalhar com parceiros em várias partes do mundo e desistir do desejo de "possuir" toda a cadeia de valor. Também será necessária uma forte mentalidade de gerenciamento de projeto e ferramentas poderosas (inclusive tecnologia), bem como medições apropriadas para lidar com o maior grau de complexidade envolvido (por exemplo, coordenar equipes de projeto distantes).

Algumas empresas dominantes estão ficando boas nesse jogo. Pense na American Power Conversion (APC), com sede em West Kingston, Rhode Island.[3] A APC produz dispositivos de refrigeração e proteção contra picos de tensão e oferece serviços como gestão de projetos e treinamento relacionados à gestão de energia. A maior parte dos clientes da APC está nos Estados Unidos e na Europa; mais de 85% do fornecimento global de produtos da empresa provêm das Filipinas e da Índia, e o resto, de unidades de montagem final perto dos clientes. A empresa tem centros de design em toda a Europa e nos Estados Unidos, para ficar perto de seus clientes, e na Ásia, para tirar proveito das capacidades de baixo custo e ficar próxima das unidades de produção. A APC criou uma organização de aprovisionamento global centrada na Índia e na China e um banco de dados on-line de fornecedores que é transparente para gerentes em qualquer parte do mundo. Foram necessários muitos anos, muito trabalho e muita tensão para que a APC alcançasse esse modelo. Mas o esforço se traduziu em uma rentabilidade significativamente maior.

A IBM também está pontualizando suas atividades. "Os trabalhos são transferidos para os lugares onde serão executados da melhor maneira", diz Sam Palmisano, presidente do conselho e executivo-chefe.[4] O objetivo da empresa é reduzir custos e explorar talentos em pesquisa e desenvolvimento. A IBM tem mais de cinqüenta mil funcionários na Índia, a segunda maior operação da empresa depois da América do Norte. Foram investidos US$2 bilhões para montar a organização de vendas e marketing global e os centros globais de desenvolvimento na Índia nos últimos três anos, e planeja-se investir outros US$6 bilhões entre 2008 e 2011 e mais do que dobrar o efetivo.

Pratique a continuidade sem falhas

Pontualização não significa apenas desagregar e situar um conjunto de atividades nos melhores lugares; é necessário fluidez — a capacidade de alocar trabalho em qualquer uma das melhores locações considerando a capacidade global como fungível.

Nenhum jogador — dominante ou desafiador — dominou plenamente a arte da continuidade sem falhas. Empresas de serviços como a Wipro e a Tata Technologies estão entre as melhores nisso, mas até mesmo empresas manufatureiras como a Bharat Forge estão indo nessa direção. Elas avaliam cada novo pedido, ou projeto de TI ou P&D, e o alocam em centros diferentes com base em suas competências e na sua capacidade disponível.

Para alcançar a continuidade sem falhas são necessárias três competências. A primeira é modularizar os componentes do processo, o que significa que a empresa deve fragmentar um processo em partes separadas, distintas, que não necessariamente precisam ficar próximas. A segunda é gerenciar o trabalho enquanto ele está acontecendo, em lugares espalhados por todo o mundo. Isso geralmente exige que diferentes locais de produção trabalhem com o mesmo projeto, as mesmas ferramentas de gestão, realizem reuniões semanais de avaliação, sigam o mesmo processo de resolução de problemas e de tomada de decisões e indiquem um gerente de projeto para ser responsável pelos vários módulos, onde quer que eles estejam localizados no mundo. A terceira é a reunir os diferentes módulos em um produto final unificado e testar sua qualidade e seu desempenho.

O simples *offshoring* não leva à continuidade sem falhas. Centros de P&D operados por empresas dominantes em economias de desenvolvimento rápido que trabalham em perfeita conjunção com os centros de P&D de suas matrizes na Europa e nos Estados Unidos são capazes de criar, desenvolver competências e reter bons profissionais. Aqueles que terminam realizando trabalho pouco sofisticado acham difícil recrutar engenheiros talentosos e têm seu desenvolvimento impedido. Da mesma maneira, o aprovisionamento pontualizado requer um alto grau de colaboração contínua sem falhas entre os centros de aprovisionamento nos países de baixo custo e os mercados nos países de origem, entre compradores, designers e engenheiros de fabricação. A nossa pesquisa mostra que as empresas mais bem-sucedidas não apenas compram peças de países de baixo custo, mas também integram a organização fornecedora local às suas equipes globais de desenvolvimento de produto e de fabricação local. Assim, as empresas ganham tanto alcance quanto vantagem de escala e aproveitam ao máximo o que as economias de desenvolvimento rápido têm a oferecer. Aquelas companhias que não colaboram de maneira contínua e sem falhas não conseguem atingir suas metas, apesar das pretensões grandiosas de seus líderes.

A maioria das empresas desafiantes, muitas vezes partindo de uma posição desfavorável em suas economias de baixo custo, parecem estar mais ansiosas para fazer tranqüilamente negócios que se estendem por diversas regiões geográficas e por vários elos de suas cadeias de valor. Subramaniam Ramadorai, diretor administrativo da TCS, nos disse: "A questão não é o tamanho das operações no Brasil, Estados Unidos, Reino Unido ou Japão, pois partes do trabalho serão feitas no Japão, na Índia, na Coréia, na China ou na América Latina. A questão é como você conecta esses lugares, como divide os pedaços do mundo quando todos eles estão mudando. Precisamos criar esses mecanismos, e isso significa outro tipo de mobilidade, outro tipo de colaboração, outro tipo de fornecimento, outro tipo de controle, outro tipo de desempenho — e tudo isso de modo integrado. Temos de criar uma consistência global, um compromisso global de que um serviço prestado no Brasil não será diferente de um serviço prestado na Índia, nos Estados Unidos ou na China. Esse é o desafio."

Jogue no campo inteiro

Assim como no caso das outras lutas, a modificação mais importante que as empresas dominantes terão de realizar a fim de pontualizar suas operações é uma grande mudança de mentalidade. Se você é uma empresa dominante, terá de pensar de maneira holística. Quando você pontualiza, o mundo inteiro é o seu campo de jogo. Não existem empresas "americanas" ou "européias".

Mas você terá de equilibrar essa perspectiva holística com uma perspectiva granular. Analise detalhadamente toda a cadeia de valor do seu setor. Como ela poderia ser desagregada? Quais processos de negócios ou elos da cadeia de valor poderiam ser realizados em outro lugar com mais eficiência, eficácia e rentabilidade? Quais regiões do mundo seriam os lugares mais adequados para executar cada uma das partes desagregadas? O que você vai fazer com seus ativos herdados — físicos, informacionais e humanos?

E nunca ignore a possibilidade de reinventar o seu modelo de negócios. Quem são os seus clientes? O que você realmente vende? Qual é a melhor maneira para você ganhar dinheiro? Será que você deve concentrar todos os seus recursos em uma oferta única e bem-definida, construir escala e fazer parcerias com outros? Ou será que você deve ter uma presença em alguns, ou em todos, os elos da sua cadeia de valor?

Pense também em maneiras de usar aquisições, colaborações e fusões para incrementar a sua cadeia de valor. Será que você deve atuar sozinho? Fazer parcerias com outras empresas? Se for fazer parcerias, quem são os melhores candidatos?

Sim, essas perguntas podem se revelar tão difíceis de responder a ponto de você se sentir tentado a adiar tudo. O diretor operacional de uma grande empresa química com sede nos EUA nos disse: "Somos uma empresa de alto valor, baseada em patentes, e temos muito tempo para resolver isso."

As empresas desafiantes adoram ouvir isso.

CAPÍTULO 7

Pensar grande, agir rápido, ir para fora

"Vivemos em um ecossistema de oportunidades."
S. Ramadorai, Tata Consultancy Services

Song Zhenghuan, professor de matemática e diretor de uma escola de ensino fundamental em Kunshan, subúrbio de Xangai, nunca havia formalmente se envolvido com negócios, mas achou que tinha algum talento para isso. Então, quando os professores na sua escola decidiram coletivamente que queriam abrir um negócio para satisfazer as necessidades dos pais, Song logo assumiu o comando. Eles reuniram suas pequenas economias e fundaram uma empresa chamada Goodbaby. E lutaram. Não havia fluxo de caixa suficiente para pagar integralmente os salários, os professores ficaram preocupados e quiseram abandonar o empreendimento. A Goodbaby chegou à beira da falência.

Naquela época, o início dos anos 1980, a produção de artigos para bebês era negligenciada pelo governo, e a fabricação desses produtos acontecia em instalações administradas pelas Forças Armadas chinesas. Uma das fábricas, que ficava perto da escola, ficou sem capacidade de cumprir a última ordem governamental: produzir carrinhos de bebê. Os gestores militares perguntaram a Song se a nascente Goodbaby poderia produzir algumas das peças e fazer a montagem final.

Song concordou e comprometeu toda a capacidade de produção da Goodbaby com o novo cliente. A decisão salvou a empresa da extinção, mas era totalmente insatisfatória para o inventivo Song. Ele não achava a menor graça no design do Estado; queria criar do zero o seu próprio carrinho de bebê e voltar a operar independentemente. Song começou a ruminar idéias para novos recursos e designs melhores e logo criou uma modificação que ele achava que tinha mérito. Infelizmente, a Goodbaby não tinha capital suficiente para comprar matérias-primas ou o equipamento necessário para produzir peças metálicas ou moldar componentes plásticos. Então, Song decidiu patentear a sua inovação e vendê-la, para angariar fundos.

Para a sua alegria, a patente foi vendida por quarenta mil iuanes, alguns poucos milhares de dólares. Song usou parte do dinheiro para pagar aos professores os salários atrasados. Outra parte ele colocou em um orçamento operacional. Com o resto, ele construiu um portão de fábrica. "Uma fábrica de verdade tem um portão", disse-nos Song. "E eu queria que os nossos operários sentissem que trabalhavam numa fábrica de verdade. De alguma maneira, naquele primeiro ano, um portão parecia mais importante do que equipamento novo."

Song estava pensando grande. Em um ano, ele inovou novamente — criou um carrinho de bebê que podia ser transformado em cadeirinha para carro. Dessa vez, ele conseguiu obter um empréstimo de um banco local e começou a produzir a todo vapor. O produto foi um sucesso. Em uma década, a Goodbaby havia se tornado a maior fornecedora de artigos infantis em toda a China.

Muitas empresas desafiantes, como a Goodbaby, são empresas jovens que começaram do nada; outras foram pequenos jogadores locais durante décadas antes da chegada do tsunami. Umas poucas eram líderes nacionais ou setoriais — peixes grandes em economias de águas paradas. Mas todas elas têm algo em comum: no início, nenhuma delas tinha os parques de escritórios, as fábricas modernas, as tecnologias de ponta, as operações de P&D, as centenas de patentes, os grandes talentos, as competências abrangentes, os sistemas de gestão maduros, os portfólios de produtos e as grandes marcas que as empresas dominantes tinham.

Antes do tsunami, as empresas desafiantes estavam lá atrás. Elas sabiam que nunca poderiam alcançar as dominantes apenas com melhorias estruturais ao longo do tempo. Mas havia um outro caminho. Elas podiam colaborar e formar *joint ventures* com as melhores pessoas e os melhores parceiros do mundo. Podiam se fundir com, ou adquirir, empresas que tinham as competências, o conhecimento e o posicionamento que lhes faltava. Podiam comprar marcas globais estabelecidas e, depois, usá-las como plataformas para construir novas marcas ou reforçar suas próprias marcas em seus países de origem.

Mas foi apenas nos últimos anos que as empresas desafiantes reuniram capital e força suficientes para fazer as aquisições e formar as parcerias e *joint ventures* de que precisavam para se transformar. Em 2000, as cem desafiantes do BCG haviam completado apenas 21 aquisições publicamente registradas. Esse número cresceu cerca de 28% ao ano até atingir 72 transações de fusão e aquisição envolvendo empresas estrangeiras em 2006. A magnitude das transações também aumentou — de uma média de US$156 milhões em 2001 para US$981 milhões em 2006. Oito transações de mais de US$1 bilhão foram divulgadas publicamente em 2006, em comparação com apenas duas em 2000.

Tito Martins, diretor de assuntos corporativos da CVRD, a empresa brasileira de minério de ferro, disse o seguinte: "Ser brasileiro é muito complicado. Tivemos de melhorar nosso grau, nossa classificação. A melhor maneira de fazer isso era comprando empresas." Em 2006, a CVRD fez a sua maior aquisição até o momento — e a maior jamais feita por uma empresa latino-americana — ao comprar a Inco, uma mineradora de níquel com sede no Canadá, por US$19 bilhões. "Tivemos sorte", disse Martins. "Logo após a aquisição, o preço do níquel subiu."

Essa febre de aquisições e *joint ventures* acometeu todas as economias de desenvolvimento rápido e todos os setores. A Tata Tea, com suas aquisições internacionais, passou de plantadora e produtora local indiana de chá embalado a empresa com presença global e reputação de provedora de soluções de saúde.

A Suzlon Energy, a empresa indiana de energia eólica, fez uma série de aquisições para criar uma cadeia de valor global com presença em P&D e manufatura na Austrália, Bélgica, China, Dinamarca, Alemanha, Índia, nos Países Baixos e Estados Unidos. Dos seus 8.600 funcionários, 20% estão fora da Índia.

A América Móvil, uma operadora de redes móveis, gastou mais de US$5 bilhões em 14 aquisições entre 2001 e 2005 para aumentar sua presença na América Latina.

Em 2006, o Vneshtorgbank, com sede em Moscou, gastou US$1 bilhão com uma participação de 5% na empresa aeroespacial européia EADS, fabricante do Airbus. A siderúrgica russa Evraz pagou US$2,3 bilhões em dinheiro pela Oregon Steel Mills Inc., na maior transação internacional de todos os tempos na Rússia. No total, as empresas russas gastaram US$13 bilhões em 2006 com aquisições internacionais, em comparação com US$1 bilhão em 2002.[1]

A aquisição, por parte da Tata Steel, da siderúrgica anglo-holandesa Corus — por US$13,1 bilhões — foi manchete em todo o mundo. Lá estava uma empresa dominante, grande e estabelecida do Velho Mundo sendo caçada por duas pequenas empresas desafiantes do Novo Mundo: a Tata, da Índia, e a CSN, do Brasil. Por que a Corus não conseguiu atrair, dentre as muitas siderúrgicas dos Estados Unidos e da Europa, um herói que a salvasse? Por que essas empresas desafiantes estavam dispostas a pagar um prêmio por uma empresa sobrecarregada com instalações de alto custo?

Para realizar tais feitos, essas empresas tiveram de pensar grande sobre o que estavam adquirindo e como o estavam fazendo. Tiveram de agir rápido. E tinham de estar dispostas a ir para fora de seus limites geográficos e setoriais. E, para isso, tiveram de executar essas importantes ações:

- Ampliar a escala
- Construir marcas
- Preencher lacunas de capacidade
- Permutar

Ampliar a escala

Para a Tata, a base lógica por trás da compra da Corus estava clara: a empresa precisava aumentar a escala em um setor que estava começando a se consolidar. Sem escala, a própria empresa logo se tornaria um alvo para aquisições. As empresas desafiantes descobriram que as aquisições são uma das maneiras mais rápidas — ou talvez *a* mais rápida — de aumentar a escala, especialmente em várias regiões geográficas.

Por exemplo, depois de ter comprado o RMC Group, do Reino Unido, em 2005, por US$5,8 bilhões, a Cemex, empresa mexicana de cimento, se tornou a segunda maior produtora mundial de cimento. Em 2007, a Hindalco, uma produtora indiana de vários materiais, comprou a fabricante americana de alumínio Novelis por US$6 bilhões e — da noite para o dia — se tornou a maior empresa mundial de laminação de alumínio.

Empresas desafiantes de setores de alta tecnologia, como o de telecomunicações, também aproveitaram a oportunidade para aumentar a escala por meio de aquisições. Por exemplo, a VSNL, provedora de telecomunicações, realizou aquisições a fim de ampliar a escala de sua infra-estrutura para poder aumentar a sua largura de banda e reduzir custos. Armada de maior capacidade e lucros mais robustos, a empresa galgou a cadeia de valor para oferecer serviços de gestão de redes, onde realmente podia ganhar peso. Para isso, a VSNL comprou a rede de cabos e a infra-estrutura de tráfego (para voz, dados e IP) da Tyco e da Teleglobe a preços de liquidação.

Às vezes, uma empresa desafiante mira em companhias específicas a serem compradas porque, em seu país de origem, a suposta adquirente tem experiência em condições de negócios semelhantes às do mercado da empresa-alvo. Em outros casos, as empresas-alvo têm um *know-how* tecnológico e operacional que permitirá à adquirente aumentar rapidamente a sua escala naquele mercado. Em outras situações, porém, uma parceria — muitas vezes com uma empresa maior ou com uma empresa que tem uma *expertise* específica em um segmento de produto — pode ser uma maneira mais eficaz de aumentar a escala.

Mahindra & Mahindra: grandes sonhos realizados

Em um dia ameno de abril de 2007, Anand Mahindra, executivo-chefe da Mahindra & Mahindra (M&M), olhou pela janela do seu escritório no sexto andar das Torres Mahindra, no centro de Bombaim, durante uma conversa conosco sobre o passado e o futuro da empresa.

Hoje, a M&M é um dos maiores conglomerados da Índia, com uma receita de US$4,5 bilhões em 2006. A empresa opera em seis setores industriais: automóveis, incluindo veículos utilitários e veículos comerciais leves; veículos de três rodas para transporte de bens de pequenas dimensões; equipamento agrícola, sobretudo tratores; TI e serviços habilitados por TI; serviços financeiros; componentes automobilísticos como peças moldadas e fundidas, lâminas de metal, engrenagens, peças em aço plano e materiais compostos; e desenvolvimento de infra-estrutura.

Desde 2001, a M&M pode se vangloriar de ter uma taxa de crescimento anual composta (CAGR) de 17% e um aumento anual dos lucros operacionais de 29%. Esse sucesso notável foi gerado em grande parte pela disposição da empresa em participar de *joint ventures* e colaborações e pela sua capacidade de tirar partido do ciclo virtuoso impulsionado por tais transações. Com cada aquisição, *joint venture* e colaboração, uma empresa não apenas expande o valor oferecido aos clientes, mas também aprende importantes lições e fortalece a sua capacidade de realizar outros lances semelhantes. O processo se auto-alimenta, algo que não é percebido por muitas empresas dominantes que vêem transações para a expansão do crescimento como eventos isolados.

Mas a M&M teve de esperar até que o tsunami tivesse ganhado força para pensar tão grande e agir tão rápido quanto os seus líderes queriam. Em 1956, Keshub Mahindra, o presidente do conselho, teve uma idéia provocante. Por que não fazer uma parceria com a Renault para fabricar e comercializar um dos modelos de carros da empresa francesa na Índia? A M&M, fundada em 1945, já fabricava veículos utilitários para o mercado indiano, mas ainda não produzia um verdadeiro carro de passageiros. Em vez de desenvolver um carro sozinha, por que não utilizar a incrível quantidade de conhecimento que a Renault havia acumulado em suas várias décadas de atividade?

Para Mahindra, formado pela Harvard Business School, o acordo parecia um passo óbvio. Desde os primórdios da indústria automotiva, as empresas fabricantes de carros formavam parcerias, se fundiam e vendiam ou compravam operações e fábricas. Mas, na Índia dos anos 1950 — independente do governo britânico havia pouco tempo —, um empreendimento desse tipo era praticamente impossível, pois uma densa rede de regras e regulamentações impedia os investimentos ou as parcerias estrangeiras no país.

"A minha percepção, e pode ser que ela estivesse errada, era de que o governo tinha medo de mudanças", diz Keshub Mahindra. "Talvez isso tivesse algo a ver com o fato de termos sido colonizados por cerca de duzentos anos. O governo tinha medo do capital estrangeiro. Então, atou nossas mãos com todas aquelas regras e regulamentações. Era absolutamente ridículo. O resultado foi que não crescemos nada."[2]

Seriam necessárias quase quatro décadas para mudar o ambiente de negócios na Índia. Keshub Mahindra engavetou sua grande idéia. Mas não a esqueceu. E seus sucessores também não a esqueceriam.

Em 1996, a M&M formou uma *joint venture* com a Ford para lançar a empresa automobilística americana no mercado indiano. O projeto não deu muito certo, mas a M&M aprendeu muito sobre design de produto e gestão de projetos, e aplicou esse novo conhecimento no desenvolvimento de seu próprio veículo utilitário esportivo, chamado Scorpio. Lançado em 2002, o modelo tornou-se a coqueluche do mercado indiano. Em 2005, Mahindra começou a lançar o Scorpio em mercados internacionais.

Incentivada pelos benefícios extremos do seu relacionamento com a Ford, a M&M acelerou o ritmo de suas colaborações. Formou uma parceria com a British Telecom para criar a Tech Mahindra, que abocanhou alguns dos maiores contratos de terceirização de telecomunicações e teve seu valor avaliado em US$4,5 bilhões após a sua oferta pública inicial em 2007. A M&M também construiu do zero a sua empresa de forjamento para automóveis, que se tornou a quinta maior em apenas três anos, graças a um investimento de cerca de US$275 milhões para a aquisição de companhias na Índia, no Reino Unido e na Alemanha. Além disso, a empresa estabeleceu uma colaboração com a firma norte-americana International Truck and Engine Corporation para projetar e lançar uma nova linha de caminhões na Índia e exportá-los para seus parceiros no exterior.

As décadas de trabalho finalmente deram resultado com a criação de uma *joint venture* entre a M&M e a Renault para produzir e comercializar o modelo Logan na Índia. O Logan customizado foi lançado no mercado indiano em abril de 2007 e rapidamente se tornou campeão de vendas.

A M&M também está pensando em grandes tratores e visa se tornar a maior empresa de tratores do mundo em volume de vendas. Com cerca de 260 mil unidades vendidas em 2006, o mercado indiano de tratores é o maior do mundo em volume, seguido pelos mercados dos EUA e da China.

A Mahindra Tractors, mais conhecida por suas máquinas com menos de 80cv, é a líder incontestada do mercado indiano há 23 anos, com uma participação de mercado de quase 40%. A Mahindra oferece o mais amplo portfólio de produtos do setor, com tratores que custam a partir de apenas US$10 mil, e os vende com uma abordagem focada, regional. A empresa colabora estreitamente com bancos locais para oferecer opções de financiamento adequadas às necessidades locais. E a Mahindra possui a maior rede de distribuição de equipamento agrícola da Índia, composta de 510 concessionárias e 1.175 pontos de serviço.[3]

Os tratores da Mahindra são projetados para as circunstâncias peculiares do agricultor pequeno, independente. Na Índia, as fazendas geralmente têm de

1,2 a 1,6 hectare, pequenas se comparadas às fazendas de várias centenas de hectares que são comuns nos Estados Unidos, e são menores até do que os campos de um produtor local de hortifrutigranjeiros de verão nos Estados Unidos. E mais, os fazendeiros indianos usam seus tratores para todo tipo de trabalho além de arar os campos. Eles carregam pedras, percorrem acidentadas estradas de terra, semeiam arroz na lama, debulham *jowar* (sorgo) e até esculpem novos campos de golfe. Além disso, a Índia é um país com condições agrícolas variadas, com diferentes condições de solo e padrões de colheita que se traduzem em diferentes exigências para os tratores.

A maior parte dos 306 milhões de agricultores da Índia ainda não possui um trator. Mas, graças a políticas favoráveis do governo, maior mecanização e novas opções de financiamento, o mercado está apresentando um crescimento anual de 20%. É por isso que tantas empresas dominantes estão trabalhando para aumentar sua participação nesse enorme mercado doméstico.

Portanto, Anand Mahindra sabia que não demoraria muito até que os grandes fabricantes globais de tratores começassem a pressionar a sua empresa. Mahindra decidiu que a melhor maneira de proteger a base doméstica do seu negócio de tratores seria aumentar a escala no exterior. A M&M já tinha fábricas de baixo custo em seu país de origem. Comprando concorrentes, garantiria sua presença na Índia e estenderia o seu alcance global. Então, o executivo-chefe estabeleceu o objetivo de se tornar líder mundial na fabricação mundial de tratores (em volume) até 2010.

A empresa logo comprou a Jiangling Tractor Company (JTC) da China, pensou em fazer um lance pela Tractorul na Romênia (embora, no final, não tenha feito), entrou numa *joint venture* com a Iran Tractor Manufacturing Company (que detém uma participação de mercado de 80% em seu país) e comprou a Swaraj Enterprise Tractors na Índia. A participação no mercado doméstico da Mahindra pulou de 33 para 45%.

Essas aquisições não foram tão aleatórias quanto podem parecer; cada uma tinha um potencial específico. A indústria de tratores muda devagar em termos de tecnologia, especialmente nas economias de desenvolvimento rápido. Na China, a Mahindra viu que um número enorme de agricultores não estava trabalhando com tratores, mas com motoenxadas — máquinas que se parecem com cortadores de gramas e (em suas versões maiores) carrinhos de golfe. "A China estava em um nível diferente de mecanização", Anand Mahindra nos disse. "Eles tinham um milhão de motoenxadas esperando para ser convertidas em tratores." Um ano depois que a Mahindra comprou a JTC, a empresa chinesa cresceu 15%, mais rápido do que a indústria de tratores indiana.

"Vamos ver o mercado chinês se tornar um fator dominante na decisão de quais jogadores vão manter sua escala e seu tamanho em todo o mundo, e é por isso que assumimos um compromisso com a China", disse Mahindra. "Não acreditamos que você possa ser o número 1 do mundo no seu setor se você não for um grande jogador na Índia e na China."

CEMEX: O PODER DAS AQUISIÇÕES EM SÉRIE

A estratégia principal da Cemex é alcançar um crescimento rentável por meio de aquisições. O executivo-chefe Lorenzo Zambrano assinala: "A diversificação geográfica nos permite operar em várias regiões com diferentes ciclos de negócios. No longo prazo, estamos tentando garantir que nenhum mercado represente mais do que um terço dos nossos negócios." Além de mitigar riscos cíclicos, a expansão global fez com que a Cemex tivesse acesso a mercados de capital mais estáveis, aumentasse a sua capacidade produtiva e reagisse à crescente concorrência doméstica.

O faturamento da Cemex cresceu de menos de US$1 bilhão em 1989 para quase US$5 bilhões em 1999, sem nenhuma perda de rentabilidade. Durante esse período, a margem LAJIDA ficou entre 30 e 40% — de dez a 15 pontos percentuais mais alta que a das maiores concorrentes globais da empresa. Com vendas de US$17,4 bilhões e LAJIDA de US$4,1 bilhões (23,6%) em 2006, a Cemex ainda é mais rentável do que suas concorrentes globais. Como ela faz isso? De várias maneiras.

Para começar, a empresa padronizou as suas operações, o que lhe permite assimilar rapidamente novas aquisições pelo "método Cemex" e logo tirar proveito das sinergias. Por exemplo, a Cemex espera gerar sinergias recorrentes de US$360 milhões a partir da sua aquisição, em 2005, do RMC Group, produtor de cimento com sede no Reino Unido.

Mas a Cemex não espera apenas que as empresas recém-adquiridas se adaptem às suas operações padronizadas. Ela também aprende com as empresas adquiridas e aplica esse conhecimento para aperfeiçoar ainda mais as operações. De fato, uma filosofia de aprimoramento contínuo está arraigada na cultura da empresa e é respaldada por processos formais. Por exemplo, depois que obteve conhecimento sobre coque de petróleo (uma fonte de energia relativamente acessível) de uma empresa espanhola adquirida, a Cemex começou a utilizá-lo em toda a organização. Essa mesma filosofia influencia decisões sobre todos os outros aspectos das operações da empresa, incluindo logística, redes de fábricas, aprovisionamento global, gestão dos ciclos de vida das pedreiras, registros de segurança e práticas de manutenção.

Por fim, a Cemex encontrou maneiras de lucrar com a demanda e as condições de fornecimento local, bem como com as diferenças de preço nas várias regiões em que a empresa agora atua, graças a suas numerosas aquisições. Para exemplificar, no mercado de concreto pronto para o uso, os empreiteiros muitas vezes mudam seus pedidos no último minuto para satisfazer as especificações do cliente. Ao equipar as suas betoneiras com GPS, a Cemex possibilitou que os seus despachantes agendem entregas no prazo de vinte minutos no mercado mexicano, em comparação com três horas para os fornecedores concorrentes. O resultado foi que a Cemex pôde aumentar a sua participação de mercado, cobrar um adicional dos empreiteiros sensíveis a questões de tempo e reduzir custos de concreto não utilizado.

Apressar-se —devagar

As empresas desafiantes pensam grande e agem rápido para fazer suas aquisições, mas quando o assunto é integrar as empresas recém-adquiridas, elas muitas vezes agem sem pressa. A visão ocidental sobre aquisições diz que, se a integração não for completada rapidamente, os benefícios de sinergia serão perdidos. A maioria das empresas dominantes planeja a integração pós-fusão e identifica a equipe que vai liderar esse esforço bem antes de a aquisição ocorrer oficialmente.

Em alguns casos, mas dificilmente em todos, as empresas desafiantes têm uma abordagem diferente da integração. O Grupo Tata, por exemplo, não realiza tomadas de controle hostis. Essa ação não está alinhada à filosofia da Tata. Quando faz uma aquisição, a empresa segue um modelo adaptativo, e não a abordagem tradicional prescritiva. R. Gopalakrishnan, um diretor da

Tata Sons, diz: "Defino uma fusão e aquisição (F&A) prescritiva como um processo no qual você tem uma boa idéia do seu campo de jogo em termos de geografia ou área de atuação. Depois, você faz uma lista reduzida das candidatas em potencial, as monitora e as observa como uma águia. Depois de adquirir a empresa, você entra com um conjunto de idéias prescritivas sobre como quer operar, pois isso fez parte da sua proposta de aquisição. 'Vou fazer isso. Vou fazer aquilo. Vou ensinar a eles como administrar melhor aquela fábrica. Vou ensinar a eles como se aproximar melhor dos mercados.' Durante o processo de aquisição, você apresentou o plano, *ad nauseam*, e está comprometido com ele, emotiva, psicológica e estrategicamente."

O modelo adaptativo funciona de uma maneira bastante diferente. Em vez de prescrever, a Tata desenvolve uma declaração ampla acerca de como a aquisição ajudará a empresa estrategicamente. "Não faço referência a demonstrações financeiras", diz Gopalakrishnan. "É quase como se as empresas fossem dois padrões, em vez de duas partes que se unem."

Uma razão para as empresas desafiantes "se apressarem devagar" dessa maneira é simplesmente porque elas são relativamente inexperientes em aquisições e integrações pós-fusão. No entanto, trata-se também de uma questão de filosofia e cultura. A maioria das empresas desafiantes com que tivemos contato falou sobre confiança e adaptação cultural como os fatores mais críticos para o sucesso de aquisições e parcerias. Elas geralmente acreditam que é importante manter a equipe de liderança da empresa adquirida. Uma aquisição, disseram, é uma longa maratona, mais do que uma rápida corrida de velocidade.

Então, as empresas desafiantes não entram em cena imediatamente após a aquisição e estremecem tudo para mostrar quem manda. Em vez disso, permanecem discretas e deixam que os gestores locais sigam administrando em boa parte como faziam antes. Nos primeiros 12 meses, as empresas desafiantes lançam esforços conjuntos para construir confiança e criar uma visão comum para a entidade resultante da fusão. É só no segundo ano que elas começam a realocar ativos e capacidades dos locais de alto custo para os de baixo custo.

Em todas as colaborações desse tipo, as empresas desafiantes demonstram uma forte vontade de aprender. "Acho que nossa maior força é nossa humildade e ignorância", diz Gopalakrishnan. "Afinal, não somos especialistas em tudo."

Construir marcas

As empresas desafiantes também estão usando as aquisições para melhorar seu patrimônio de marcas em seus países de origem e no exterior. Quando o assunto são marcas icônicas, as economias de desenvolvimento rápido procuram há muito tempo inspiração no Ocidente. Na lista das cem maiores marcas globais compilada pela Interbrand em 2006, nenhuma era de uma economia de desenvolvimento rápido. Apenas três — Samsung, Hyundai e LG — vinham da onda coreana de empresas desafiantes que precedeu o tsunami. Nenhuma vinha da marola mexicana. E apenas seis vinham das empresas desafiantes japonesas que causaram a onda precedente.

Não há (ainda) nenhuma Coca-Cola, BMW, Nokia, Louis Vuitton, American Express, Gucci ou Google nas economias de desenvolvimento rápido. As melhores marcas russas de 2006? Nomes desconhecidos (nos países desenvolvidos) como Beeline, MTS, Baltika e Slavneft. Do Brasil, o mundo talvez reconheça a Natura (para saber mais sobre essa empresa, vide o Capítulo 5), mas provavelmente não o Itaú ou o Bradesco. Da China, a China Mobile está no topo da lista, com a Lenovo — talvez a única marca que a maioria dos ocidentais reconheceria — em décimo lugar. Moutai, uma conhecida bebida alcoólica chinesa que deixa muitos paladares ocidentais perplexos, ocupa a oitava posição.

Para criar, estabelecer, alimentar e amplificar uma marca são necessários tempo, *expertise* e uma compreensão sólida das nuances culturais. Mas o esforço vale a pena. Uma marca conhecida gera um valor tremendo para uma empresa, não apenas aumentando as vendas e o lucro, mas também permitindo que ela expanda e inove. Portanto, não é de surpreender que as empresas desafiantes vejam a aquisição de marcas como uma maneira de expandir seu campo de jogo, bem como de entrar em novos mercados e atrair novos consumidores. O objetivo das empresas desafiantes é claro: adquirir uma marca forte, depois alavancar a promessa da marca para fomentar rapidamente o crescimento em todos os lugares em que elas operam.

A TATA ABOCANHA A TETLEY

A Tata Tea comprou a empresa britânica Tetley para ganhar reconhecimento imediato do seu nome e uma plataforma sobre a qual poderia construir um portfólio de "soluções de bem-estar". A Tata Tea, uma outra unidade do extenso Grupo Tata, é uma das empresas de bebidas mais prestigiosas da Índia. Trata-se do segundo maior jogador de marcas de chá no país, atrás da empresa de bebidas da Unilever, a Hindustan Lever Ltd. No ano fiscal 2007, a Tata Tea teve uma receita de mais de US$1 bilhão e um lucro de US$138 milhões.

A empresa se considera uma especialista em chás, com grande conhecimento acerca de como manter o frescor do produto através de embalagens especiais e da remessa rápida do chá da plantação até o consumidor. Os executivos acreditavam que podiam aplicar esse conhecimento sobre o frescor do chá em mercados de todo o mundo. "Ao redefinir frescor para os clientes, você pode apresentar uma forte vantagem competitiva", diz o executivo-chefe da área operacional, R. Krishna Kumar. "Essa era a lógica que estávamos considerando introduzir no mercado mundial pelo *branding* global."

Mas as marcas próprias da Tata não eram muito conhecidas fora da Índia, e os líderes da empresa reconheceram que as variedades e misturas oferecidas talvez não fossem adequadas para outros mercados. Então, pensaram em construir uma nova marca Tata para o mercado global, sobretudo para as economias desenvolvidas. "Percebemos que gastar dinheiro na criação de uma marca, investir em promoção e criar um mercado para a marca Tata globalmente teria sido um exercício caro e sem resultado garantido", afirma Kumar. "Então, vimos que uma das maneiras para satisfazer nossa necessidade de crescimento global seria adquirir uma marca global e depois desenvolvê-la para criar uma plataforma global."

Que outro país além da China está intimamente associado a chá, ao seu consumo, tradição e cultura? O Reino Unido, é claro. A Tata comprou a Tetley Tea — uma empresa britânica fundada em 1837 e uma das marcas de chá mais famosas do mundo — por US$432 milhões em 2000.

Depois disso, aconteceu uma série de aquisições de outras marcas que visavam ajudar a Tata Tea a desenvolver a plataforma Tetley e alavancar "as propriedades essenciais do chá: saúde, bem-estar, sabor agradável e antioxidantes", como Kumar as descreve. Todavia, as novas marcas não tinham de ficar confinadas a chá: podiam ser qualquer produto que atraísse os consumidores para bebidas prontas vistas como "soluções de bem-estar" à base de ervas.

Por exemplo, em 2005, a Tata trouxe para a família de marcas a Good Earth Tea, uma marca de infusões de ervas da Califórnia; a Jemca, da República Tcheca, outra especialista em infusões de ervas, em 2006; a americana Glaceau, fabricante de bebidas energéticas aromatizadas, em 2006; e, da África do Sul, em 2006, a Joekels Tea Packers, que mistura e embala uma ampla gama de chás. Em 2006, 75% do US$1 bilhão de receita da Tata Tea provinha de fora da Índia. (Em 2007, a Coca-Cola Co. comprou a Glaceau por US$4,1 bilhões, e também adquiriu a participação acionária da Tata, que obteve um bom retorno pelo seu investimento na empresa.)

Além de ajudar a construir uma plataforma global, as aquisições voltadas para marcas também permitiram que a empresa tivesse lucros maiores com suas marcas de alta margem. A empresa usou esse excedente de caixa para bancar outras aquisições e colocar ainda mais recursos na gestão de marcas — ativando aquele círculo virtuoso que beneficiou tantas empresas desafiantes.

Preencher lacunas de capacidade

Outra ação fundamental dos esforços de aquisição das empresas desafiantes foi preencher lacunas de capacidade em áreas como tecnologia e acesso a mercados. Em janeiro de 2007, a China Mobile comprou a Paktel, uma operadora de telefonia móvel com sede no Paquistão. Avaliada em US$460 milhões, a transação foi a primeira aquisição internacional bem-sucedida da China Mobile. Ao adquirir uma pequena operadora em um mercado relativamente pequeno, a empresa não estava procurando realizar uma mudança significativa de dimensão. Em vez disso, estava criando novo valor ajudando a Paktel a aplicar no Paquistão o conhecimento que a China Mobile havia obtido na China. Os dois mercados apresentam desafios e características semelhantes, tais como crescimento rápido e populações com pouca renda excedente.

A China Mobile tinha sobretudo uma vasta experiência em contornar o sistema subdesenvolvido de pagamentos da China, que faz com que seja difícil para os clientes estabelecer contas com um provedor de telefonia móvel.

A mesma dificuldade existe no Paquistão. À medida que a classe média da China cresceu e a renda média aumentou, a China Mobile também descobriu que o comportamento dos consumidores muda conforme eles se tornam mais prósperos. Isso significa aprender como criar produtos, serviços e métodos de venda que permitam que os clientes mudem para serviços e produtos mais caros.

Algumas empresas desafiantes usaram aquisições para preencher lacunas de capacidade que as ajudam a atrair clientes totalmente novos. A Bharat Forge é um bom exemplo. A empresa começou como fabricante de grandes peças forjadas para caminhões no mercado indiano, com uma receita de US$112 milhões em 2001. Desde então, adquiriu fundições na Alemanha, Suécia, Escócia e nos Estados Unidos. Essas empresas forneciam peças para fabricantes de automóveis para passageiros ou produziam produtos forjados para a indústria de caminhões, que não faziam parte dos produtos oferecidos pela Bharat. Depois de adquirir as empresas, a Bharat Forge integrou as equipes de engenharia ao seu centro de engenharia de baixo custo na Índia a fim de construir uma capacidade global de engenharia de grande profundidade e alcance. A Bharat também formou uma *joint venture* com um grande grupo automotivo na China. Em 2007, a receita da Bharat Forge foi de mais de US$1 bilhão. A empresa agora fornece uma ampla gama de produtos forjados complexos e de alta engenharia para fabricantes de caminhões e veículos de passageiros, bem como para empresas do setor de petróleo e gás, e ferrovias.

A Huawei Technologies, fabricante de equipamentos de telecomunicações líder na China, abriu 12 centros de P&D em todo o mundo — sete na China e cinco em outras regiões, dentre as quais Estados Unidos, Europa, Rússia e Índia. A empresa fez parcerias com as principais empresas do setor de equipamentos de telecomunicações, dentre as quais 3Com, Siemens, Microsoft, Motorola, Qualcomm, NEC, Mitsubishi e Kyocera, para aumentar suas próprias capacidades. Originariamente uma fornecedora de equipamentos para redes fixas, em 2006 a Huawei começou a atuar em praticamente todas as áreas da indústria de telecomunicações, incluindo telefones móveis e infraestrutura, comunicação de dados e software.

Tata Technologies e INCAT: sinergias fortuitas

Até mesmo as fusões e aquisições que não têm um objetivo tão formalizado podem gerar resultados valiosos. Por exemplo, a Tata Technologies (TT) adquiriu em 2005 a INCAT, com sede no Reino Unido, para reagir ao desafio de um cliente, uma grande empresa dominante americana que fabricava veículos. Na época, tanto a Tata quanto a INCAT prestavam à empresa dominante uma série de serviços de engenharia, design e gestão do ciclo de vida do produto — a Tata, a partir de suas operações de baixo custo na Índia e na Tailândia; e a INCAT, a partir de suas unidades próximas às instalações do cliente nos Estados Unidos e na Europa.

Quando reduziu as operações nos EUA, esse cliente precisou de apoio externo mais do que nunca, mas não queria consolidar o trabalho de engenharia com apenas um dos fornecedores. Ambos faziam alguma contribuição importante. A TT oferecia serviço de qualidade a baixo custo; a INCAT, bom serviço ao cliente e conhecimento profundo da empresa.

Então, um executivo da montadora levou Pat McGoldrick, diretor administrativo da TT, para jantar e perguntou: "A Tata tem coragem, dinheiro e tempo para vir para Michigan? Vocês podem se tornar locais, desenvolver intimidade com o cliente, ir nadar com as pessoas, ir à igreja com elas e aprender como fazer negócios? Vocês têm isso?"

McGoldrick achava que a sua empresa não podia fazer tudo isso. Depois, o executivo disse que havia levado o chefe da INCAT para jantar na noite anterior e feito as mesmas perguntas a ele. O cliente havia dito à INCAT: "Você acha que pode continuar a nos cobrar US$120 por seus serviços quando posso obtê-los por metade do preço com a TT? Você tem tempo e coragem para ir para a Índia e desenvolver uma unidade *offshore* de baixo custo?"

O chefe da INCAT percebeu que não, a empresa provavelmente não estava em condições de estabelecer uma operação na Índia ou na Tailândia tão cedo. Então, McGoldrick nos disse: "O cliente respondeu: 'Se vocês não têm tempo, coragem nem paciência, acho que deveriam se unir.' E isso detonou o processo que levou à aquisição."

Depois de um período de exploração, discussão e auditagem, as empresas decidiram que a fusão fazia sentido para ambas porque cada empresa oferecia algumas capacidades e vantagens que a outra não podia oferecer. Mas não foi fácil. "Tivemos alguns desafios na integração das duas organizações", admite Warren Harris, executivo-chefe da área operacional da INCAT. "Mas iniciamos vários projetos que validaram nossa proposta de valor. E estamos extremamente empolgados com os próximos anos, não apenas porque somos uma ótima empresa, mas porque os clientes realmente a valorizam. Eles não querem ter de lidar com os problemas do *offshoring* em uma área cheia de todos os tipos de desafios."

BAJAJ: POTENCIALIZANDO O EFETIVO

As empresas desafiantes aprenderam que aquisições e parcerias, por mais bem-intencionadas e cuidadosamente planejadas, não terão um efeito positivo duradouro em nenhuma das partes se as empresas não usarem o que aprenderam com essa experiência para aprimorar sua maneira de fazer negócios.

A Bajaj Auto, por exemplo, para tentar tornar o seu negócio de ciclomotores mais competitivo, optou por fazer parcerias esperando que as habilidades e os processos dessas outras empresas acabassem sendo absorvidos por seus funcionários.

Em 1985, a Bajaj Auto era a maior fabricante indiana de ciclomotores do tipo Vespa, com motores de dois tempos. No ano seguinte, uma nova onda de motocicletas japonesas entrou no mercado indiano — liderada por um atraente modelo chamado CD 100, nascido de uma *joint venture* entre a Honda e o Hero Group.

No entanto, a Bajaj continuou a fabricar ciclomotores praticamente da mesma maneira que vinha fazendo havia 25 anos. A empresa parecia ter perdido completamente "o próximo passo" do setor, mas, como muitas vezes acontece nas economias em desenvolvimento, a realidade era um pouco mais complicada. "Até o início dos anos 1990, as nossas capacidades de produção eram controladas pelo governo", disse-nos Sanjiv Bajaj. "Por isso, tínhamos uma lista de espera de dez anos para o nosso produto. Não era uma situação de monopólio porque havia sete ou oito outras fabricantes de veículos de duas rodas. Mas tínhamos o tipo de produto, e também a qualidade e o preço, que ficava na cabeça dos consumidores. Eles não se cansavam daquilo."

Apesar de as motocicletas japonesas serem mais econômicas em termos de combustível e terem um visual mais atraente do que os ciclomotores da Bajaj, "a grande maioria dos consumidores comprava o ciclomotor porque era conveniente e mais barato", disse Bajaj. "Até 1994 ou 1995."

Então, duas coisas aconteceram.

Primeiro, no rastro da primeira Guerra do Golfo (que terminou no início de 1991), o preço dos combustíveis na Índia começou a subir significativamente. De repente, o preço mais alto das motocicletas japonesas parecia menos importante do que o custo operacional total. A maioria das motocicletas japonesas tinha motores de quatro tempos, que eram 40% mais econômicos em termos de consumo de combustível do que os ciclomotores com motores de dois tempos da Bajaj. Segundo, o financiamento começou a se tornar mais amplamente disponível, então, o consumidor podia comprar a crédito.

De repente, todo mundo na Índia que dirigia um ciclomotor (e isso significava milhões de pessoas) queria uma motocicleta de verdade. No início dos anos 1990, os ciclomotores representavam até 60% do mercado de veículos de duas rodas. Em 2000, as motocicletas representavam mais de 50%, e os ciclomotores tipo Vespa, com motores de dois tempos, haviam caído para 15%. Em 2004, essa porcentagem havia despencado para 5%.

Naquela época, Rajiv Bajaj assumiu a chefia do desenvolvimento de produtos. Com apenas 28 anos, Rajiv é o neto do fundador da empresa e filho do atual presidente do conselho, Rahul Bajaj. "Começamos a remodelar todo o nosso portfólio de produtos de duas e três rodas", disse Sanjiv Bajaj, o irmão mais novo de Rajiv.

Rajiv encarou uma tarefa dificílima: transformar a Bajaj Auto de uma produtora local de ciclomotores antiquados em uma líder global em veículos de duas rodas e tecnologia de pequenos motores. Claro, a empresa tinha uma equipe de engenheiros experientes, mas os seus ciclomotores usavam a tecnologia Vespa, e a equipe não tinha a capacidade de projetar motocicletas que pudessem competir com as novas motos japonesas.

Uma das primeiras providências de Bajaj foi montar uma nova equipe de design liderada por um profissional talentoso na casa dos trinta anos. Ele contratou uma pequena firma de design chamada Tokyo R&D, que empregava muitos ex-engenheiros da Honda, para aprender mais sobre design de motores de motocicletas. Trabalhou com a Glynn Kerr Design, uma firma independente de design e estilo de motocicletas sediada na Itália, que oferecia idéias sobre qual deveria ser a aparência, a sensação e o barulho dos motores das motocicletas. Consultou a Orbital Engine of Australia Corporation para ajudar a Bajaj a entender o sistema de injeção direta para motores de dois tempos.

Rajiv Bajaj também mudou a maneira como sua empresa obtinha componentes. Na época, a companhia fabricava a maioria dos componentes críticos do motor internamente. Para os componentes comprados de fornecedores, o processo era antiquado — as especificações eram enviadas e os produtos acabados eram recebidos. Bajaj mudou tudo isso. Em vez de ditar o que fazer aos fornecedores de componentes, buscou opiniões e conselhos deles — a respeito de tudo, desde faróis até carburadores. Os engenheiros da empresa aprenderam a amar o que a empresa durante muito tempo temeu: colaboração.

Quanto mais a Bajaj alavancava o talento externo para construir *expertise* interna, menor se tornava o ciclo de desenvolvimento de produto — de três anos para dois e, depois, apenas 12 meses. "Tornamo-nos muito ágeis e rápidos", diz Sanjiv Bajaj. O ciclo de desenvolvimento de 12 meses supera até o das empresas que fabricam as motocicletas que revolucionaram o mercado indiano: Honda e Yamaha.

Além disso, os ciclomotores da Bajaj eram muito mais baratos de construir. "Apesar de nossas motos serem muito bem-feitas de um ponto de vista indiano, o custo de P&D do Japão é três vezes maior. Nossa P&D de baixo custo nos permite inovar nas motos com motores abaixo de 250 centímetros cúbicos", observa Bajaj.

Ao longo dos anos, Bajaj construiu uma capacidade interna de design de pequenos motores tão poderosa que preencheu a lacuna entre o desempenho de seus próprios motores e o das concorrentes japonesas. Igualmente importante é o fato de a empresa ter assumido a liderança em certos aspectos do design de motores — tais como consumo de combustível eficiente para pequenos motores. Na verdade, as empresas de todo o mundo estão fazendo agora a engenharia reversa da nova tecnologia de motores DTSI da Bajaj, uma grande inovação, para tentar entendê-la e reproduzi-la.

"Por nossos parceiros fora da Índia e construindo as nossas próprias habilidades de P&D", disse Bajaj, "construímos a capacidade de projetar boas motocicletas".

Permutar

Algumas empresas desafiantes têm acesso a tecnologias desenvolvidas por empresas dominantes mediante permutas — geralmente ajudando as empresas dominantes a melhorar sua posição de mercado na economia de origem da empresa desafiante.

Em 2007, as restrições governamentais a investimentos estrangeiros já tinham sido eliminadas na Índia havia muito tempo, mas a Renault ainda assim optou por se unir à Mahindra & Mahindra para criar o Logan, porque a parceria aceleraria a entrada da Renault em um mercado atraente. A M&M tinha uma forte rede de fornecedores e concessionárias, uma fábrica moderna e uma capacidade de engenharia de baixo custo. Tudo isso permitia que a Renault reduzisse o seu investimento no Logan em 15%. Em troca, a M&M ganhou uma base de apoio no setor de carros de passageiros, no qual antes não estava presente; aumentou sua escala no aprovisionamento e na distribuição; e descobriu oportunidades para explorar a venda de seus veículos utilitários pela rede global da Renault.

Abrindo a porta da China

Durante anos, não foi permitido que as empresas dominantes tivessem acesso aos mercados locais chineses a menos que prometessem fornecer tecnologia e capital a seus parceiros locais. Até a China entrar para a Organização Mundial do Comércio, em 2001, muitos setores tinham acesso restrito e as empresas estrangeiras tinham de formar *joint ventures* com parceiras chinesas para participar desses setores. O governo chinês muitas vezes escolhia a parceira ou insistia na aprovação de qualquer parceira escolhida pela empresa dominante, além de geralmente impor uma exigência de 80% de conteúdo local (peças e componentes fabricados por empresas locais) e aplicar restrições à importação de componentes de fora da China.

Mas muitas empresas dominantes, ávidas por estabelecer operações de manufatura na China para alavancar a mão-de-obra de baixo custo e explorar aquele florescente mercado, aceitavam essas restrições, criando *joint ventures* e abrindo escritórios no país.[4] Durante esse mesmo período, o governo chinês muitas vezes ordenou que empresas chinesas adquirissem ou criassem parcerias com outras companhias locais. Mesmo que uma das entidades fosse deficitária, a fusão geralmente permitia que os participantes aumentassem sua escala.

A Hisense, uma entidade estatal chinesa com sede em Qingdao, cresceu como resultado desses dois tipos de atividade colaborativa imposta pelo governo. A Hisense é um dos maiores conglomerados da China — fabrica e vende televisões, condicionadores de ar, telefones celulares e refrigeradores. Em 2006, a sua renda total era de quase US$6 bilhões, dos quais mais de 25% provinham de suas vendas internacionais.

Favorecida pelo governo, a Hisense havia absorvido tecnologia avançada de uma série de empresas dominantes com *joint ventures*, a maioria orquestrada pelo governo. Por exemplo, nos anos 1980, a Matsushita do Japão forneceu tecnologia de televisores em cores que a Hisense incorporou à sua popular marca Qingdao. No início dos anos 1990, a Hisense mais uma vez fez uma parceria com a Matsushita para produzir TVs de tela grande. A Hisense também se beneficiou de transferências de tecnologia impostas pelo governo à NEC (televisores em cores), Toshiba (televisores em cores de tela grande), Sanyo (condicionadores de ar), Lucent (permutadores de programas de grande escala), Hitachi e Qualcomm (telefones celulares de acesso múltiplo por divisão de código, CDMA, em inglês). A Hisense também está colaborando com a Lucent, Intel e Ligent Photonics na tecnologia 3C.[5] Em troca, é claro, essas empresas dominantes puderam expandir suas operações e vendas na China.

Além de suas parcerias com empresas dominantes ricas em tecnologia, a Hisense aumentou constantemente a sua escala através de aquisições impostas pelo governo. Por volta de 1993, a empresa começou a comprar uma série de empresas chinesas, dentre as quais a Zibo TV Factory, a Guizhou Huari Electronic Appliance e a Golden Phoenix TV, e expandiu significativamente a sua capacidade de fabricação.

BAOSTEEL: TRANSAÇÕES INTERNAS

A Baosteel, siderúrgica chinesa, permutou o seu considerável status de conhecedora do mercado por benefícios estratégicos. Como uma campeã nacional da China, a Baosteel recebe vários tipos de tratamento preferencial, o que ajudou a empresa a se tornar uma siderúrgica de classe mundial, com a maior e mais moderna usina siderúrgica da China, uma ampla gama de produtos e operações sofisticadas de P&D. Mas as suas parcerias com empresas internacionais — e as transferências de tecnologia envolvidas nessas colaborações — também desempenharam um papel fundamental no sucesso da Baosteel.

Desde a sua fundação, em 1978, a Baosteel recebeu tecnologia avançada de empresas de fora da China, principalmente da companhia japonesa Nippon Steel. O governo chinês outorgou o contrato de construção da principal usina da Baosteel à Nippon Steel, e boa parte do equipamento instalado no primeiro estágio dessa construção era importado do Japão. A unidade, uma usina costeira de grande escala localizada na cidade litorânea de Baoshan, foi construída em fases. A fase inicial se baseava na usina da Nippon Steel em Kimitsu, e uma grande expansão foi criada com base na usina da Nippon Steel em Nagoya, seu principal centro de produção de aço laminado.

Em 2003, os líderes da Baosteel aumentaram a colaboração com concorrentes internacionais. Naquele ano, criaram uma *joint venture* de aço automotivo sediada em Xangai com a gigante Arcelor, de Luxemburgo, e a Nippon Steel, avaliada em US$785 milhões. A *joint venture* é um acordo de vinte anos para fabricar 1,7 milhão de toneladas de chapas de aço de alta qualidade para satisfazer a crescente demanda de montadoras internacionais por produtos fabricados localmente.

Também em 2003, um projeto de US$4,68 milhões envolvendo a construção sob medida de discos metálicos soldados a laser foi lançado conjuntamente pela Baosteel (38%), a Arcelor (25%) e a Shanghai Volkswagen Automotive Co. Ltd. (37%). A colaboração espera usar um avançado sistema de soldagem a laser desenvolvido por uma empresa suíça para processar chapas de aço fornecidas pela Baosteel.

Várias gigantes do setor de siderurgia, dentre as quais a Nippon Steel, a POSCO e a Arcelor, monopolizavam a tecnologia de fabricação de chapas automotivas de classe mundial. Então, era difícil imaginar que essas empresas fossem transferir sua principal arma competitiva para uma rival como a Baosteel. No entanto, a Baosteel possui alguns trunfos bastante atraentes; a saber, o enorme tamanho e o rápido crescimento do mercado siderúrgico chinês e o posicionamento altamente competitivo da empresa no setor.

No caso da *joint venture* original Baosteel-Nippon, a Nippon Steel havia aparentemente feito duas grandes concessões para ganhar acesso ao importante mercado chinês. Uma delas é uma participação meio a meio em vez de uma majoritariedade da Nippon Steel. A outra é o fato de a Baosteel, e não a Nippon Steel, ser a maior fornecedora das bobinas laminadas a quente usadas para fabricar chapas laminadas a frio.

Esses dois acordos têm por objetivo satisfazer as necessidades de todos os participantes. Com o acordo de transferência de tecnologia em troca de acesso ao mercado, a Nippon Steel e a Arcelor podem vir a aceitar que uma aliança estratégica com a Baosteel é a maneira mais viável de ganhar dinheiro nas condições de negócios atuais, mesmo que se sintam pouco à vontade com o fato de possivelmente introduzirem um novo membro no clube de siderúrgicas globais gigantes.[6]

Implicações: reconheça e rejeite seus limites

As empresas desafiantes têm pressa.

Elas não estão dispostas a aceitar limitações internas. Querem se tornar líderes em seus setores e estão adquirindo, colaborando e fazendo parcerias para avançar e realizar essa visão.

Mas as empresas dominantes não precisam ficar sentadas assistindo enquanto as desafiantes constroem posições dominantes para si mesmas. Elas também podem pensar grande, agir rápido e ir para fora de suas fronteiras geográficas e organizacionais atuais — estabelecendo colaborações de mão dupla com empresas desafiantes.

Para fazer isso, as empresas dominantes precisam evitar a arrogância da grande adquirente — a tendência a engolir empresas menores para um propósito tático específico sem pensar suficientemente sobre o valor estratégico da aquisição ou sobre os benefícios secundários que a aquisição pode proporcionar.

No setor farmacêutico, como vimos no Capítulo 6, empresas de todo o mundo fizeram parcerias com a Cipla, a companhia farmacêutica indiana. Com esses acordos, a Cipla ganha acesso a clientes e marcas, ao passo que as empresas dominantes ganham abertura junto à fabricante de medicamentos genéricos de mais baixo custo. Até mesmo os grandes jogadores do setor farmacêutico, como a Astra Zeneca, estão fazendo parcerias desse tipo.

No entanto, essas colaborações são a exceção, e não a norma. A maioria das empresas dominantes ainda tem uma mentalidade do tipo "isolacionista" ou "monogâmica" em termos de parcerias, exceto talvez na China, onde as regulamentações governamentais podem ditar o contrário. Mas à medida que novas capacidades emergem em bloco nas economias de desenvolvimento rápido — desde a descoberta de medicamentos e o design de componentes para automóveis na Índia até a ciência de materiais na Rússia ou no Brasil e a eletrônica na China —, as empresas dominantes devem esquecer sua hesitação e construir agressivamente elos com as desafiantes.

A colaboração dominante-desafiante pode ser guiada por amplas necessidades estratégicas, tais como ganhar distribuição ou aumentar a escala. Por exemplo, grandes jogadores estabelecidos se beneficiaram do crescimento da Hisense expandindo sua base de clientes e vendas na China. A Nippon Steel e a Arcelor transferiram tecnologia para sua *joint venture* com a Baosteel para aumentar sua escala no mercado automotivo em rápido crescimento na China enquanto alavancavam a posição preferencial da Baosteel naquele mercado.

As parcerias também podem gerar acordos valiosos de terceirização e prestação de serviços. A Hisense é a maior fornecedora mundial de televisores de LCD de quarenta polegadas; também produz para a NEC, dentre outras. A Wipro, a Tata Consultancy Services e a Tata Technologies atuaram como parceiras terceirizadas para infra-estrutura de TI, desenvolvimento de produto, serviços de engenharia e industriais e P&D para grandes empresas dominantes.

E, por fim, as parcerias podem ser guiadas por P&D. Exemplos incluem as interações da Bajaj com a Kawasaki, bem como o foco da Cipla na descoberta e no desenvolvimento de medicamentos para as empresas dominantes enquanto as suas parceiras cuidam do marketing, das vendas dos medicamentos e do desenvolvimento do negócio.

Desempenhe vários papéis

Em tais colaborações, as empresas desafiantes muitas vezes desempenham vários papéis — de fornecedoras a clientes das empresas dominantes. A Bajaj, por exemplo, vende seus produtos nas Filipinas com a marca Bajaj usando a infra-estrutura de vendas e distribuição da Kawasaki. Na maioria dos mercados, a Kawasaki é uma arqui-rival da Bajaj; nas Filipinas, a empresa é uma parceira.

"Dissemos à Kawasaki que, em produtos com menos de 250cc, agora produzimos motocicletas tão boas ou melhores do que as deles", disse Sanjiv Bajaj. "Então, há uma oportunidade real para eles comprarem de nós e venderem em diferentes partes do mundo. As Filipinas são um projeto-piloto. A Kawasaki começou com sua própria fábrica lá e agora vende cerca de cem mil unidades por ano em um mercado de cerca de quatrocentas mil unidades, mas está crescendo 20% ao ano. O nosso relacionamento com eles completou um círculo agora. Primeiro, a Bajaj estava comprando tecnologia da Kawasaki e usando a marca Kawasaki em nossos produtos na Índia. Agora, eles compram de nós produtos com a marca Bajaj."

De maneira semelhante, a ZTE colaborou com empresas dominantes como a Motorola, a Intel, a Qualcomm e a Texas Instruments. Embora tenham obtido a maioria dos grandes contratos para a expansão da infra-estrutura de telecomunicações na China,[7] as empresas dominantes também investiram no mercado doméstico e, assim, alimentaram o crescimento das desafiantes, inclusive da ZTE.

Pense estrategicamente

Quando pensam em fazer uma colaboração, fusão ou aquisição, as empresas dominantes têm uma tendência a se empantanar em longas discussões e auto-avaliações sobre "quem somos no fundo" e "qual é o nosso propósito".

Como vimos, as empresas desafiantes tendem a fazer perguntas mais voltadas para o futuro, do tipo: "A aquisição vai nos dar acesso a novos clientes importantes? Vai nos fornecer tecnologias que não poderíamos desenvolver sozinhos ou obter de outra maneira? Vai melhorar nossa capacidade de defesa em uma consolidação do setor, numa desaceleração ou em um ataque competitivo? O que queremos ser? O que *podemos* ser?"

Muitos analistas ficaram surpresos quando a Videocon, um conglomerado indiano, comprou o negócio de tubos de raios catódicos (CRT) do Grupo Thomson, da França. CRT já era uma tecnologia madura, sendo rapidamente substituída por telas de plasma e LCD. O crescimento nos mercados consumidores na Europa e nos Estados Unidos, onde a Thomson operava, era mais lento do que em outras partes do mundo. Mas a Videocon viu a aquisição da Thomson como uma maneira de aprender aquele negócio, se tornar um grande jogador no setor global de componentes eletrônicos, obter acesso a tecnologias que não possuía e não queria desenvolver e se conectar a um valioso grupo de novos clientes.

A Mahindra & Mahindra segue uma estratégia semelhante. "O que estamos fazendo com aquisições é dar saltos", Anand Mahindra nos explicou. "A vantagem competitiva está, em última instância, na Índia. Mas a questão é como obter clientes, como obter canais de distribuição e como obter tecnologia — sem nos dedicarmos a isso de tal maneira e com tal profundidade a ponto de ficarmos sobrecarregados com todas as razões que tornam o Ocidente pouco competitivo. Esse é o balanço final. Você não vai nos ver fazendo aquisições em uma estratégia de acumulação para chegar ao primeiro lugar. Não queremos herdar os problemas das atuais empresas ocidentais dominantes no setor."

À medida que procuram aquisições para dar saltos, as empresas desafiantes muitas vezes agem com muita rapidez e atenuam o potencial da aquisição de gerar lucros no curto prazo. Conseqüentemente, elas às vezes pagam um preço mais alto do que uma empresa dominante pagaria (com base apenas em seu julgamento sobre o impacto imediato da transação nos lucros). Em vez de ganhos instantâneos, as empresas desafiantes se concentram em usar a aquisição para sustentar um objetivo estratégico de longo prazo.

As empresas dominantes agora estão pensando mais estrategicamente sobre aquisições nas economias de desenvolvimento rápido. Empresas globais como a IBM e a EDS adquiriram empresas locais de terceirização de processos de negócios na Índia para iniciar rapidamente suas próprias operações de baixo custo e também enfrentar suas desafiantes indianas.

As empresas dominantes também podem seguir os passos das desafiantes e comprar empresas locais com marcas fortes para obter acesso mais rápido aos mercados das economias de desenvolvimento rápido. Um grande impedimento para aquisições desse tipo são as altas avaliações das empresas desafiantes. As empresas dominantes, que ainda se concentram nas demonstrações financeiras estritas mais do que na estratégia de longo prazo ao analisar aquisições, acham difícil fazer uma aquisição de alto custo em um país de baixo custo. Por exemplo, o The Boston Consulting Group (BCG) fez uma avaliação para uma empresa dominante — um jogador global em equipamentos elétricos — tendo como alvo uma aquisição em potencial na Índia. Ao avaliar a aquisição estrategicamente em termos de acesso ao mercado e oportunidade de guiar a evolução do mercado, determinamos que a empresa local tinha quase o dobro do valor de uma avaliação típica, que se baseia em um múltiplo do fluxo de caixa.

Avalie a cadeia de valor

As empresas desafiantes tendem a entrar em cada colaboração ou aquisição com uma visão clara de quais elementos da cadeia de valor elas podem fortalecer como resultado daquela ação. As empresas dominantes deveriam fazer o mesmo. Elas precisam analisar mais detalhadamente sua própria cadeia de valor e decidir quais partes defender, quais fortalecer e quais alienar. Isso não é fácil, mas é a melhor maneira de conceber uma estratégia para colaborações e aquisições em relação a empresas desafiantes — aliciando-as nos casos em que isso faz sentido, alienando-as quando necessário e adquirindo-as quando elas podem fortalecer o negócio da empresa dominante.

Como dissemos, as grandes companhias farmacêuticas globais estão testando a descoberta e o desenvolvimento de medicamentos com parceiros indianos. Será que elas devem comprar as empresas desafiantes enquanto ainda são pequenas, estão aprendendo e são relativamente baratas? Será que devem esperar até que as empresas desafiantes se tornem grandes, mais experientes e tenham capacidades mais desenvolvidas — bem como avaliações mais altas?

Organize-se para ir para fora

Por fim, as empresas dominantes precisam decidir como se organizar em relação a arranjos colaborativos, parcerias e aquisições com as empresas desafiantes. Decisões sobre a estrutura organizacional vão determinar o sucesso ou o fracasso dessas parcerias. Que papel deve desempenhar o centro corporativo? Como a empresa deve gerir os processos operacionais e organizacionais? Que valores devem ser adotados na nova entidade? Como os participantes da transação devem alavancar o contingente de talento disponível? Como as empresas dominantes podem aprender com as desafiantes e pôr o seu novo conhecimento em prática?

As empresas dominantes não devem copiar o modelo de negócios das desafiantes líderes. Ao invés disso, precisam desenvolver suas próprias versões dos processos de pensar e agir rápido — e encontrar suas próprias maneiras de ir para fora.

CAPÍTULO 8

Inovar com engenhosidade

"Quando as pessoas me perguntam: 'Qual é a sua vantagem competitiva?',
respondo: 'A qualidade de nossos engenheiros.'"
Mauricio Botelho, Embraer

"Somos e continuamos a ser os líderes mundiais em inovação", disse John Engler, presidente da National Association of Manufacturers, em 2005. Engler estava falando dos Estados Unidos. Mas advertiu: "Não desfrutamos dessa condição por direito divino, e não podemos supor que estamos sem riscos à frente do mundo. Outros países estão galgando a escada da tecnologia com a nossa mesma avidez."

Talvez até com mais avidez. As empresas desafiantes líderes estão investindo pesadamente em inovação para impulsionar sua ascensão já bastante rápida. A fabricante chinesa de equipamentos de telecomunicações ZTE — considerada amplamente como uma líder em inovação em seu país de origem — gastou impressionantes 12% da sua receita de US$3 bilhões em 2006 em P&D.

As concorrentes estão criando institutos e parques de pesquisa. A BYD, por exemplo, fundou o seu Instituto Central de Pesquisa, no qual centenas de cientistas e engenheiros lutam com questões que vão desde a pesquisa de materiais até a engenharia de veículos. E a Goodbaby tem o seu Instituto de Pesquisa Infantil, no qual cerca de duzentos designers trabalham para projetar e criar "produtos confortáveis, convenientes e de bom gosto que ajudam o desenvolvimento físico e intelectual dos bebês".[1]

Também os fundos de capital de risco, atraídos pela perspectiva de participar do primeiro estágio de desenvolvimento da próxima geração de empresas desafiantes, estão cortejando ativamente pequenas empresas de tecnologia nas economias de desenvolvimento rápido. Investidores de risco aplicaram

US$1,89 bilhão em empresas chinesas em 2006, o maior volume em três anos, segundo a VentureOne. Investimentos em estágios iniciais de desenvolvimento representaram cerca de 62% dessas transações. Os investimentos em empresas chinesas de tecnologia da informação, em especial, cresceram 34% em 2006 em relação ao ano precedente, segundo um estudo entre Dow Jones, VentureOne e Ernst & Young.[2]

Os governos, com plena consciência do papel central desempenhado pela inovação em seus programas de modernização, também estão fomentando o pensamento criativo em seus países. Como parte do Novo Programa do presidente Vladimir Putin, por exemplo, US$1,1 bilhão está destinado a subvenções a escolas, professores e alunos inovadores.

As universidades também estão oferecendo mais do que nunca cursos de design, gestão da inovação e empreendedorismo, além de colaborarem com as empresas para desenvolver programas de estudo. A Suntech Power, com sede na China, é uma das dez maiores fabricantes de células fotovoltaicas, e não apenas opera o seu próprio centro de P&D em tecnologia, mas também estabeleceu parcerias com instituições acadêmicas, dentre as quais a Universidade da Nova Gales do Sul, na Austrália, e a Universidade Zhongshan, na China.

As empresas desafiantes entendem que a inovação é crucial para a sua ascensão contínua. Anand Mahindra diz o seguinte: "Sou obcecado por nossa vantagem comparativa em inovação." Mas, mesmo com todos esses esforços, as empresas desafiantes estão muito atrás das dominantes no que diz respeito ao volume de seus investimentos em inovação.

Sim, a ZTE gasta 12% de suas vendas anuais em P&D. Mas os 8% de gastos da Motorola representam mais do que a receita anual total da ZTE. Claro, a Ranbaxy, uma das principais companhias farmacêuticas da Índia, teve um orçamento total de P&D da ordem de US$87 milhões em 2006. No entanto, isso é quase risível perto dos padrões da indústria farmacêutica global: a GlaxoSmithKline gastou US$5,2 bilhões em P&D em 2004, sessenta vezes mais do que a Ranbaxy. É verdade, a BYD gasta cerca de 1,5% da sua receita em P&D. Mas isso é pouco em comparação com as grandes empresas de eletrônicos japonesas e coreanas. A Sanyo, por exemplo, aloca 8% da sua receita para P&D. (Mesmo assim, o baixo custo faz diferença em P&D, como em todo o resto. A BYD emprega dez vezes mais engenheiros do que a Sanyo.)[3]

O número anual de patentes solicitadas é outro indicador (imperfeito) de como as empresas desafiantes ficaram para trás em relação às dominantes. Entre 1999 e 2003, um total de 3.900 patentes americanas foram outorgadas a todas as empresas sediadas nas cinco maiores economias de desenvolvimento rápido — China, Índia, Rússia, Brasil e México. Nesse mesmo período, 399 mil patentes foram outorgadas e empresas americanas — cem vezes mais.

Portanto, sem muitos laboratórios, inventores, orçamentos de P&D ou propriedade intelectual, as empresas desafiantes tiveram de descobrir as suas próprias maneiras de desenvolver novos produtos e serviços para seus mercados.

Elas o fizeram principalmente por meio de três ações:

- Adaptar as idéias dos outros
- Alavancar
- Inventar rapidamente

Adaptar

Nos primórdios do tsunami, e até durante os anos 1990, a maioria das empresas desafiantes construiu seu sucesso adaptando — tomando emprestado e imitando — as idéias, os modelos de negócios, as tecnologias, os produtos e serviços de outras companhias, geralmente empresas dominantes baseadas em economias desenvolvidas. Mas essas empresas não são as piratas, trapaceiras e ladras de propriedade intelectual que receberam tanta atenção da mídia na última década. Afinal, em todos os setores e países há produtos e serviços que parecem muito semelhantes aos que os originaram em outro lugar. As idéias estavam lá; as empresas desafiantes as alavancaram.

A B2W, do Brasil, se tornou a maior varejista on-line do país imitando os métodos da Amazon.com e da Homedepot.com. A Baidu, a ferramenta de pesquisa na internet dominante na China, com mais de 69% de participação de mercado, superou o Google construindo uma ferramenta de pesquisa semelhante, mas com um desempenho muito melhor com caracteres chineses. A empresa teve um faturamento de US$108 milhões em 2006, uma explosão de crescimento semelhante à do Google, de 163% em 2005.

A 51job, da China, se tornou a maior provedora de serviços de recrutamento e recursos humanos, criando uma ferramenta de pesquisa de empregos que se parece muito com a da Monster.com. A 51job não apenas é o maior serviço desse tipo na China como também é o único site nacional de pesquisa de empregos no país. Presente em Xangai, Pequim e 26 outras cidades chinesas, a empresa ainda está crescendo em termos de sites, visitantes e receita.

A Li Ning é a principal fornecedora de calçados, acessórios e roupas esportivas nas cidades de segundo e terceiro escalão da China, com uma participação de mercado de aproximadamente 20%. O modelo adotado é o da Nike, oferecendo uma gama completa de moda e equipamentos esportivos e construindo uma extensa rede de distribuição nas cidades pequenas e médias da China. A receita da empresa deu um salto de 30% entre 2005 e 2006.

A Home Inns & Hotels Management, da China, segue o modelo de cadeias americanas de hotéis como a Courtyard by Marriott e a Hampton Inns. A Home Inns oferece um alto padrão de limpeza e conforto para quem viaja tanto a trabalho quanto a lazer, com tarifas que vão de 159 iuanes (US$21) a 299 iuanes (US$39) por noite. Mas a empresa não é dona dos edifícios, depende fortemente de arrendamentos e também franqueia algumas de suas propriedades, embora a maioria de suas concorrentes administre hotéis arrendados. Apesar de não ter sido a primeira empresa a imitar o modelo de viajante econômico, a Home Inns obteve mais sucesso do que suas concorrentes. Fundada em 2002, a empresa havia aberto 182 hotéis em mais de 39 cidades chinesas até 2006, e tinha planos de abrir mais 95 em 2007. As taxas de ocupação subiram de 87% em 2004 para 90% em 2005 e 93% em 2006.

Em cada um desses casos, a empresa desafiante olhou para além de suas próprias fronteiras organizacionais e geográficas em busca de modelos, processos e estratégias de negócios, bem como de idéias para produtos e serviços que pudessem ser adaptados às suas condições singulares. O resultado foi um empreendimento inovador e notavelmente bem-sucedido por seus próprios méritos.

O ROEWE: RAÍZES NO ROVER

Na China, as montadoras em franca ascensão se apropriaram, compraram ou adaptaram boa parte do conhecimento de tecnologia e design da indústria automobilística global. Muitas montadoras chinesas acumularam seu conhecimento aprendendo com companhias automobilísticas estrangeiras para as quais trabalhavam e fazendo a engenharia reversa de sistemas e componentes das empresas dominantes. Começaram a imitar os produtos que ajudavam a construir e, no final, criaram seus próprios designs.

Você pode ou não ter ouvido falar da Shanghai Automotive Industry Corporation (SAIC), a montadora número 1 da China, financiada pelo Estado e altamente rentável. Durante muitos anos, a SAIC produziu carros para a General Motors e a Volkswagen a serem vendidos na China.

Agora, a SAIC está procurando se tornar uma produtora de classe mundial de seus próprios carros e está começando pela faixa mais alta de produtos, com uma nova marca de luxo chamada Roewe (pronuncia-se rau-uí). Em 2006, a SAIC comprou os direitos de várias tecnologias e designs da Rover, a renomada marca britânica. (A Ford comprou a marca em si, e é por isso que a SAIC teve de inventar um novo nome.) O primeiro modelo da SAIC, o Roewe 750, baseia-se no Rover 75, um modelo na faixa média de mercado, com umas poucas modificações significativas para elevar o seu padrão — uma distância maior entre os eixos, um novo design interno e uma grade de ventilação exclusiva com dois leões agarrando um cetro que forma a base de uma elaborada letra R.[4]

Para criar o Roewe 750, a SAIC contratou vários engenheiros da Rover que haviam trabalhado naquele modelo nos anos anteriores. Também terceirizou parte do trabalho para a Ricardo Inc., com sede no Reino Unido, uma das maiores empresas de engenharia automotiva do mundo. A Ricardo criou um centro de P&D exclusivo para o projeto SAIC, e várias centenas de engenheiros da SAIC trabalharam ao lado de funcionários da Rover e da Ricardo no projeto Roewe. Quando o trabalho terminou, a propriedade do centro de P&D foi transferida para a SAIC.

A SAIC tinha então a sua própria capacidade de ponta em P&D de design, bem como um atraente novo modelo de carro que poderia ser considerado seu. O Roewe 750 foi lançado no final de 2006 e, nos cinco primeiros meses no mercado, dez mil unidades foram vendidas.[5]

A SAIC está preparando outras variantes do 750, inclusive uma com mais equipamentos de luxo, além de novos modelos Roewe. Versões com a direção do lado esquerdo serão vendidas nos mercados europeus, provavelmente pela rede de concessionárias da subsidiária coreana da Roewe, a SsangYon Motors. A empresa anunciou planos para produzir duzentos mil carros de passageiros e quatrocentos mil ônibus e caminhões com sua própria marca até 2010.

O Roewe teve suas raízes na marca britânica Rover, mas é provável que a adaptação gere invenções genuínas à medida que o esquadrão de designers e engenheiros da SAIC ganha experiência com sua própria marca e confiança em sua capacidade de estabelecer uma conexão com o mercado.

Alavancar

Algumas vezes, as empresas desafiantes construíram suas inovações alavancando tremendamente o que não parecia muito significativo. Isso vale para muitas empresas chinesas que discutimos neste livro — dentre as quais a BYD, a Johnson Electric e a Goodbaby —, mas não é exclusividade delas ou da China. A fabricante brasileira de aeronaves Embraer, por exemplo, se transformou de uma empresa estatal quase falida na terceira maior produtora mundial de aviões comerciais alavancando uma frota muito pequena de aviões, um pouco de capital e muita engenhosidade.

O Embraer ERJ 145 inovando a partir da crise

Em 1945, o Brasil havia saído de uma ditadura, e um governo democrático tomou o país com grandes planos para desenvolver a economia. Dois projetos resultantes lançaram as bases para a criação da Embraer. A primeira siderúrgica do país, a base de qualquer esforço de industrialização, foi criada. E o governo decidiu criar seu próprio avião. Com essa finalidade, em 1946 o governo brasileiro criou o Centro Técnico Aeroespacial (CTA), em São José dos Campos, para o estudo da aeronáutica, e, em 1950, foi criado o Instituto Tecnológico de Aeronáutica (ITA), para desenvolver um quadro de engenheiros aeronáuticos treinados.

Ao longo dos 25 anos seguintes, as duas instituições acumularam um considerável corpo de conhecimento e treinaram uma geração de engenheiros. O trabalho deles permitiu que o governo criasse em 1969 a Empresa Brasileira de Aeronáutica — mais conhecida como Embraer —, uma empresa estatal. Durante as duas décadas seguintes, a Embraer praticou as artes do design inovador (às vezes adaptativo), produzindo aviões a hélice e turboélice como o EMB 110 Bandeirante, uma aeronave regional a hélice, de 19 lugares, não pressurizada, e o EMB 120 Brasília, uma aeronave a turboélice pressurizada de trinta lugares. O Bandeirante se baseava em grande parte em um protótipo desenhado no CTA, mas o Brasília era um design totalmente desenvolvido pela Embraer.

No final dos anos 1980, a Embraer tentou inovar desenvolvendo aeronaves regionais — aviões pequenos para distâncias curtas projetados para transportar passageiros das cidades menores até os *hubs* das principais companhias aéreas no Brasil. A empresa experimentou novas tecnologias. O CBA 123, por exemplo, se baseava em propulsores tipo "push", montados na parte traseira da fuselagem, e não nas asas, o que tornava o avião mais estável e eficiente em termos de consumo de combustível. Mas até mesmo em um país de baixo custo como o Brasil, os custos de produção do CBA 123 teriam sido tão altos que a Embraer não conseguiu atrair o interesse de nenhuma companhia aérea para continuar a desenvolver a aeronave. O modelo seria caro demais para o orçamento delas.

O negligenciado jato regional

A Embraer continuou a usar a adaptação para criar novos designs. Os engenheiros da empresa souberam de um novo design de motor que permitiria a produção de um jato regional rentável capaz de voar mais rápido e mais alto do que um avião a turboélice — com menos barulho, vibração e turbulência.

Embora tivesse pouca experiência com jatos, em 1989 a Embraer começou a desenvolver o ERJ 145, um jato regional de 45 lugares. Mas, antes que pudesse lançar o avião, a empresa e o setor passaram por dificuldades. O modelo básico da Embraer, o Brasília, estava envelhecendo e perdendo vendas para novos designs com tecnologia superior. A primeira Guerra do Golfo arrefeceu as vendas em todo o mundo. A Embraer viu o seu fluxo de caixa secar. O governo brasileiro investiu dinheiro suficiente para que a Embraer atravessasse a crise. Mas, como muitas vezes é o caso em situações desse tipo, a maior parte do dinheiro foi gasta para bancar a manufatura e as vendas dos produtos existentes. A pesquisa e o desenvolvimento ficaram a seco.

O próprio governo brasileiro não estava em uma condição particularmente robusta. Para cumprir suas obrigações financeiras, privatizou muitas das empresas estatais do país — inclusive a Embraer. Em dezembro de 1994, investidores brasileiros colocaram US$161 milhões na empresa, e o governo brasileiro manteve 44,6% das ações. Naquele ano, a Embraer enfrentou um prejuízo de R$161 milhões em uma receita de R$170 milhões. A companhia tinha R$240 milhões em dívidas e apenas R$775 milhões em pedidos pendentes. Para todos os propósitos práticos (se não legais), a empresa estava falida.

Em 1995, Mauricio Botelho assumiu o cargo de executivo-chefe. (Agora, ele é presidente do conselho da Embraer.) Ele apostou o futuro da empresa na inovação e jogou recursos no término do desenvolvimento e na produção do ERJ 145, apesar de saber que a aeronave entraria no mercado após o lançamento do jato regional da Bombardier, o CRJ (Canadian Regional Jet). No entanto, logo ficou claro que a demanda por jatos regionais era muito maior do que a antecipada pelo setor, e as rivais da Embraer, inclusive a Bombardier, não tinham capacidade suficiente para satisfazê-la. Portanto, havia clientes esperando, se a Embraer conseguisse produzir uma aeronave que oferecesse uma proposta de valor pelo menos tão atraente como as outras em seu segmento.

"As companhias aéreas estavam usando aeronaves maiores do que as exigidas pelo mercado", Botelho nos disse. O nicho para jatos que transportam entre 35 e cinqüenta passageiros tinha ficado amplamente inexplorado. Antes de 1992, nenhuma empresa havia fabricado com sucesso jatos comerciais com menos de cinqüenta assentos. A Embraer se tornou o segundo jogador nesse nicho de mercado, no qual a demanda era muito superior à oferta. O ERJ 145 se revelou suficientemente bom. Lançado em 1996, o modelo rapidamente se tornou um sucesso retumbante. Nos anos seguintes, versões menores foram lançadas; o ERJ 135, com 37 assentos, e o ERJ 140, com 44 assentos. O sucesso da família ERJ 145 se alastrou para outros mercados por meio de derivações, inclusive três versões para inteligência, vigilância e reconhecimento (ISR) para o mercado de defesa, e o Legacy, um jato executivo adequado para corporações, empresários e empresas de vôos *charter*.

Bolha dupla em vez de alongamento

A boa recepção do mercado à família ERJ 145 encorajou a Embraer a considerar o desenvolvimento da próxima geração de jatos regionais. Uma idéia parecia particularmente promissora — um modelo baseado no ERJ 145, mas com capacidade para transportar de setenta a 110 passageiros. Mas a empresa se preocupava em não invadir o terreno da Boeing e da Airbus, dois jogadores globais que poderiam esmagar a Embraer se quisessem. "Não queríamos voar perto demais do sol", explica Satoshi Yokota, vice-presidente executivo de tecnologia, desenvolvimento e design avançado da Embraer. Mas o novo modelo teria uma capacidade inferior à oferecida pela maioria dos jatos oferecidos pela Boeing e pela Airbus, então, a Embraer decidiu correr o risco.

Segundo a sabedoria convencional no design de aviação, a melhor maneira de aumentar a capacidade de passageiros de um avião pequeno é aumentar a fuselagem. Se você já viajou muito, sem dúvida já esteve pelo menos uma vez a bordo de uma versão "alongada" de alguma aeronave conhecida. Mas havia problemas em alongar o EMB 145. A aeronave tinha fileiras de três assentos. Para manter essa configuração e aumentar a capacidade de passageiros em vinte a cinqüenta assentos, a fuselagem teria de ser tão estendida que a economia do modelo seria prejudicada.

Havia outro fator: conforto. "Você precisa levar a perspectiva do cliente ao engenheiro", observa Luís Carlos Affonso, chefe do programa de design dos E-Jets de setenta a 110 lugares entre 1999 e 2005, "senão ele vai otimizar o que já possui". Uma fuselagem muito longa seria desconfortável para os passageiros, com um corredor central estreito e comprido e pouca altura livre.

Algumas das aeronaves rivais, como o modelo CRJ de cinqüenta lugares da Bombardier, tinham designs de fuselagem larga que poderiam acomodar fileiras de quatro assentos. Mas os assentos ainda eram apertados, e não havia espaço suficiente nos compartimentos superiores de bagagem para acomodar nem mesmo malas de 55cm com rodinhas, a bagagem favorita do viajante freqüente.

Então, os engenheiros da Embraer trabalharam em um novo design chamado "bolha dupla". O formato estruturalmente mais eficaz para uma fuselagem é o redondo, pois tal formato minimiza as cargas de pressurização. Mas a circularidade cria muito espaço que não pode ser utilizado, especialmente nos lados da fuselagem do avião. A solução padrão é dar um formato oval à fuselagem. Isso funciona bem em aviões maiores, mas, nos menores, sobra menos espaço para carga na barriga da aeronave.

A solução tradicional para os jatos regionais é usar uma forma oval que seja quase redonda, o que cria mais espaço para carga e um pouco mais de altura livre. Mas ainda assim as pessoas sentadas nas janelas ficam um pouco apertadas. Nos seus novos jatos, a Embraer usou duas molduras, uma maior na parte superior da fuselagem, para os passageiros, e uma menor na parte inferior, para carga e sistemas. Isso liberou mais espaço para os assentos na janela e proporcionou espaço suficiente para que os compartimentos superiores pudessem acomodar malas com rodinhas. A moldura menor na parte inferior acomodava bagagem despachada e carga, o que gera receita. Ao usar dois círculos com raios diferentes, a Embraer tornou o novo modelo o mais amplo possível no que diz respeito ao conforto dos passageiros, mas não redondo a ponto de aumentar a resistência ao vento e, por conseguinte, o consumo de combustível, além de criar espaço suficiente para bagagem.

A empresa compartilhou suas idéias para o novo jato com companhias aéreas em todo o mundo que eram prováveis compradoras, solicitando e incorporando o *feedback* fornecido por elas. Mais de quarenta companhias aéreas deram sugestões. O resultado foi a série 170 da Embraer, que oferece aos compradores a economia de um jato regional e, aos passageiros, o conforto dos jatos comerciais de maior porte.

Os E-170s têm sido um grande sucesso — são campeões de venda, a empresa tem uma longa lista de pedidos pendentes e, junto com outros modelos de sua categoria, ajudaram a transformar a indústria. De fato, desde 1995, o número de rotas de jatos regionais cresceu 1.000% na Europa e 1.400% nos Estados Unidos. Boa parte desse aumento provém de companhias aéreas menores, que as grandes empresas do setor possuem, ou com as quais fazem contratos, para ligar mercados menores a seus *hubs*.

O sucesso dos jatos comerciais da Embraer possibilitou que a empresa entrasse no mercado mais rentável, e até mesmo mais competitivo, de jatos executivos — aeronaves mais luxuosas cujo público-alvo é o *jet-setter* abastado ou o homem de negócios.

Como antes, a Embraer mostrou a sua propensão à engenhosidade no design. Embora geralmente alonguem seus pequenos aviões, as fabricantes de aeronaves raramente encurtam os mais compridos. Os designers tendem a acreditar que uma estrutura mais pesada e volumosa não pode ser adaptada com êxito para aviões menores, mais leves. A Embraer discordou; pegou seus maiores jatos regionais e os reduziu para criar as linhas Phenom e Lineage de jatos executivos, que acomodam de seis a oito e de sete a nove passageiros respectivamente. Depois, contratou o centro de design da BMW para criar um interior luxuoso. Com o novo portfólio de aeronaves, a Embraer pode oferecer aos clientes jatos de última geração com maior conforto e eficiência em termos de consumo de combustível por um custo menor — sem sacrificar a segurança e a confiabilidade de seus jatos comerciais maiores de classe mundial.

Hoje, a Embraer é a maior fabricante mundial de jatos comerciais de até 120 lugares, tendo produzido mais de 4.200 aeronaves para clientes em seis continentes. Trata-se de uma empresa global com uma receita de US$4 bilhões, e escritórios, operações industriais e instalações de atendimento ao cliente em todo o mundo. Com quase 24 mil funcionários e uma lista de pedidos pendentes no valor de US$15,6 bilhões, a empresa projeta, produz, vende e fornece suporte e serviços pós-venda para os mercados de aviação comercial e executiva, bem como para o segmento de defesa e governo.

A inovação engenhosa foi a base do sucesso da Embraer? Sim, mas isso não foi tudo. Os baixos salários no Brasil — menos de um terço do valor dos salários das fabricantes nos países desenvolvidos — ajudaram a Embraer a manter os custos baixos. As diferenças no valor das moedas também trabalham a favor da Embraer: a renda da empresa está baseada em dólares americanos, mas uma porção significativa dos seus custos está na moeda local, mais barata. A Embraer também deve agradecer ao governo brasileiro por seu apoio entusiástico à indústria aeronáutica doméstica e por ter desenvolvido o talento local em engenharia, que impulsiona a sua inovação.

Apesar dessas vantagens, Frederico Curado, presidente e executivo-chefe da Embraer, acha que o sucesso da empresa se deve sobretudo à capacidade de ouvir os clientes e de projetar aeronaves inovadoras de acordo com as necessidades deles. "O custo da mão-de-obra no Brasil ainda é mais baixo do que nos países desenvolvidos, mas a mão-de-obra representa apenas de 10 a 15% do custo de uma aeronave", disse-nos ele. "A verdadeira questão é a capacidade de desenvolver um produto em muito pouco tempo, de modo muito eficiente — desde a concepção até a entrega — e que satisfaça as necessidades do cliente."

Inventar rapidamente

Seja adaptando, alavancando ou começando do zero, as empresas desafiantes têm grande curiosidade, sensibilidade às necessidades e exigências do mercado, boa vontade para tentar qualquer coisa e também abandonar uma idéia ou um protótipo que não está funcionando, além de inventividade para criar muitas iterações — tudo isso com uma velocidade notável.

Essas qualidades permitem que as empresas desafiantes lancem no mercado tecnologias, produtos e serviços reimaginados, reinventados e reconfigurados que podem ser um sucesso. E, caso não sejam, elas podem inventar outras dez possibilidades numa seqüência muito rápida.

A GOODBABY E O CARRINHO MAMA-PAPA

Quando nos encontramos com Song Zhenghuan, ele não demorou muito a pegar o catálogo de setecentas páginas da sua empresa, repleto de todo tipo de produto e serviço para crianças. À medida que ele o folheava, apontando carrinhos de bebês, fraldas e balanços, tínhamos a sensação de que Zhenghuan podia contar uma história sobre cada um daqueles produtos.

Os engenhosos improvisadores na Goodbaby têm um conhecimento profundo do que os clientes querem, que recursos eles têm à disposição para criar novos produtos e quais projetos desenvolver ou deixar na gaveta por causa de suas limitações — sinais de um alto "QI local"; ou seja, compreensão do ambiente, da cultura e do consumidor local.

Se o QI local pudesse ser testado, Song conseguiria uma pontuação na faixa mais alta. Ele é um inventor nato. Ex-professor de escola, Song se propôs a desenvolver e patentear um carrinho de bebê que pudesse ser facilmente convertido em cadeirinha para carro. Ele imaginou que os pais chineses, financeiramente pressionados pelos custos de criar e educar uma criança, gostariam desse produto inteligente e acessível que oferecia duas funções pelo preço de uma. O carrinho "cresceria com a criança até ela completar dez anos". Achando que podia vender a patente para essa inovação, Song apresentou o carrinho-cadeirinha em uma mostra local de bens de consumo na esperança de encontrar um comprador. O design chamou a atenção dos fabricantes de produtos para bebês que o viram, dando início a uma frenética série de lances cada vez mais altos para comprar a patente. Quando os lances chegaram a sessenta mil iuanes — sem limite máximo em vista —, Song percebeu que tinha alcançado algo importante, que tinha talento para criar produtos que as pessoas queriam. Naquele momento, a patente parecia ter mais valor em suas próprias mãos do que nas mãos de outra pessoa. Ele recusou todas as ofertas e decidiu produzir e vender suas invenções. Foi o início da Goodbaby.

O compromisso da empresa com a inovação e o design dos produtos já dura 17 anos, com prioridade absoluta para o desenvolvimento de suas capacidades de P&D. A Goodbaby gasta em média 4% da sua receita com P&D todo ano, bem acima da média do setor. Além do seu Instituto de Pesquisas da Infância, na China, a Goodbaby também opera centros de P&D na Alemanha, na França, no Reino Unido, nos Estados Unidos e no Japão. A localização desses centros de desenvolvimento de produtos nos mercados dos clientes ajuda a Goodbaby a se manter atualizada em termos de tendências de design, moda e qualidade. Desde 1990, a Goodbaby obteve o registro de mais de 2.300 patentes, quarenta delas de fora da China.

O Grupo Goodbaby se tornou o maior produtor e vendedor de transportadores de bebês na China e é popularmente conhecido como "O Rei do Transporte de Bebês". O grupo teve uma participação de mercado de 80% na China entre 1996 e 2006 e está em primeiro lugar no mercado americano há cinco anos consecutivos — de 2001 até 2006. Cerca de quatrocentos milhões de lares em todo o mundo usam produtos Goodbaby.

Em 2005, a receita anual da Goodbaby foi de 2,5 bilhões de iuanes (US$321 milhões), dos quais 80% foram gerados por clientes estrangeiros. Graças à sua proeza em P&D, a empresa cria um novo produto a cada 12 horas. Especialistas do setor chamam essa qualidade fantástica de "Fenômeno Goodbaby". "A principal razão para o sucesso da Goodbaby", diz Song, "é que a empresa dá muita importância ao desenvolvimento tecnológico e à inovação".

Aravind Eye Care: produção engenhosa

Para algumas empresas desafiantes, inovar, mais do que criar novos produtos e tecnologias, significa criar processos de negócios melhores. Vejamos a

Aravind Eye Care, a maior provedora mundial de cirurgias de catarata. Fundada em 1976, na Índia, pelo dr. Gorindappa Venkataswamy, a empresa realiza 250 mil cirurgias e trata 1,5 milhão de pacientes ambulatoriais por ano. O dr. V. (como ele é conhecido entre a classe baixa na Índia) diz que o seu objetivo é "eliminar a cegueira desnecessária", e a Aravind está chegando lá. Sessenta por cento dos pacientes são tratados gratuitamente, e a empresa ainda assim tem lucro.

Como é possível? O dr. V. transformou o modelo de cirurgias de catarata para adaptá-lo às condições de mercado nas economias de desenvolvimento rápido. Equipamentos médicos caros são usados em tempo integral para reduzir o custo de cada procedimento cirúrgico. Os médicos e os funcionários são extraordinariamente eficientes e produtivos, realizando mais de quatro mil cirurgias de catarata por médico anualmente, em comparação com uma média de quatrocentas cirurgias realizadas por outros cirurgiões na Índia. Assim como o uso eficiente em termos de custo do equipamento, essa especialização de tarefas é uma inovação nesse setor. Em um hospital tradicional, um cirurgião interna o paciente, pede exames, sintetiza as informações resultantes, planeja a cirurgia, coordena a equipe e monitora os cuidados pós-operatórios. O cirurgião age como o maestro de uma orquestra, supervisionando toda a operação e responsabilizando-se individualmente pelo seu sucesso. Na Aravind, um cirurgião vai de uma mesa de operação a outra realizando apenas o procedimento de remoção da catarata enquanto equipes de enfermeiras permanecem em cada mesa e supervisionam os cuidados prestados ao paciente antes e depois da intervenção do cirurgião.

Para reduzir ainda mais os custos, uma subsidiária da Aravind, a Aurolab, faz engenharia reversa de lentes e materiais cirúrgicos de alta qualidade. As economias resultantes permitem que a empresa expanda e refine ainda mais o seu sistema de produção.

No geral, as engenhosas adaptações dos processos de negócios do dr. V. e sua engenharia reversa de materiais fizeram com que sua empresa fornecesse operações de catarata a um quinto do preço que os pacientes geralmente pagam nos Estados Unidos.

O CARRO DE 1LAKH: VISÃO OU SONHO?

A Tata Motors também encarna a abordagem astuta da inovação das empresas desafiantes. Há apenas uma década, poucos especialistas e observadores do setor levavam a empresa a sério. A Tata tinha apenas umas poucas centenas de milhões de dólares para investir e carecia do volume de vendas necessário para atingir as tão importantes economias de escala. Pior ainda, a empresa estava localizada na Índia, um país com sistemas viários rudimentares.

Avance a fita até hoje e você verá que Ratan Tata, o presidente do conselho da Tata Motors, conseguiu realizar um feito e tanto. A incursão da empresa no setor de carros iniciou em 1998, quando foi lançado o Indica. O carro era bonito, mas tinha alguns problemas iniciais de qualidade. Os consumidores, no entanto, gostaram do que viram e logo fizeram cem mil pedidos do veículo. Ao longo dos nove anos desde o lançamento do Indica, a Tata se ocupou constantemente das questões de qualidade e lançou versões melhoradas — o V2 e o Indigo, um sedã. As vendas continuaram a crescer, e a Tata é atualmente a maior fabricante de automóveis da Índia. A empresa produz 450 mil carros e veículos comerciais por ano, registrou uma receita de US$5,5 bilhões em 2005–2006 e detém 18% do mercado indiano de automóveis. A empresa já superou as expectativas satisfazendo os altos padrões de qualidade europeus e vendo suas exportações crescer.

A Tata Motors chegou até aqui com uma mistura de competência emprestada do exterior e invenção gerada internamente. Mas é um projeto da Tata — uma obra verdadeiramente engenhosa — que as montadoras tradicionais mais temem. A Tata está em um estágio avançado no processo de lançamento do carro "de 1 lakh" — um automóvel de boa qualidade, confiável, que originalmente deverá ter um preço equivalente a cerca de US$2.500. (Um lakh dá cem mil rupias.) O objetivo desse projeto é satisfazer as necessidades de transporte do "próximo bilhão", a massa de clientes nos países em desenvolvimento que atualmente dirige motocicletas e veículos de três rodas. O design e a fabricação de protótipos estão progredindo bem, embora o preço no varejo provavelmente vá ficar mais perto de US$3.500, e a Tata se comprometeu a mostrar o carro em 2008.

Segundo observadores externos, o carro será diferente do que se vê nas estradas dos países desenvolvidos. Não deverá ser um carro "urbano", mas será capaz de viajar a praticamente qualquer lugar a que as pessoas vão, seja em veículos motorizados ou a pé. O carro estará disponível com um motor a gasolina, de dois cilindros, com 660cc, ou com um motor a diesel de 800cc — possivelmente com uma variante dotada de injeção direta e turbocompressor. Nos testes internos da Tata, o carro alcançou uma eficiência no consumo de combustível de 26km/l. O motor fica na parte traseira do veículo, e não na frente. Os faróis ficam no pára-choque.

A Tata desenvolveu o carro em associação tanto com fornecedores locais quanto com especialistas globais. A Bosch, a maior fornecedora independente de peças para a indústria automotiva, projetou um sistema de injeção de combustível especialmente para o carro de 1 lakh e também fornece alternadores, freios e outros sistemas. Para manter os custos baixos, a Tata negociou condições favoráveis com fornecedores importantes como a Sona Koyo/Rone (direção), a Gabriel (peças da suspensão), a Lumax (faróis), a Shriram Pistons (pistões) e a Ricoh Auto (embreagem), além da Bosch. Os esforços da Tata também têm recebido apoio do governo, que aprovou várias concessões e incentivos fiscais para a nova fábrica.

Graças a suas operações de montagem de baixo custo e à sua rede de canais já existente, a Tata espera eliminar significativos custos de fabricação e distribuição. Mesmo assim, a empresa provavelmente terá uma margem baixa de lucro no carro, provavelmente em torno de 5%. Mas, com um volume projetado de um milhão de unidades, até mesmo essas pequenas margens darão um bom resultado geral.

As grandes montadoras globais disseram que o projeto não podia ser realizado — e, no caso delas, têm razão. Trata-se de um nível de preço inatingível para os modelos de negócios baseados em mercados de consumo e fabricação de alto custo. Somente uma empresa desafiante poderia ter tido esse sonho.

Implicações: faça o que for necessário

As empresas dominantes construíram castelos de propriedade intelectual, mas esses bastiões não são inexpugnáveis. A Índia tem pontos fortes em desenvolvimento de software e terceirização. A Rússia acumulou *expertise* na integração de sistemas de grande escala e na criação de redes de longo alcance e alta largura de banda. A China, prosperando com o modelo híbrido de capitalismo e planejamento central, tem atualmente recursos técnicos impressionantes.

Hoje, quando pensamos nos maiores inovadores, os nomes de poucas empresas desafiantes vêm à mente. Mas, em poucos anos, contaremos uma história diferente. Empresas desafiantes engenhosas vão desfrutar do mesmo status dos grandes magos de produtos e tecnologias do Ocidente. Algumas empresas desafiantes vão ganhar fama por sua propriedade intelectual produzida internamente. Outras se tornarão famosas por sua astuta recombinação de idéias orientais e ocidentais para satisfazer clientes de maneiras novas e admiráveis. Para continuar no páreo, as empresas dominantes terão de aprender algumas lições do livro de inovação das desafiantes. Colaboração, sintetização, empréstimo, invenção rápida, contribuição para o bem-estar das nações em desenvolvimento e antecipação de obstáculos — tudo isso pode ajudar.

Colabore

Muitas empresas dominantes descobriram que seu portfólio de produtos não satisfaz plenamente os níveis de preço e as funcionalidades desejadas pelos clientes nas economias em desenvolvimento — especialmente no mercado médio. Ao tentar preencher essas lacunas em seus portfólios, elas percebem como é difícil repensar seus produtos e serviços. As empresas dominantes não estão preparadas para se afastar radicalmente de sua *expertise* tradicional, do seu capital investido e de sua posição estabelecida. Elas vêm a infra-estrutura desarticulada e as frustrações de fazer negócios nas economias de desenvolvimento rápido como obstáculos, e não como fontes de inovação. E nem sempre têm a experiência, ou a vontade, para usar o que está à volta delas.

Então, ávidas para utilizar os contingentes de criatividade na China, na Índia, no Brasil, na Rússia e no México, as empresas dominantes estão construindo, ou já construíram, instalações de pesquisa e desenvolvimento nesses países, por conta própria ou em colaboração com empresas desafiantes.

A AT&T, por exemplo, formou uma *joint venture* com a Tech Mahindra, uma subsidiária da Mahindra & Mahindra, para abrir um laboratório de P&D em Bangalore para pesquisas em telecomunicações. Randall Stephenson, presidente do conselho e executivo-chefe da AT&T Inc., estava presente na cerimônia de abertura — foi a sua primeira visita à Índia.[6]

A Intel colaborou com a Haier para fundar o Haier & Intel Innovation, Research and Development Center, em 2006. O centro reuniu equipes, pessoal e sistemas de P&D da Intel e da Haier e se dedica a uma única tarefa: desenvolver novos produtos. Entre outras coisas, os desenvolvedores estão trabalhando em um PC para consumidores rurais e um computador que os motoristas podem usar enquanto dirigem.

A Intel e a Haier também trouxeram a Suning, uma líder no varejo de eletrodomésticos na China, para a colaboração. A Suning é responsável pelas plataformas de venda e assistência, a Intel produz as CPUs e fornece recursos de marketing, e a Haier Computer fornece *branding*, designs industriais e capacidade de produção. Esse arranjo permite que a Haier comercialize computadores com a sua própria marca, projetados especificamente para mercados locais a preços baixos, mas incorporando tecnologia de ponta.

BUSQUE A DIVERSIDADE

Para conhecer melhor os costumes das economias de desenvolvimento rápido, não é necessário abandonar as próprias raízes. Na verdade, é necessário entrelaçá-las com as dos outros. É isso que as empresas desafiantes têm feito nos últimos vinte anos — tomando emprestado, recombinando, acrescentando, subtraindo, improvisando. Gerentes que conseguem sintetizar o *know-how* ocidental com as idéias, práticas e pontos de vista orientais — combinando o melhor de cada um — descobrem que as oportunidades para inovar surgem em todos os lugares.

As empresas dominantes podem identificar e tirar proveito dessas oportunidades com mais facilidade colocando suas instalações de inovação nas economias de desenvolvimento rápido. Por exemplo, o centro de P&D da Motorola na China atua de forma independente em relação ao quartel-general de P&D da empresa e desenvolve produtos e serviços que respondem a demandas tanto globais quanto locais. Engenheiros no centro chinês se dedicam a descobrir maneiras melhores de escrever com caracteres chineses nos celulares. Muitas outras empresas se debruçaram sobre esse problema e importaram várias tecnologias desenvolvidas no Ocidente, inclusive canetas óticas e telas sensíveis ao movimento. Mas o pessoal de P&D da Motorola decidiu que esses métodos seriam sempre caros demais para produtos pouco sofisticados e acessíveis. Então, a empresa adotou um valor oriental: simplicidade. E projetou um telefone com um teclado que permite que, sobre ele, as pessoas desenhem os caracteres com as pontas dos dedos, em vez de usar uma caneta ótica ou uma tela sensível ao toque. A Motorola descreve o novo modelo, o Motorola A668, como "uma combinação natural de tecnologias e caligrafia chinesa". Os consumidores adoram o aparelho, e o telefone ganhou uma medalha de ouro no Asian Innovation Awards em 2005.

TOME EMPRESTADO

Engenhosidade em inovação não quer dizer apenas elaborar produtos especialmente para as economias de desenvolvimento rápido, mas também rastrear esses mercados atrás de idéias que possam ser exportadas para o resto do mundo. A Bajaj, por exemplo, incorporou muitas tecnologias de nível médio a suas motocicletas de nível básico. Com o lançamento de uma nova plataforma em 2007, a Bajaj pretende mudar a proposta de valor oferecida por seus veículos em todo o mundo — novas tecnologias de suspensão, motores avançados e preços acessíveis.

Em 2007, a Motorola lançou o aparelho Motofone F3. Apesar de custar menos de US$40, o telefone possui tecnologia avançada que inclui uma bateria que dura quatrocentas horas; chamada ativada por voz com uma interface fácil de usar baseada em ícones; e mensagens de voz automáticas no idioma local para os novos usuários ou para aqueles com alfabetização limitada.

As empresas indianas apresentaram novas idéias interessantes em distribuição no varejo que também poderiam ser adaptadas aos mercados desenvolvidos. Por exemplo, usando uma abordagem de distribuição aberta, essas empresas desafiantes podem adaptar seus produtos aos clientes e entregá-los diretamente. Essas técnicas, originalmente desenvolvidas para atingir clientes pobres e rurais na Índia, podem ter um potencial ainda maior quando usadas para alcançar clientes abastados e urbanos nos mercados desenvolvidos.

Contribua

Em muitos países em desenvolvimento, os governos têm prioridades claras: fortalecer a economia da nação e melhorar o padrão de vida dos cidadãos. Esses governos intervêm regularmente no mercado e se envolvem nas operações das empresas para fazer com que esses objetivos avancem. As empresas dominantes que se alinham com os programas de inovação desses governos e que adaptam seus modelos de negócios e sua proposta de valor apropriadamente aumentam as chances de construir relacionamentos sustentáveis com o país — e com seus consumidores.

Vale a pena cooperar com governos, e também com associações industriais e universidades, nas economias de desenvolvimento rápido, para ajudar a desenvolver padrões tecnológicos e aliviar os problemas do país. Questões como falta de energia e degradação ambiental se traduzem em oportunidades comerciais para empresas estrangeiras inovadoras que criam soluções. No ambiente de negócios altamente mutável das economias de desenvolvimento rápido, tais investimentos também posicionam as empresas estrangeiras como guias, e não como seguidoras.

Proceda com cuidado

Aconselhamos as empresas dominantes que estão tentando inovar em economias de desenvolvimento rápido a proceder com cuidado. Embora estejam melhorando, muitas instituições nessas economias ainda não fornecem um ambiente que contribui para a inovação. Por exemplo, as nações podem carecer de um sistema competitivo e aberto para o financiamento de P&D, bem como de proteção eficaz para a propriedade intelectual.

Em alguns casos, uma mentalidade do tipo "corrida do ouro" para obter lucros rápidos adia a invenção real. As companhias fazem investimentos de curto prazo em empreendimentos que parecem promissores e se afastam quando a recompensa não se materializa imediatamente. Mas a inovação pode acontecer apenas quando os investidores assumem um compromisso de longo prazo com a pesquisa e o desenvolvimento e estão dispostos a tolerar uma recompensa incerta. Para piorar a situação, pesquisadores seniores com a experiência e as habilidades para liderar grandes projetos estão em falta nessas economias, uma limitação que pode dificultar ainda mais a inovação.

E, às vezes, políticas governamentais que visam fomentar a propriedade intelectual nativa acabam, em vez disso, incentivando a pirataria. Em um caso de fraude de alto nível na China em 2007, Chen Jin, um reitor da Universidade Jiaotong, em Xangai, recebeu mais de US$14 milhões em fundos governamentais destinados a pesquisas e ganhou um prêmio nacional de inovação por ter desenvolvido uma série de chips de circuito integrado feitos na China. Mais tarde, ele foi desmascarado como uma fraude que havia apenas modificado chips já existentes da Motorola.

Em outras ocasiões, o ritmo arriscado com que as empresas desafiantes escalam a curva de propriedade intelectual esconde falhas. Em 2003, a British Telecom (BT) anunciou um plano para desenvolver uma rede do século XXI chamada 21CN. Em uma série de rígidos testes e avaliações ao longo de um período de dois anos, a BT examinou cerca de trezentos fornecedores, dentre os quais a Huawei Technologies. Os gerentes da Huawei estavam confiantes de que a empresa satisfaria as exigências da BT. Afinal de contas, eles haviam concluído vários programas de melhoria da qualidade, inclusive um projeto integrado de desenvolvimento de produto em 1998 e uma iniciativa de Cadeia de Suprimentos Integrada em 2000, desenvolvida pela IBM. Todavia, quando uma delegação da BT examinou minuciosamente os produtos e as operações da Huawei, foram encontradas várias falhas — mas a empresa acabou sendo escolhida como uma das principais fornecedoras da BT.

A inovação nas economias de desenvolvimento rápido pode ser um negócio perigoso, por mais engenhosa que seja a sua empresa.

CAPÍTULO 9

Adotar a multiplicidade

"De alguma maneira, a centopéia precisa de cem pernas para se mexer."
R. Gopalakrishnan, Grupo Tata

A sétima luta da globalidade é atuar e se organizar com êxito em um ambiente de multiplicidade.

Afinal de contas, a globalidade implica muitos países, economias, mercados, locais e instalações, e cada um deles é uma janela única para o mundo, uma combinação única de clientes, concorrentes, fornecedores, recursos, infra-estruturas e culturas. A luta é para determinar onde ter uma presença no mundo, de que tipo, em que nível, com que propósito e como chegar lá.

A Cemex, com sede no México, opera em cinqüenta países de quatro continentes, tem 66 fábricas de cimento, quase duas mil unidades de concreto pronto para uso, quase quatrocentas pedreiras, 260 centros de distribuição em terra e oitenta terminais marítimos. Isso sem contar os escritórios executivos e de vendas ou os relacionamentos comerciais que a empresa mantém com mais de cem países em todo o mundo.

As economias de desenvolvimento rápido adotam muitas formas, unidades, estruturas, entidades operacionais e legados corporativos. Essas economias, e as empresas que nelas atuam, têm muito mais diversidade e textura do que as dos países desenvolvidos. Os relacionamentos entre elas são diferentes. O que funciona em uma pode ser um tiro pela culatra em outra.

As empresas desafiantes vão desde entidades estatais altamente regulamentadas, como a Baosteel na China e a Gazprom na Rússia, até empreendimentos jovens e ágeis, como a Sisecam na Bulgária, a Cavincare na Índia e a Tencent na China. Elas representam uma gama de negócios e indústrias que podem exigir redes de distribuição e lojas de varejo ou grandes fábricas e institutos de pesquisa.

Os negócios na globalidade apresentam uma grande variedade de situações competitivas e possibilidades colaborativas que podem exigir diferentes estratégias e abordagens em momentos diversos. Existem oportunidades infinitas e muitas maneiras de atuar em cada uma delas. A luta é para ser claro quanto ao propósito para correr atrás de cada oportunidade — talento? custo? posição de mercado? — e adotar a variedade de acordo com o que for exigido.

Por fim, a globalidade é composta por vários tipos de gerentes, processos, sistemas, estilos de gestão e modos de ser. Nenhuma unidade operacional pode ser o centro, o "quartel-general mundial" tradicionalmente imaginado pelas empresas dominantes. Trata-se de um mundo policêntrico.

A Orascom, uma empresa de telefonia móvel com sede no Egito, é composta por um notável conjunto de unidades e operações, cada uma delas formando por si só um centro. Há a Mobinil no Egito, a Djezzy na Argélia, a Mobilink no Paquistão, a Tunisiana na Tunísia, a Banglalink em Bangladesh, a Telecel no Zimbábue e a IraQna no Iraque. (Naguib Sawiris, presidente do conselho e executivo-chefe, viaja regularmente a Bagdá. "Pego um carro pequeno no aeroporto", disse ele. "Sento-me ao lado do motorista. Escolho um hotel ao acaso. E tento não ficar mais do que um ou dois dias.")[1]

A multiplicidade pode ser um conceito desconhecido para as empresas dominantes que estão mais acostumadas a buscar o melhor método, a estrutura organizacional ideal, o estilo de liderança próprio. Pode ser desconfortável para aqueles que têm tendência a padronizar. Pode ser frustrante para aqueles que acreditam em estratégias únicas para todo o mundo, autoridade centralizada, escritórios em casa e alinhamento de pessoas e idéias.

Não que as empresas desafiantes tenham muito mais experiência do que as dominantes em operar em um ambiente de multiplicidade. O número de empresas desafiantes com uma grande atuação global é bastante pequeno em comparação com o número de empresas dominantes que têm presença internacional. Mas é exatamente essa falta de experiência que lhes permite ver o mundo de uma outra maneira.

Sob certos aspectos, as organizações das empresas desafiantes que se globalizaram parecem bastante semelhantes às das empresas dominantes. Afinal, as empresas dominantes têm maior experiência na padronização de processos globais e na utilização de serviços compartilhados. Muitas dominantes, especialmente aquelas com várias unidades de negócios, dominaram o uso de organizações matrizes e desenvolveram mecanismos eficazes para coordenar várias unidades de negócios em vários lugares.

Mas, sob outros aspectos, as organizações globais das empresas desafiantes parecem bastante diferentes. Elas utilizaram o conhecimento e a sabedoria que têm se acumulado por quase um século nos mercados desenvolvidos, adaptaram-nos aos modelos operacionais de suas próprias economias e criaram sínteses que são particularmente adequadas ao ambiente da multiplicidade.

Algumas idéias e práticas das empresas desafiantes podem parecer um pouco misteriosas, até mesmo impenetráveis. "Se alguém nos pede para traçar um plano organizacional", disse o dr. Amar Lulla, executivo-chefe da Cipla, "temos de sentar e criá-lo. Porque, na verdade, não temos um."

Ganhar com a multiplicidade é uma luta que envolve as seguintes ações fundamentais:

- Escolher a presença global
- Manter o caráter local
- Policentralizar

Escolher a presença global

Onde uma companhia deve estar presente? Muitas empresas, tanto dominantes quanto desafiantes, foram para o exterior desordenadamente, com pouco propósito, apenas para descobrir que a multiplicidade de lugares e operações não lhes traz ganho algum.

M&M : OS GLOBALISTAS ACIDENTAIS

Quando Anand Mahindra, executivo-chefe da Mahindra & Mahindra, voltou da Harvard Business School para a Índia em 1981 e entrou para a empresa que seu avô havia fundado em 1945, ele tinha uma única idéia: tornar a sua empresa global. "Você não está seguro em casa a menos que possa competir no exterior", disse-nos ele. "Cada unidade de negócios do nosso grupo precisa ter uma textura e uma aspiração global."

Na época, a M&M tinha duas pequenas entidades no exterior: uma nos Estados Unidos e outra na Grécia, ambas com problemas. A subsidiária americana, com sede no Texas, estava atolada em processos por supostas entregas não realizadas. A subsidiária grega existia apenas porque um importador grego tinha falido e deixado a M&M com recebíveis sem valor. Na época, as baixas contábeis eram vistas pelo Banco Central da Índia como um indicador de transações comerciais ilegais, então a M&M converteu os recebíveis em participação acionária. Ambas as operações eram, como Mahindra nos disse, "reconhecidas no folclore do grupo como desastres".

Um terceiro esforço de expansão — na África do Sul — rapidamente evaporou após um começo promissor quando foi revelado que o afluente sócio local da M&M era um célebre criminoso procurado pela Interpol.

Então, para todos os propósitos, a Mahindra & Mahindra era uma empresa exclusivamente indiana com alguns importantes pontos fortes em seu mercado doméstico — bom produto, volumes consideráveis, economias de escala e liderança de custos. Esses atributos eram tão robustos que Anand Mahindra acreditava que a empresa deveria superar seus percalços anteriores e construir um bem-sucedido negócio internacional.

Então, Anand Mahindra escolheu os Estados Unidos como o país no qual a M&M estabeleceria uma presença bem-sucedida. "Se não tivéssemos fracassado no Texas", disse ele, "eu não teria escolhido os Estados Unidos como a primeira área na qual competir. Mas eu pensei que tinha tanta propriedade intelectual sobre como *não* fazer negócios nos Estados Unidos que podia convertê-la em algo positivo". Mahindra usou o mesmo raciocínio para escolher o líder da nova expedição americana — o gerente do fracasso sul-africano. "Dissemos um para o outro: 'Agora, vamos fazer isso direito.'"

E foi o que eles fizeram. Hoje, a M&M é a quarta maior fabricante de tratores do mundo, com uma presença importante em cinco continentes. As vendas têm crescido 17% ao ano desde 2001, com o lucro operacional aumentando 29% anualmente. A empresa é a líder no mercado doméstico, com uma participação de 45% no mercado de veículos utilitários (VU), 33% em tratores e 41% em veículos de três rodas de grande porte. As exportações de tratores e VUs têm sido fortes em regiões como Europa Ocidental, África do Sul, Malásia, Comunidade de Estados Independentes e América Latina, com as exportações de VUs aumentando 80% e as de tratores, 30%, apenas em 2006.

A operação americana prosperou. A Mahindra USA abriu sua segunda fábrica de montagem e centro de distribuição em Calhoun, Geórgia, em 2006, e alcançou uma receita de US$150,4 milhões naquele ano fiscal, partindo do zero.

Mahindra explica que a chave para o sucesso global da empresa foi a invenção de uma estratégia de negócios que funciona para a empresa como um todo, um padrão fundamental no qual cada ramo da companhia, em qualquer parte do mundo, pode basear suas atividades com sucesso comparável.

A necessidade de uma estratégia desse tipo foi uma lição duramente aprendida com o fracasso das incursões anteriores da M&M no exterior, que provaram que, sem uma organização adequada, os ramos individuais da empresa tropeçariam em seus próprios recursos limitados ou mesmo fracassariam totalmente por causa de incompetência.

"Você tem uma imagem do turista acidental?", diz Mahindra. "Os exportadores indianos eram isso. Não havia um plano ou um propósito estratégico, nenhuma paixão ou meta de verdade por trás da internacionalização. Não havia método algum, nenhum processo a ser seguido." Então, Mahindra reconheceu esses elementos que faltavam — paixão, metas e método — e construiu em torno deles um modelo de negócios globalmente viável.

Ele começou com o básico: realizando uma auditagem, avaliando parceiros e concessionárias, analisando o mercado e fazendo novas avaliações de seus planos de expansão internacional. Também levou em consideração o sucesso da M&M na Índia e procurou maneiras de duplicar as condições desse sucesso nas incursões da empresa no exterior. Um dos principais pontos fortes da Índia é sua manufatura de baixo custo e baixa tecnologia: peças forjadas, moldadas e coisas do gênero. Outro dos seus pontos fortes é a considerável abundância de matérias-primas. Um terceiro ponto forte é a óbvia vantagem de uma operação doméstica: talento gerencial, boa reputação local, presença significativa na comunidade como empregador e mantenedor.

Mahindra sabia que esses atributos deviam ter algum valor em uma perspectiva global; afinal, era isso que fazia da Índia uma líder de mercado. "Então, na verdade, seria um crime se uma empresa indiana que desfrutava de uma posição de liderança no maior mercado mundial de tratores não fosse para fora e explorasse essa vantagem doméstica para se tornar uma líder global", disse ele.

Mahindra assumiu uma nova divisão de produto e está trabalhando na criação de uma rede global de competências. Atravessou persistentemente fronteiras geográficas, pressionando cada negócio para que pensasse em se globalizar e atravessar fronteiras de negócios através da inovação contínua. Tirou proveito de seus percalços — que foram muitos — e os usou para fazer os negócios avançar. Agora, a empresa tem a presença global que Anand Mahindra procurava.

Manter o caráter local

Boa parte da força das economias de desenvolvimento rápido se encontra em sua diversidade, e as empresas podem construir o sucesso trabalhando para reter o caráter e a identidade cultural de suas operações locais.

Pratik Kumar, vice-presidente executivo de recursos humanos da Wipro, afirma: "Um elemento importante é a continuidade cultural. Como damos espaço para que as subculturas prosperem, existam e se sintam confortáveis? Porque, nas nuances, cada uma será muito diferente, dependendo de onde os centros e essas pessoas estão. Quando você chega a um tamanho de cem mil ou duzentas mil pessoas, como isso acontece?"

BHARAT FORGE: SEMI-INDEPENDÊNCIA

Em 2001, a Bharat Forge era uma pequena empresa indiana que produzia peças forjadas, sobretudo para a indústria automobilística local. A empresa tinha uma receita de cerca de US$112 milhões e um futuro bastante incerto por causa da severa desaceleração da indústria indiana de veículos comerciais.

Em 2006, a Bharat Forge havia se tornado a segunda maior empresa de peças automotivas forjadas, a que mais crescia e a mais rentável do mundo, fornecendo produtos não apenas para as grandes fabricantes de caminhões, mas também para as maiores produtoras de carros de passageiros. Sua receita disparou de US$112 milhões no ano fiscal de 2001 para mais de US$1 bilhão no ano fiscal de 2006, e a capitalização de mercado subiu de US$82 milhões em 2001 para US$1,6 bilhão em 2006.

A empresa pôde dar esse salto qualitativo realizando uma série de aquisições nos Estados Unidos, na Europa e, mais recentemente, na China. Embora uma estratégia de crescimento impulsionada por aquisições não seja uma característica exclusiva da Bharat Forge (ou das empresas desafiantes), o que salta aos olhos nesse caso é o modo como a empresa enfrentou essas aquisições.

A Bharat Forge adquiriu seis instalações industriais entre 2004 e 2006, criando uma coleção de unidades e operações com esse processo, e a empresa acredita que a chave do seu sucesso é a forma de gestão das empresas adquiridas. Em vez de integrá-las, a Bharat Forge as opera como um sistema de operações semi-independentes. Na maioria delas, a equipe de gerência permaneceu em seu lugar, e cada empresa manteve o seu próprio conselho diretor. Mais importante ainda, a gerência de cada companhia manteve os direitos de decisão.

Muitas empresas que compram fábricas como parte de seus esforços de pontualização começam rapidamente a mexer com a capacidade e as competências das unidades, na maioria das vezes reduzindo-as tanto quanto possível. A Bharat Forge, porém, não reduziu nenhuma de suas empresas adquiridas na Europa ou nos Estados Unidos. Ao invés disso, investiu para aumentar a capacidade nas fábricas para que elas pudessem substituir a produção de itens com margens baixas (depois que a produção desses itens tiver sido realocada para fábricas distantes na Índia ou na China) pela produção de itens tecnologicamente mais complexos que podem obter margens mais altas.

A Bharat Forge poderia ter optado por integrar suas operações e criar "uma Bharat Forge" globalmente. Em vez disso, optou por deixar essas operações com um alto nível de autonomia, permitindo que elas se tornem centros pensantes de atividade.

Por quê?

A visão da Bharat Forge é de que a economia mundial, embora seja cada vez mais global, na verdade compreende várias regiões altamente diversas, cada uma delas com características singulares que exigem conhecimento local e uma rápida tomada de decisões abalizadas. À medida que crescem, as operações distantes do centro ganham mais peso no processo de tomada de decisões e assumem papéis mais significativos dentro da organização. Apostas maiores e mais complexas exigem experiência e julgamento no local. À medida que as unidades distantes se tornam mais importantes, os executivos que são escolhidos para liderá-las tendem a ser mais experientes. Fornecedores, clientes e funcionários do governo também esperam lidar com verdadeiros decisores, e os próprios executivos esperam uma autonomia proporcional à sua responsabilidade. Por uma série de motivos, a autoridade naturalmente se afasta do centro em direção ao que, antes periferia, agora se tornou o núcleo.

Outra empresa que tem uma propensão para a diversidade e a autonomia é a Suzlon Energy. Quando o conselho de administração da Suzlon se encontra com pessoas de fora, não fica imediatamente óbvio que a empresa é indiana. Ao lado de Tulsi Tanti, o presidente do conselho, podem ser encontrados executivos da Dinamarca, da Alemanha, dos Países Baixos, da América do Norte e da Austrália — como resultado de aquisições internacionais que transformaram o grupo no quinto maior produtor mundial de turbinas de vento.

"Cada divisão da empresa é liderada por um executivo-chefe local e é administrada lá", diz Tanti, um empreendedor do mercantil estado de Gujarat, que é a força por trás do grupo que ano passado pagou US$521 milhões pela Hansen Transmissions International, uma fabricante belga de caixas de marcha.

Policentralizar

Como as empresas desafiantes vêem o mundo não como uma entidade global cada vez mais "global", mas como uma coleção de regiões altamente diversas — cada uma delas exigindo uma forte liderança local com autonomia para agir de forma abalizada, rápida e decisiva —, essas empresas adotam formas organizacionais nas quais as responsabilidades e os direitos de tomada de decisão são amplamente compartilhados por toda a companhia, com um rico debate acontecendo entre os pontos de vista regionais, desde posições bastante baixas na hierarquia gerencial até o conselho de administração. Nessas organizações, muitas vezes é difícil determinar onde está o "centro", se é que ele está em algum lugar. Muitas vezes, elas não têm um centro, mas vários.

"Ser global significa que você tem de pensar e estar presente globalmente", disse Frederico Curado, executivo-chefe da Embraer. "A Embraer vai estar presente globalmente, e isso envolve compartilhar o nosso processo de tomada de decisões, o que significa que as decisões muitas vezes serão formuladas em outro lugar. Isso vai mudar fundamentalmente o conceito de sede — talvez ele não exista mais."

Tata: um centro de centros

A Tata é uma organização policêntrica que tem uma entidade incomum — o Centro Corporativo do Grupo (CCG) — que, sob alguns aspectos, age como um centro, mas, sob outros, não.

A Tata Sons é uma *holding* com 96 unidades de negócios que formam a sua organização policêntrica, e, para manter os vários centros conectados, a Tata opera o CCG, que tem cinco funções importantes: definir diretrizes amplas, identificar oportunidades, ajudar financeiramente os grandes projetos ocasionais, aumentar a "liquidez de idéias" e dar o empurrão ocasional quando necessário.

Igualmente significativo é o que o centro não faz. O CCG não tenta impor uma uniformidade global a todos os seus negócios. Não coloca a mão em atividades de empresas distintas. Não impõe metas de negócios estabelecidas pelo grupo nem exige que cada empresa siga processos comuns.

O CCG desempenhou um papel fundamental nos esforços de expansão global da Tata, que começaram em 2003, quando Ratan Tata, presidente do conselho tanto do Grupo Tata quanto da Tata Sons, articulou uma visão ampla de internacionalização para toda a empresa. Ele sabia que cada uma das empresas, a maioria delas com sede na Índia, não tinha a capacidade de vasculhar o mundo em busca de oportunidades de investimento ou aquisição. Então, criou um ponto focal dentro do CCG para realizar esse trabalho, nomeando Alan Rosling, um cidadão britânico que teve várias experiências gerenciais internacionais de nível sênior, diretor-executivo encarregado de trabalhar com as empresas em seus planos de internacionalização. Quando a Tata começou a adquirir novas empresas e trazê-las para dentro do grupo, o CCG facilitou o aprendizado em todas as empresas e em todas as regiões. Em alguns casos, quando o CCG identificava uma oportunidade que exigia que uma empresa existente pensasse e agisse além de suas prioridades imediatas, o CCG dava um empurrãozinho.

A Tata reconhece as diferenças inerentes a suas várias empresas em todas as regiões e dá aos gerentes liberdade para agir como empresários, construir suas organizações e estabelecer as relações externas necessárias para concretizar novas oportunidades. A autonomia incomum dada à gerência ajuda a Tata a atrair e reter executivos locais de talento cujos papéis, em outras condições, talvez fossem reduzidos a ponto de fazê-los deixar a empresa. Apesar de outras companhias oferecerem aos executivos locais a oportunidade de participar de programas de desenvolvimento da liderança e assumir cargos em outras empresas do grupo em todo o mundo, nada se compara à oportunidade de comandar o seu próprio espetáculo.

Você pode pensar que uma organização tão diversa quanto a Tata poderia correr o risco de se desagregar sem uma organização central forte, mas a Tata tem seu próprio tipo de cola — no nível do conselho de administração. O conselho de administração de cada unidade de negócios inclui vários diretores que fazem parte apenas do conselho daquela unidade, diretores que são membros do CCG e diretores de conselhos de outra ou de várias outras unidades de negócios da Tata.

Esse arranjo — ao qual R. Gopalakrishnan, um diretor da Tata Sons, se refere como a "fusão biológica do Centro do Grupo e das empresas" — deixa claro duas crenças que estão no cerne do modelo organizacional da Tata. A primeira é a de que todos os conselhos de administração devem ter uma perspectiva suficientemente elevada a ponto de proporcionar orientação de longo prazo para a gerência do grupo. A segunda é a de que o julgamento de cada membro de um conselho será ampliado e aperfeiçoado pela exposição à diversidade de alcance e à complexidade das atividades e dos mercados do grupo. Esse tipo de participação representativa de vários órgãos também permite que cada conselho se torne um mecanismo para compartilhar recursos, *expertise*, conhecimento e melhores práticas em todos os negócios da companhia. Um item na agenda de todas as reuniões de conselhos é conectar as pessoas do grupo com as habilidades certas, a experiência e o poder adequados para que as coisas sejam feitas.

GLASNOST ORGANIZACIONAL

Uma companhia com muitos centros pode ser como uma centopéia que avança com sucesso — mesmo que de forma um pouco trabalhosa às vezes — ou pode se tornar desestruturada, descoordenada e incapaz de se mexer de maneira coerente. A diferença está na abertura — *glasnost*, para tomar emprestado o termo russo usado no início do tsunami.

Há uma frase famosa de Mahatma Gandhi que parece se aplicar a muitas situações importantes na Índia, e Anand Mahindra a citou para nós ao falar a respeito da importância da abertura nas organizações globais: "Não quero que minha casa seja fechada por paredes por todos os lados, nem que as minhas janelas sejam tapadas", dissera Gandhi. "Quero que as culturas de todas as terras circulem pela minha casa da maneira mais livre possível. Mas me recuso a ser arrebatado por qualquer uma delas."

Abertura significa "destapar as janelas" da empresa para permitir a entrada da profusão de idéias e capacidades que existem "lá fora", na indefinida nuvem de fornecedores, clientes e concorrentes. A abertura está ligada à crença de que, por mais talentoso que seja o seu pessoal, a maior parte do talento vai sempre estar fora dos limites da sua empresa, e você precisa tirar proveito dele.

Uma maneira para fazer isso é tornar as fronteiras da sua organização tão porosas quanto possível. Para as empresas dominantes, esse pode ser um projeto muito difícil e até mesmo doloroso, principalmente porque pode significar abrir mão de parte do controle do acesso à propriedade intelectual. As organizações resistem a essa *glasnost* da propriedade intelectual. Depois de anos de pesquisa e investimentos para ganhar uma vantagem de propriedade exclusiva, anos construindo paredes para manter as operações internas da empresa a salvo de olhos curiosos, como podemos simplesmente abrir as portas e permitir que os nossos melhores segredos saiam porta afora? Como podemos entregar a forasteiros a responsabilidade pela inovação?

As empresas desafiantes têm menos problemas desse tipo simplesmente porque a maioria delas não tem muita propriedade intelectual. Elas têm menos a perder e, portanto, estão mais dispostas a tornar suas fronteiras porosas para poder construir redes complexas de relacionamentos com elementos externos.

Um motivo pelo qual as empresas desafiantes são particularmente competentes na criação e operação de organizações tão fluidas é sua ênfase na confiança. Depender mais da confiança e menos de políticas e procedimentos para exercer controle é algo particularmente importante em ambientes que se movimentam rapidamente, com centros múltiplos, fronteiras porosas, tensões constantes dentro da matriz e líderes que são construtores vivazes.

A confiança é um guia que abaliza toda ação. Confiar em alguém em uma dada situação é pedir que essa pessoa julgue o que fazer — e, para isso, nunca é suficiente olhar para trás, para um procedimento estabelecido. É necessário investigar a situação atual para discernir como agir de acordo com um princípio.

Na Tata, a confiança se manifesta como respeito pelos indivíduos, processo de tomada de decisões descentralizado e aceitação das adaptações locais. Os valores do Grupo Tata são centrais para as operações do grupo: influenciam o modo como as decisões são tomadas, como a empresa opera e se organiza. Por causa desses valores fortes, os funcionários em todos os níveis sabem o que é esperado deles e, portanto, têm poder para realizar ações independentes. Isso permite que a Tata exerça um controle razoavelmente frouxo — sem perder o controle.

A CIPLA SE TORNA PLANA

Algumas empresas desafiantes acreditam tão piamente na importância da *glasnost* e na confiança que a sustenta a ponto de terem eliminado totalmente a estrutura e a política organizacional.

Em 1985, a Cipla, fabricante indiana de medicamentos, decidiu se tornar plana, reduzindo as camadas de hierarquia e podando o máximo possível da burocracia administrativa. As pessoas se tornaram responsáveis por suas próprias ações — as comissões de política foram abolidas. Incentivou-se que a perspectiva do funcionário fosse holística, e não limitada aos estreitos silos funcionais e operacionais que ele costumava ocupar. "Tornamos esta organização totalmente plana", disse o dr. Amar Lulla, da Cipla. "Não há hierarquia, estrutura, escalão organizacional. Nós dizemos: 'Vamos conseguir fechar esse negócio, fazer o nosso trabalho.'"

Não há títulos. "Vimos que os títulos estavam se tornando uma limitação. As pessoas diziam: 'Sou um analista de controle de qualidade e não vou pensar sobre custos, engenharia nem processos, não vou pensar sobre nada, a não ser sobre o que devo pensar como analista de controle de qualidade. Eu não devo pensar! Devo analisar!'", disse Lulla. "Mas nós dissemos: 'Você pode fazer muito mais do que isso. Você é um ser humano capaz de muita coisa. Você é mais do que um analista de controle de qualidade.'"

O processo de achatamento e de remoção dos títulos demorou um pouco, deixou algumas pessoas confusas e foi de encontro a expectativas culturais. "Os jovens nos procuravam e diziam: 'Senhor, quero me casar, mas o que posso dizer aos meus futuros sogros sobre o meu título? Quem sou eu na Cipla?' Nós dizíamos: 'Diga o que quiser. Diga a eles o título que quiser. É isso que você é.'"

Segundo Lulla, não há comitês na Cipla. Se um gerente da Cipla quer iniciar um projeto, ele pode fazê-lo. "Não precisamos enviar apresentações ou ir a uma reunião no escritório central em Londres", disse Lulla. "Eu estava conversando com o chefe de uma grande empresa farmacêutica sobre os diferentes modelos de telefones celulares. Ele me disse que, na empresa dele, eles têm uma comissão para escolher o tipo de telefone celular que os executivos vão usar. Já pensou? Acho isso extremamente sufocante."

A empresa também eliminou as avaliações e revisões salariais anuais. "Jogamos isso fora", disse Lulla. "Dissemos: 'Você pode pedir a remuneração que quiser, quando quiser, com a freqüência que quiser. Pode consegui-la ou ir para casa. Nada de negociação.'"

A Cipla instituiu um programa para apoiar os funcionários em suas aventuras empresariais — especialmente se os funcionários quisessem se tornar fornecedores da empresa. Isso enfatiza o desejo da companhia de ver o seu pessoal como mais do que apenas funcionários: como parceiros no crescimento. "Temos uma política aberta. Se um funcionário quer abrir um negócio, nós o ajudamos e apoiamos", disse Lulla. "Ajudamos a criar uma série de empresas, cuidamos delas no início e as apoiamos à medida que cresciam até se tornarem empresas de tamanho razoável em vários ramos, dentre os quais os de construção, software, finanças e engenharia."

O estilo organizacional da Cipla é tão diferente que algumas pessoas, especialmente de nível júnior, não conseguem se adaptar, e a rotatividade é considerável. Mas os gerentes seniores tendem a permanecer, e muitos deles estão na empresa há 25 anos ou mais. "A Cipla é tão plana", disse Lulla, "que gostamos de gerir a nós mesmos!".

Implicações: sintetize

Assim como as empresas desafiantes sintetizaram as práticas de negócios ocidentais com suas próprias culturas (e sua própria inventividade), as empresas dominantes precisam adaptar, adotar e sintetizar idéias de todas as pessoas e de toda parte.

As camadas de gerência média que foram se acumulando ao longo do tempo em muitas organizações dominantes podem criar uma burocracia pesada e centralizada que aumenta os custos, reduz a flexibilidade, desacelera a reatividade e atrapalha a capacidade de uma empresa de desenvolver uma organização que permeie as economias de desenvolvimento rápido. "As empresas globais de TI podem não ser as parceiras certas para ganhar negócios nos mercados emergentes por causa de seus modelos de negócios herdados", disse Sudip Nandy, chefe de estratégia da Wipro. "Mas a Wipro pode aplicar a nossa bem-sucedida estratégia indiana em outros locais de baixo custo como o Sudeste Asiático, o Oriente Médio e talvez até a Europa Oriental, e ser muito mais competitiva e bem-sucedida do que os grandes fornecedores globais."

Torne-se policêntrico

Em um mundo no qual o centro econômico está mudando de um único ponto geográfico para muitos, cada um deles com características altamente diferentes, e nos quais os recursos são pontualizados em várias economias, o comércio flui em todas as direções e a vantagem competitiva está mudando constantemente, as organizações policêntricas fazem cada vez mais sentido.

As empresas dominantes, sendo originárias de centros econômicos desenvolvidos, terão de enfrentar questões que lhes são específicas. Como no caso das empresas desafiantes, as organizações dominantes vão querer delegar o controle para poder reagir de forma mais rápida e precisa ao ambiente local.

A típica sede corporativa de uma empresa dominante quer reter o controle para perceber e administrar melhor os seus riscos internos e externos, dentre os quais muitos estão relacionados às economias de desenvolvimento rápido — como levantes políticos, usurpação de propriedade intelectual, ações de concorrentes e execução ineficaz. E o risco é inerente, pois as empresas dominantes muitas vezes entram nas economias de desenvolvimento rápido com estratégias e táticas não testadas e administradas por organizações jovens e igualmente não testadas.

As empresas dominantes tendem a ser mais competentes do que as desafiantes na busca de escala e padronização global, motivadas por uma ameaça bastante grande e por uma recompensa cada vez mais atraente. A ameaça é a estrutura de alto custo inerente aos seus países de origem. Com a ascensão das empresas desafiantes, essa ameaça se tornou ainda mais forte. A recompensa é a oportunidade de acumular conhecimento sobre como vencer em um conjunto de mercados cada vez mais diferentes e utilizar as competências globais e os recursos escassos localizados cada vez mais nas economias de desenvolvimento rápido.

Há uma importante suposição que está por trás dos esforços das empresas dominantes para evitar a ameaça e pegar a recompensa — a de que o mundo é essencialmente plano e sem texturas, e de que as diferenças entre os mercados nas economias de desenvolvimento rápido são insignificantes e até mesmo irrelevantes. Há o que nós chamamos de propensão mental à uniformidade — estratégias "globais", produtos "globais" e, portanto, organizações "globais". Portanto, na conclusão de algumas empresas dominantes, não há muita necessidade de customizar estratégias, produtos ou organizações para esses mercados. Por conseguinte, elas se afastam demais rumo ao global em relação à necessidade muito real e forte de ser local. Destinam mais recursos e dão maior importância à centralização para obter escala e eficiências de controle do que às diferenciações que poderiam gerar crescimento e participação nos mercados locais.

Quando isso acontece, as fontes de crescimento e vantagem competitiva podem se concentrar na periferia das economias de desenvolvimento rápido, embora poder e recursos fiquem no centro, um centro que está longe dos novos centros econômicos globais. As estratégias continuam a ser formuladas usando hipóteses de economias desenvolvidas por pessoas que têm um arcabouço de referências de economias desenvolvidas, fazendo com que produtos e programas de marketing continuem a ser criados nos países desenvolvidos e empurrados para os mercados das economias de desenvolvimento rápido.

A CVRD reconheceu a dificuldade de se tornar global e ao mesmo tempo manter a textura local. Em todos os lugares onde atua, a CVRD buscou equilibrar a composição de sua liderança para refletir o multiculturalismo que julgava importante. A empresa criou uma combinação de diretores, com pessoas do Brasil, Estados Unidos, África do Sul, Canadá, França e Noruega. Em seus escritórios na Ásia, Nova Caledônia e Indonésia, o pessoal local trabalha ao lado de brasileiros, canadenses e outros.

ALINHE ESTRUTURA E PRESENÇA

A Corning há muito tempo adotou uma visão policêntrica do mundo graças à combinação de sua significativa presença e experiência em várias economias desenvolvidas e em desenvolvimento com a mentalidade de sua liderança sênior.

Na China, a Corning tem várias unidades de negócios que vendem desde produtos tradicionais (tais como cabos de cobre e sistemas de interconexão coaxial) até tecnologias de ponta (tais como materiais especiais que criam soluções óticas avançadas ou vidro para monitores LCD). A Corning estabeleceu esses negócios na China ao longo de muitos anos, e, portanto, eles agora estão em diferentes estágios de desenvolvimento.

As operações da Corning são chefiadas por um gerente nacional que tem plena responsabilidade por lucros e prejuízos. O gerente nacional tem ingerência nas decisões sobre questões relativas ao mercado local e facilita a transferência de conhecimento através das unidades de negócios. Junto com os líderes de unidades de negócios em todo o mundo, ele é responsável por estratégia, investimentos, relações externas, recursos humanos e organização.

Essa é uma estrutura única para a Corning, cujos gerentes regionais geralmente são responsáveis apenas pela incubação de novos negócios, que, depois de se firmarem, são transferidos para unidades de negócios bem-estabelecidas; a responsabilidade por lucros e prejuízos geralmente é da organização global da empresa.

Para ajudar a gerir essa matriz de unidades de negócios e gerência nacional, a Corning tem um Conselho de Negócios na China que promove a coordenação entre unidades de negócios. O problema das estruturas matriciais, é claro, é que (muitas vezes) elas não funcionam. No papel, tudo parece claro. Na prática, é difícil julgar onde reside a autoridade para essa ou aquela decisão inesperada. A concorrência entre programas e a política interna preenchem o vácuo. As exigências de elaboração de relatórios e coordenação sobrecarregam uma capacidade gerencial já assoberbada.

Porém, em vez de jogar fora a matriz, a Corning acrescenta recursos gerenciais para auxiliá-la. Isso envolve definir onde está a autoridade, esclarecer papéis e responsabilidades em cada nível, dar às equipes locais mais autonomia ao tomar decisões em que a adaptação e a flexibilidade locais são importantes, e dar total autoridade a algumas organizações nas economias de desenvolvimento rápido.

ADOTAR A MULTIPLICIDADE

O centro econômico está se deslocando de um único ponto geográfico para vários, todos muito diferentes em termos de riqueza, crescimento, recursos e sociedade. Trata-se de um mundo dos negócios definido pela diversidade, no qual o crescimento provém de vários mercados, os recursos são pontualizados da melhor maneira em várias economias e o comércio flui em todas as direções. Em meio a tanta diferença, muitas cabeças são melhores do que uma.

Delegue cada vez mais controle à sua organização, e torne-a tão aberta quanto possível. Valorize a complexidade que surge por causa dos fluxos de comunicação que ela impõe à organização. Mas também procure oportunidades para padronizar quando a variedade não agrega valor, para centralizar quando a diversidade é contraproducente e, muito importante, para enfatizar um conjunto claro de valores que impedirão a multiplicidade de se tornar sinônimo de caos organizacional.

Para as empresas dominantes, fazer isso significa dar poder a um novo centro de influência executiva que tem capacidade de reformular a orientação da empresa e criar entidades de governança que apóiam e representam os vários centros da organização — embora ainda alavancando a escala global. Para as empresas desafiantes, fazer isso pode significar mais esforço para aprender como padronizar e globalizar os processos centrais — sem sacrificar a variedade na qual ela cria valor.

R. Gopalakrishnan disse: "Sabe, ao ver aquela centopéia tentando se mexer, você diz: 'Talvez se cortarmos 96 pernas, ela consiga se mexer muito mais rápido com apenas quatro.' Mas chegamos à conclusão que, de alguma maneira, a centopéia tem uma estrutura engraçada. Ela precisa daquelas cem pernas para se mexer daquela maneira tão peculiar."

CAPÍTULO 10

Competir com todos, por tudo e em toda parte

"Ainda temos um longo caminho à nossa frente."
Xie Qihua, Baosteel

A globalidade representa uma oportunidade ou uma ameaça? É um fenômeno bom ou ruim?

Neste livro, falamos principalmente das oportunidades de negócios das economias de desenvolvimento rápido e das práticas bem-sucedidas, até mesmo admiráveis, que as empresas desafiantes estão utilizando para tirar proveito delas. Falamos menos das ameaças e adversidades, mas é impossível deixá-las de lado. Se você já está fazendo negócios na Índia ou China, Rússia ou Brasil, já as vivenciou, e, se você já viajou para algum desses lugares, já as testemunhou. Mesmo que isso ainda não tenha acontecido, a mídia está tão cheia de histórias, todos os dias, sobre os vários problemas da industrialização e do crescimento rápidos — produtos defeituosos, poluição, violações dos direitos humanos, corrupção, disparidade de renda e assim por diante — que essas questões estão presentes na vida de todos no mundo inteiro.

Então, é importante dizer que será pouco provável, talvez impossível, competir na era da globalidade sem se deparar com essas questões, tanto em sua vida profissional quanto pessoal. Fazer negócios em economias de desenvolvimento rápido, e com empresas cujas origens estão lá, será fundamentalmente diferente do que é fazer negócios nos mercados desenvolvidos com empresas dominantes.

Em Déli, você terá de enfrentar o trânsito intenso, que é um fato da vida cotidiana por lá. O Instituto de Educação para o Trânsito estima que 110 milhões de violações de trânsito são cometidas *diariamente* em uma cidade de quatro milhões de veículos e 16 milhões de habitantes. Apesar de vários trechos do sistema de metrô estarem funcionando, algumas partes ainda estão em construção e só serão completadas em 2021. Os 3.500 ônibus urbanos geralmente estão apinhados de passageiros.

Em Pequim, a poluição atmosférica é tão grande que dizem que dois corredores morreram durante a maratona de 2004. As províncias vizinhas estão cheias de minas de carvão e indústrias pesadas que queimam carvão, e a poluição atmosférica resultante enevoa não apenas Pequim, mas paira mundo afora e afeta os países vizinhos. No entanto, mesmo com toda essa poluição, um relatório elaborado por acadêmicos chineses previu que, em meados do século, a expectativa de vida na China dará um salto de 13 anos, para 85 anos, e que todos os lares chineses vão sair da pobreza. Isso é desinformação encorajada pelo Estado, simples otimismo desenfreado pelo qual os chineses são conhecidos ou uma combinação de ambos?

A lista de problemas nas economias de desenvolvimento rápido é longa.

A Índia está oprimida por uma dívida interna que equivale a 82% do seu produto interno bruto.

Na China, vinte milhões de crianças ficam em casa sozinhas por semanas e meses a fio enquanto seus pais trabalham nas cidades ou em lugares distantes.

Os países da Europa Oriental estão lutando com inflação de salários e preços, migração de trabalhadores, baixa taxa de nascimentos, falta de trabalhadores qualificados e leis antiquadas.

O México depende demasiadamente da renda do petróleo, sofre com o narcotráfico e tem um sistema educacional fraco.

A economia do Brasil é lenta e seu governo está cheio de corrupção.

Em todas as economias de desenvolvimento rápido, muitas pessoas são pobres, famintas, desempregadas, insuficientemente instruídas e doentes.

Fora essas questões e algumas outras, as economias de desenvolvimento rápido estão se saindo bem. E, além disso, as economias desenvolvidas também têm seus problemas, desde populações que estão envelhecendo e disparidades de renda, até fraudes corporativas e consumo excessivo dos recursos mundiais.

Portanto, não argumentamos que a globalidade será só alegria. Ela será tão frustrante, caótica, inexplicável e exaustiva quanto animada, esclarecedora e enriquecedora.

Nokia: controlando seu próprio destino na China

A Nokia, a maior fornecedora de telefones móveis do mundo, passou por um período em que lutou tanto contra a exaustão quanto contra a animação característica das economias de desenvolvimento rápido para alcançar a sua atual condição de prosperidade. Hoje, a Nokia vende cerca de um milhão de telefones celulares por dia em todo o mundo, a um preço médio de US$150; são US$150 milhões por dia — ou cerca de US$55 bilhões ao ano. Em julho de 2007, a participação da Nokia nas vendas globais de telefones celulares havia crescido para 36,2%, muito à frente da Motorola, que estava em segundo lugar e caiu para 18%, um percentual quase igual ao da Samsung.

No entanto, recentemente, em 2004, a perspectiva para a Nokia não era tão feliz, especialmente na China, o maior mercado de telefonia móvel do mundo. Isso era surpreendente porque a Nokia havia chegado cedo à China, em 1991, quando fornecia os equipamentos do primeiro sistema global de comunicação (GSM) para a empresa de telefonia móvel Hong Kong CSL Limited, com sede em Hong Kong. Dois anos mais tarde, em 1993, a Nokia lançou o primeiro telefone GSM do mercado chinês. Ao longo dos anos 1990, a empresa finlandesa adotou uma abordagem do tipo "vamos testar o terreno" na China. Era o modelo padrão seguido pelas empresas estrangeiras na época. Identificar um pequeno número de distribuidores nas cidades grandes e relativamente afluentes, vender a eles contêineres de produtos e deixar que eles cuidassem do resto. Era uma maneira sensata de aproveitar as oportunidades de um mercado emergente e ao mesmo tempo limitar o risco e evitar a estonteante complexidade e estranheza do mercado varejista chinês.

E fazia sentido. Em volume e valor, a China ainda era um mercado pequeno. A Europa já estava em um estágio avançado rumo à saturação, mas a América do Norte estava no meio da adoção em massa da telefonia móvel. Globalmente, a equipe de liderança da Nokia concentrou a estratégia e os recursos da empresa na obtenção de grandes prêmios. Mas, enquanto isso, e com um esforço de marketing mínimo, a Nokia acumulou uma invejável participação de mercado na China continental, vendendo seus atraentes modelos feitos no exterior para o consumidor chinês emergente que dava importância à marca. A demanda existia, e estava reprimida por falta de um bom produto. Tudo o que a Nokia precisava fazer era manter os contêineres chegando e veicular ocasionalmente um anúncio nacional para que os lares com um televisor tomassem conhecimento da sua presença.

Na virada do milênio, a participação de mercado da Nokia na China estava em torno de 30% — a maior de todas as fabricantes de telefones celulares, nacionais ou estrangeiras. Foi um bom começo, que deu à Nokia tempo para montar os elementos básicos de uma sólida operação chinesa: manufatura, organização e pessoas.

Aí chegaram as empresas desafiantes. Jogadores locais lançaram telefones com designs populares a preços mais baixos. Armadas com projetos e kits comprados de fabricantes de telefones celulares de segunda linha no exterior, as empresas chinesas montaram modelos de telefones de baixo custo e se aventuraram pelo interior do próprio país. O governo havia ligado muitas das cidades menores da China à rede móvel, e os consumidores lá estavam prontos para se conectar. Os jogadores locais conseguiram uma distribuição mais ampla e melhor porque sabiam como trabalhar com os distribuidores e oferecer a eles generosos planos de participação nos lucros.[1]

Os telefones feitos na China começaram a aparecer em estabelecimentos de varejo no interior, onde a Nokia e outras fabricantes tinham uma presença pequena ou nula.[2] A participação de mercado da Nokia caiu de um pico de 30% em 1999 para menos de 15% em 2003. A participação das empresas desafiantes pulou de apenas 2,5% em 1999 para quase 30% em 2002. Os analistas previram que as desafiantes locais obteriam metade do mercado até 2005. Disseram aos fornecedores globais como a Nokia para se aterem aos segmentos mais altos, aqueles que eles entendiam.

A equipe de gerência da Nokia na China respirou fundo, deu um passo para trás e examinou cuidadosamente a posição da empresa. Não havia nada fundamentalmente errado. A Nokia tinha uma marca espetacular, um histórico de sucesso na China, a capacidade de fabricar quantidades enormes e um portfólio de produtos populares e de alta qualidade. Devia haver algum modo de competir com as empresas desafiantes.

Indo fundo na China

A Nokia decidiu ir mais fundo no mercado. Isso exigiria uma mudança de curso fundamental. A empresa havia chegado com facilidade na China, esperando aproveitar a grande oportunidade sem se expor demasiadamente a riscos. Ela havia oferecido aos chineses os mesmos telefones oferecidos ao resto do mundo — repletos de recursos, com um design elegante e preços que eram altos em comparação com os telefones produzidos localmente.

Não demorou muito para que a China se tornasse um mercado incrivelmente competitivo para telefones celulares. Todos os grandes jogadores globais — Motorola, Sony Ericsson e Samsung — entraram na briga. E dezenas de empresas chinesas começaram a produzir centenas de modelos desenvolvidos localmente, marcas que a maioria dos ocidentais jamais ouviu: TCL, Ningbo Bird, Legend, Haier, Konka, Eastcom, Kejian, CECT, Panda e Amoisonic. O mercado ficou abarrotado de telefones que ofereciam uma variedade e uma combinação infinita de formas, tamanhos, cores, funções, recursos e preços.

Como resultado, ficou muito difícil para as fabricantes garantir espaço nas prateleiras dos grandes estabelecimentos ou das pequenas lojas. A demanda nesses estabelecimentos é tão grande que os varejistas de produtos eletrônicos alugam o espaço expositivo para as fabricantes e, naturalmente, dão as melhores posições e os lugares mais rentáveis nas prateleiras às empresas que oferecem os acordos mais polpudos e o serviço mais atencioso. Sem espaço expositivo, uma fabricante mal pode chamar a atenção do consumidor — mesmo com uma marca global popular como a Nokia.

Todavia, as empresas desafiantes sabiam tudo a respeito do sistema de distribuição e eram especialistas em estabelecer e alimentar relacionamentos com as dezenas de milhares de varejistas em todo o país. A Nokia sequer sabia quem eram os varejistas. Desde o início, a empresa tinha trabalhado com um punhado de grandes distribuidores, cada um servindo e tomando conta dos relacionamentos de varejo numa região. A Nokia tinha pouca alavancagem com os distribuidores e praticamente nenhuma capacidade de intervir no que acontecia nas lojas.

Essa abordagem da distribuição não apenas colocava a Nokia em desvantagem nas prateleiras, mas também significava que a empresa estava sendo acometida pela síndrome da informação insuficiente. A equipe de gerência simplesmente não sabia o que estava acontecendo lá fora. Se as vendas caíam em uma região, eles tinham de pedir uma explicação ao distribuidor. Talvez ele pudesse identificar os distritos com um desempenho baixo na região, descrever as questões envolvidas e até mesmo apresentar uma ou duas soluções. Mas será que ele estava certo?

A Nokia percebeu que não podia ampliar seus negócios na China sem realmente fazer negócios na China. Se o varejista era quem controlava o portão que levava ao cliente do mercado médio, então a Nokia teria de encontrar maneiras de fazê-lo abrir o portão.

A equipe de gerência adotou uma nova abordagem de distribuição que envolvia responsabilidades definidas com mais clareza para atividades específicas e pontos geográficos individuais, bem como maior responsabilidade. De dez cidades, a Nokia expandiu para cem, depois duzentas e quatrocentas. Ela assumiu a responsabilidade pela função de vendas e montou sua própria equipe de vendas para gerir os relacionamentos com os varejistas. Renomeou os distribuidores como distribuidores do processamento de pedidos para deixar claro que eles eram os especialistas em logística, e não em vendas.

Como parte da mudança, a Nokia enfrentou a tarefa de desenvolver um novo conjunto de habilidades de varejo. Como você gere contas de grandes clientes de varejo? Quanta margem você deve dar a eles e quanta deve reter? Como você influencia os consumidores a comprar seu produto quando eles já estão dentro da loja? Como você influencia os varejistas para que eles influenciem os consumidores? Eram todas questões que a Nokia nunca tinha enfrentado antes na China, e nas quais a Nokia China começou a se tornar uma especialista.

Eles aprenderam, e a nova abordagem de distribuição permitiu que a Nokia gradualmente exercesse muito mais controle sobre a sua presença no mercado. Com sua própria força de vendas, a Nokia pôde pela primeira vez entender as condições de mercado e o comportamento dos clientes. Também pôde construir relacionamentos de verdade com os varejistas, influenciar suas decisões sobre estoque e suas atividades promocionais, bem como posicionar os produtos da Nokia de maneira favorável em relação ao fluxo infinito de telefones concorrentes.

Por fim, a Nokia começou a realmente ver e entender os consumidores para os quais queria vender. À medida que aprendia mais, a empresa renovou o seu portfólio de produtos para incluir telefones com preços mais competitivos com os recursos (ou com a ausência de recursos) que o consumidor do mercado médio queria.

Gradualmente, a Nokia montou um sistema de informações de mercado que era suficientemente grande para gerir o enorme volume de novos dados sobre varejo e mercado que chegavam à empresa, e pôde dar respaldo executivo a todo um novo conjunto de indicadores de desempenho no varejo. Hoje, a empresa mantém mais de quarenta mil pontos de presença na China continental. Cada distrito de vendas tem um cadastro, um plano de vendas e uma pessoa responsável pelos resultados. Se a participação de mercado começa a cair numa determinada área, a Nokia agora fica sabendo rapidamente, tem a capacidade de descobrir as causas e tem pessoal no local para traçar e executar um plano para reverter a situação.

"Você precisa entender onde as pessoas vivem, quais são os padrões de compra", diz Kai Oistamo, vice-presidente executivo e gerente geral para telefones celulares da Nokia. "Você tem de trabalhar com os meios de transporte locais para chegar às pessoas — até mesmo bicicletas ou riquixás."

Expandindo-se a partir da China

A Nokia não apenas transformou os seus negócios na China — também recuperou a liderança em 2006, vendendo 51 milhões de telefones celulares para atingir mais de 35% de participação de mercado —, mas aprendeu como lidar com as lutas para se alcançar o sucesso nas economias de desenvolvimento rápido.

Ela reconheceu a importância de prestar atenção à diferença de custos. Para ganhar volume e competir com o que as empresas desafiantes tinham a oferecer, a Nokia abaixou os seus preços. Hoje, o número de telefones que a Nokia vende a preços inferiores a US$65 quase dobrou, subindo de 23% do volume total de vendas para 42% em 2006. Segundo uma pesquisa da empresa, cerca de 60% das vendas mundiais de telefones celulares em 2007 acontecerão nos mercados emergentes.

A sua presença industrial na China permite que a Nokia reduza seguidamente a diferença de custos em todo o mundo. Em 2006, as exportações da

Nokia de telefones e equipamentos de rede com os melhores custos — feitos na China, destinados ao mundo — deu um salto de 67% em relação ao ano anterior, chegando a US$6,2 bilhões. Desde 2000, a companhia registrou exportações totais de US$23,6 bilhões a partir da China. Os analistas estimam que as economias de escala da Nokia se traduzem em uma vantagem de 3 a 4% em relação à arqui-rival Motorola no que diz respeito a fabricação e distribuição. Pode parecer pouco, mas é suficiente para fazer uma diferença crucial nas operações de baixa margem nos mercados emergentes.

A Nokia reconheceu que tinha de desenvolver seu próprio pessoal para que ele fosse eficaz no mercado local. Recrutou, treinou e colocou em campo uma nova força de vendas. Estabeleceu uma unidade de negócios separada na China (retirando-a da organização Ásia-Pacífico) e deu à equipe de gerência, da qual muitos participantes eram chineses, bastante espaço no processo de tomada de decisões.[3] Ela também criou um programa de desenvolvimento de lideranças com duração de um ano, para ajudar os engenheiros chineses a aprender como colaborar melhor. Os primeiros formandos do programa conseguiram desenvolver quatro novos modelos Nokia, desde o conceito até a produção, em apenas 12 meses — rápido até para os padrões de referência da Nokia.

A empresa foi fundo no mercado chinês. Isso não apenas aumentou o volume e aprimorou a capacidade de colher informações, mas também a colocou em uma boa posição para o futuro. À medida que os consumidores forem enriquecendo, a Nokia poderá acompanhá-los em sua ascensão pela escala de valor rumo a telefones e serviços mais caros e tecnológicos.

A Nokia pontualizou as suas operações para poder reagir à crescente demanda por telefones celulares nas economias de desenvolvimento rápido (a empresa expediu o dobro de telefones em 2006 em relação a 2002). Ela opera fábricas de telefones celulares em todo o mundo — na Finlândia, Alemanha, Grã-Bretanha, no Brasil, México, na Hungria, Índia, Coréia do Sul e China. Juntas, as fábricas da Nokia manusearam mais de cem bilhões de peças em 2006 — ou seja, cerca de 275 milhões por dia — e as montaram para criar centenas de milhões de telefones acabados.

A Nokia reconheceu que, além do volume, também precisa satisfazer a demanda por customização de seus principais clientes, os operadores de redes de telefonia móvel. À medida que a concorrência esquenta entre esses fornecedores, eles tentam se diferenciar oferecendo telefones com combinações únicas de capacidades de software e recursos de hardware. E querem que a Nokia crie as variações e entregue os telefones prontos para serem vendidos no varejo.

A Nokia aprendeu que o processo de inovação trabalhoso e demorado das empresas dominantes nem sempre é o melhor — é necessário engenhosidade. Então, a empresa desenvolveu um processo de produção em dois estágios. No primeiro estágio, os componentes centrais são construídos. No segundo, chamado de "montagem sob encomenda" (*assembly to order*), a Nokia produz rapidamente uma série de componentes específicos — painéis frontais, botões, software — em dezenas ou centenas de milhares de unidades de cada vez, projetadas para satisfazer as exigências atuais do mercado.

Isso não significa que a Nokia não esteja investindo em atividades de pesquisa e desenvolvimento mais tradicionais. Na verdade, as economias de desenvolvimento rápido se tornaram locais importantes para os esforços de inovação da Nokia. A empresa opera cinco centros de P&D na China, empregando mais de seiscentos funcionários, dos quais 90% são chineses. O Centro de Criação de Produtos da empresa em Pequim, criado em 2003, é um dos quatro laboratórios de P&D de telefones que a fabricante finlandesa opera em todo o mundo, e é lá que 40% do portfólio global de telefones da Nokia são desenvolvidos.

Contudo, o início das operações do centro de Pequim envolveu uma pequena luta com a questão da multiplicidade. A idéia de uma cultura corporativa que valorizava mais a inovação do que a hierarquia exigia que os engenheiros chineses adotassem "uma maneira de pensar completamente nova", disse Steven Marcher, chefe do centro.

Hoje, a Nokia é a líder de mercado em telefones celulares não apenas na China, mas na maioria das economias de desenvolvimento rápido. Em muitos países do Sudeste Asiático, a sua participação de mercado chega a 55%. No Oriente Médio e na África, está bem acima de 60%. E na Índia, a Nokia domina com estimados 70% do mercado de telefones GSM.

A Nokia alcançou o sucesso em grande parte aprendendo a se comportar um pouco mais como as empresas desafiantes que correram atrás do seu mercado na China. A Nokia aprendeu, de uma maneira difícil às vezes, o que significa competir com todos, por tudo e em toda parte.

Os significados

O que, mais exatamente, essa expressão — competir com todos, por tudo e em toda parte — quer dizer?

Para começar, quem são "todos"? E por que temos de *competir* com eles? E quanto à colaboração? Redes sociais? Sustentabilidade e situações em que todos saem ganhando?

Jeff Immelt, executivo-chefe da General Electric, leu a nossa lista de cem desafiantes do BCG assim que foi publicada pela primeira vez em 2006 e fez algo inesperado. Com sua equipe de liderança, ele dividiu as empresas na lista em quatro categorias: clientes, fornecedoras, concorrentes e não-alinhadas. Depois de terem estudado brevemente a lista, Immelt disse: "O nosso objetivo é ter muitas clientes, muitas fornecedoras. E nenhuma concorrente."

A expressão "nenhuma concorrente" chamou a nossa atenção. O que ele queria dizer com isso? Talvez tivesse a ver com o significado da partícula *con*. Geralmente pensamos na concorrência com uma outra empresa como uma batalha *contra* ela por mercados, clientes e lucros, mas concorrer também significa trabalhar com clientes, fornecedores e outros parceiros para reduzir custos, aprimorar o desenvolvimento, obter novos recursos e capacidades, e interpretar e desmistificar mercados globais. Na globalidade, as entidades muitas vezes vão concorrer nos dois sentidos da partícula *con* — em algumas situações, uma empresa será sua amiga e aliada; em outra, será sua antagonista ou adversária.

Por exemplo, a Gazprom, a gigante russa do setor de energia, concorre com outras empresas de energia para produzir e fornecer gás natural a companhias e países. Mas também tem uma parceria com elas, fornecendo acesso a seus campos de gás a empresas que geralmente são concorrentes em troca de ligações aos sistemas de distribuição dessas parceiras nos mercados em que a Gazprom não está presente.

Na China, às vezes é difícil dizer contra quem a cervejaria Anheuser-Busch (AB) está concorrendo e quem está trabalhando com ela. A AB lançou as marcas Harbin 1900 e Harbin Ice em cerca de trinta mercados chineses em 2006 e anunciou planos para lançar ambas as marcas em outros 12 mercados chineses no ano seguinte. As marcas da AB se viram em concorrência com uma outra marca nova chamada Snow, que foi criada pela CR Snow, uma *joint venture* entre a SABMiller e a China Resources Enterprise Ltd. A CR Snow se tornou a maior cervejaria da China em 2006, superando a Tsingtao Brewery tanto em volume quanto em receita. Essa era uma situação curiosa para a AB. A empresa detém uma participação de 27% na Tsingtao Brewery e a sua marca Harbin compete com o principal produto da Tsingtao. Isso parece confuso? A AB pensou na sua participação como um conflito? Na verdade, não. "Quanto maior o foco em cerveja premium, melhor", disse um executivo da AB.

Tais relacionamentos podem se tornar confusos às vezes, mas também podem trazer grandes recompensas.

E onde fica "toda parte"? Estamos sugerindo que toda empresa deve estar presente em todos os mercados com uns poucos clientes que vivem, respiram e têm alguns pesos, iuanes ou rupias para gastar?

Não, mas significa que mercados significativos vão surgir e crescer em todos os cantos do mundo, e as empresas precisam avaliar constantemente se devem estar presentes nesses lugares. China Central. Sul da Índia. Ucrânia. Gana. Irã. Chile. Malásia.

Na Zâmbia, dois empresários estão montando uma companhia aérea de baixo custo, a Zambian Airways, que oferece vôos de Lukasa a Johannesburgo, África do Sul, voltado para os milhares de comerciantes e trabalhadores migrantes que viajam regularmente nessa rota. A tarifa é de US$100, menos do que o preço da viagem de ônibus. Hoje a empresa tem três aviões, o que é mais do que tinha há dois anos.

Em Macau, a ilha ao largo da costa sul da China (e o único lugar no país onde jogar em cassinos é uma atividade legal), está se configurando uma batalha que envolve bilhões de dólares de receita a serem ganhos com cassinos, *resorts* e shopping centers de alto nível. Stanley Ho, um empresário de Hong Kong que deteve os direitos exclusivos para jogos de azar em Macau durante cinqüenta anos, agora está concorrendo com grandes incorporadores de Las Vegas como Sheldon Adelson, Steve Wynn e Kirk Kerkorian.

A febre das fusões e aquisições está se alastrando em países e regiões que talvez não venham imediatamente à mente como locais de propriedades valiosas. As empresas russas estão fazendo aquisições em países próximos como Armênia, Belarus, Cazaquistão e Uzbequistão, e também estão comprando empresas no Reino Unido, na África do Sul, no Canadá e nos Estados

Unidos (oito aquisições em 2006). A República Tcheca, Hungria e Polônia completaram um total de 101 transações em 2006, em comparação com 74 em 2005. Esse número representaria um ano (ou mês) pouco movimentado para os investidores e advogados nos Estados Unidos, mas aumentou rápido e é provável que continue a crescer.

"Toda parte" também significa que você estará competindo em mercados que você achava que já havia dominado: os Estados Unidos, por exemplo.

E quanto a "tudo"? O que isso inclui?

Para começar: clientes, fornecedores, parceiros, capital, propriedade intelectual, matérias-primas, talento, idéias, espaço, sistemas de distribuição, capacidade de fabricação e recursos naturais.

Na Índia, por exemplo, as editoras estão disputando leitores de revistas. Desde 2005, dez revistas estrangeiras para o grande público lançaram edições indianas, e cerca de outras vinte dizem que vão começar a colocar seus exemplares nas bancas em 2007. Você já pode comprar versões indianas da *Maxim*, *Marie Claire* e *Good Housekeeping*. Todas estão atrás dos cerca de trezentos milhões de indianos de classe média que falam inglês (um número que corresponde a toda a população dos Estados Unidos) e se interessam pelo que está acontecendo no mundo fora do seu país.

No Brasil, o governo começou a leiloar direitos de extração e plantio de madeira para grandes trechos da floresta pluvial em uma tentativa de criar uma política coerente que permitirá a exploração e o desenvolvimento, mas também a proteção do meio ambiente e dos incríveis ativos naturais do país. As empresas estarão competindo entre si para obter os direitos a esses recursos madeireiros (no entanto, não serão proprietárias da terra nem terão direito a explorar nenhum outro recurso), e também vão concorrer entre si no mercado mundial.

Portanto, competir com todos, por tudo e em toda parte na era da globalidade será algo tão tumultuado quanto em qualquer uma das grandes eras de expansão e mudança precedentes. Para a maioria das empresas, será necessário realizar algumas mudanças fundamentais a fim de seguir em frente e obter sucesso.

Emerson: hora de mudar

Foi isso que a Emerson descobriu há alguns anos, nos primórdios do tsunami. Os escritórios corporativos da Emerson em St. Louis, Missouri, estão a sete minutos de carro do aeroporto internacional Lambert-St. Louis. Isso é importante porque, como Charlie Peters, vice-presidente executivo sênior, um veterano com 25 anos na Emerson, gosta de dizer: "Se você não vai, não consegue." Peters sabe tudo sobre "ir": foi para a China e viajou pela região Ásia-Pacífico umas 12 vezes por ano durante muitos anos.

A Emerson pode parecer um modelo improvável de globalidade. A empresa foi fundada em 1890 em St. Louis como fabricante de motores e ventiladores. Logo ampliou a produção para máquinas de costura, brocas odontológicas, pianos mecânicos e ferramentas elétricas. Durante a Segunda Guerra Mundial, a Emerson forneceu equipamento para a Força Aérea dos EUA e se tornou a maior fabricante mundial de torres de artilharia. Nos anos 1950, a empresa embarcou em um programa de crescimento e diversificação, passando de duas fábricas e quatro mil funcionários em 1954 para 82 instalações e 31 mil pessoas em 1973. Cinco linhas de produtos se transformaram em centenas, e a empresa tinha um faturamento de quase US$1 bilhão.

Em 1973, Charles (Chuck) F. Knight se tornou o executivo-chefe e continuou o desenvolvimento de um disciplinado processo de gestão que permitiria à Emerson se expandir com êxito para o exterior. O veterano Craig Ashmore, vice-presidente sênior de planejamento e desenvolvimento com 16 anos de casa, explica: "O oportunismo planejado nos colocou na posição onde estamos hoje." E esta é uma empresa com sessenta divisões; sedes regionais corporativas em St. Louis, Hong Kong, Londres e Dubai; outros escritórios na Europa, Ásia e América Latina e uma presença de mercado em mais de 150 países em seis continentes.

A jornada internacional da Emerson começou para valer no início dos anos 1980, quando a economia dos Estados Unidos desacelerou e a inflação disparou. A concorrência de jogadores de baixo custo havia se intensificado. A Emerson acordou quando a empresa perdeu um negócio significativo para uma concorrente brasileira. "Os preços de varejo que eles cobravam pelos bens eram muito inferiores aos nossos custos para produtos semelhantes", relembra Ashmore. A Emerson decidiu fazer algo a respeito. Em especial, teria de encontrar uma maneira de reduzir custos para equiparar os preços de varejo que as operações de baixo custo das rivais tornavam possíveis.

Chuck Knight, então famoso por seu estilo de gestão exigente e pelo foco implacável na melhoria do desempenho da Emerson, definiu o novo programa da empresa: o melhor custo. Em um mundo de melhores custos, os produtos da Emerson deveriam ter o menor custo, a qualidade mais alta possível e ser feitos em qualquer lugar do mundo em que esses critérios pudessem ser satisfeitos simultaneamente.

Não é de surpreender que, para uma empresa centenária do interior dos Estados Unidos que vendia a maior parte dos seus produtos em seu próprio país, a idéia de realocar para o exterior a produção fosse muito difícil e que tenha sofrido muita resistência de quase todo mundo — gerentes, funcionários, fornecedores e clientes. Afinal de contas, aqueles eram os anos da ascensão dos produtos japoneses — especialmente carros — nos mercados dos EUA, e o chamado para "comprar americano" estava por toda parte. Mas Knight sabia que a Emerson precisava ir para o exterior para sustentar seu sucesso e seu crescimento contínuo.

Knight tinha, mesmo naquela época, um pensamento um pouco globalista, em parte porque havia passado um bom tempo na Europa quando jovem, trabalhando na empresa da família. Por isso, o *offshoring* não parecia tão estranho para ele quanto para muitos americanos nos anos 1980, e ele estava pronto para tentá-lo.

Entretanto, fazer com que os líderes de cinqüenta unidades de negócios diferentes aceitassem o plano não seria muito fácil. Uma prova que Knight usou para convencê-los foi o êxito prévio da empresa em uma operação de manufatura fora dos Estados Unidos. No início dos anos 1980, a Emerson havia aberto uma unidade no México para fabricar termostatos que fora um importante sucesso para a empresa — obtento lucros operacionais significativamente mais altos do que o das fábricas da Emerson localizadas nos EUA. Knight continuava a se referir à fábrica mexicana como um modelo do que a Emerson poderia realizar e a incitar seus gerentes a "se unir ao programa". Um a um, eles abraçaram a idéia de realocar para o México toda a produção, ou parte dela. Entre 1983 e 1988, a Emerson fechou cerca de cinqüenta fábricas e criou cinco mil postos de trabalho em países de baixo custo. Todas as unidades de negócios envolvidas viram seus lucros operacionais crescer.[4]

(A Emerson também passou a ser bastante celebrada nesse período; era uma das empresas retratadas no seminal livro de administração *In Search of Excellence*, publicado em 1982.)

Esses sucessos no México e em outros lugares ajudaram a mudar a mentalidade dos gerentes da Emerson, e eles começaram a levar em consideração a idéia de levar suas operações ainda mais longe. O passo seguinte era fazer algumas aquisições na Europa para aumentar a escala. Uma das primeiras, em 1989, foi a aquisição da Leroy-Somer, uma empresa francesa de automação industrial sediada em Angoulême, uma pequena cidade no sudoeste da França, que tinha uma receita anual de US$450 milhões. A transação foi a segunda maior aquisição da história da Emerson, e a maior de todas na Europa.

A Emerson não apenas comprou uma empresa de valor, mas também ganhou um novo talento para a sua equipe de liderança — especialmente Jean-Paul Montupet, presidente do conselho da Leroy-Somer. Hoje, Montupet é vice-presidente executivo da Emerson, chefe do Grupo de Automação Industrial da empresa e responsável pela Emerson como um todo na Europa. Montupet obteve seu MBA na École des Hautes Études Commerciales em Paris, cursou o International Teachers Program da Harvard Business School e tinha ocupado uma série de posições executivas antes de se juntar à Emerson.

Da primeira vez que entrou na empresa, Montupet não pôde deixar de notar que alguns membros do pessoal corporativo não tinham experiência na gestão de operações internacionais. "A Emerson estava muito focada nos EUA", disse ele. "Diria até que muito focada no Centro-Oeste. Uma vez, quando parecia que a Leroy-Somer poderia exceder seu orçamento de capital em 5%, o diretor de manufatura corporativa me disse que eu teria de reduzir o orçamento, apesar de o ligeiro aumento ter sido causado inteiramente pelas taxas de câmbio." O diretor frustrado fez a seguinte observação para Montupet: "Alguém deveria dizer a Chuck para parar de comprar essas empresas estrangeiras."

Montupet diz que Knight deliberadamente adaptou sua abordagem da liderança para acomodar as diferenças culturais, e essa foi o fator fundamental para fazer a equipe de liderança superar sua mentalidade focada nos EUA. Por exemplo, Knight percebeu que seu estilo confrontador de gestão não funcionava tão bem na Europa quanto nos Estados Unidos. "As reuniões de revisão do desempenho com Chuck eram sempre difíceis", nos disse Montupet. "Ele podia ser muito desafiador, e desses debates surgiam valiosas novas maneiras de operar a empresa. Mas a experiência de Chuck na Europa fez com que ele reconhecesse que a mesma abordagem não funcionaria lá. Ele abaixou o tom do seu comportamento para surtir o impacto certo quando viajava para o exterior."

Embora tenha procurado crescer por meio de aquisições na Europa, a Emerson também identificou uma oportunidade para ganhar economias adicionais de custo com a abertura da Europa Central e Oriental no início dos anos 1990. Mais uma vez, porém, houve resistência — dessa vez em relação à idéia de *offshoring* para a Europa Oriental —, e essa resistência veio sobretudo dos gerentes da Emerson na Europa. Montupet disse: "A gerência européia apresentou um monte de motivos pelos quais a 'transferência de empregos' não poderia acontecer na Europa. Sim, era possível fazê-lo, mas não da maneira como era feito nos Estados Unidos. Na Europa, você não pode simplesmente fechar uma fábrica rapidamente. O processo tem de ser muito mais gradual."

Knight encontrou uma maneira de convencer os gerentes, realizando projetos-piloto das operações propostas, e, no final, sua opinião prevaleceu. "Em 1991, quando iniciamos o processo, 100% da nossa produção estava na Europa 'de altos custos'", disse Montupet. "Agora, 40% está na Europa 'de baixo custo'."

No início dos anos 1990, a Emerson anteviu que a Ásia — mais especificamente a China — poderia alimentar ainda mais o seu crescimento e, felizmente, a empresa já tinha um braço naquela região. A Rosemount, uma empresa que a Emerson havia adquirido alguns anos antes, havia se firmado na China em 1975. O líder da Rosemount, Vern Heath, era um homem afável com um talento para cultivar relacionamentos profundos. Ele havia estabelecido uma ligação íntima com o prefeito de Xangai, que ajudara a Rosemount a entrar na China antes que qualquer um pudesse prever a chegada do tsunami e guiado a empresa através da burocracia governamental.

Para construir a partir da base que Heath havia lançado, a Emerson mandou alguns dos seus executivos mais experientes e bem-sucedidos — inclusive o futuro executivo-chefe David Farr — para abrir um escritório corporativo em Hong Kong em 1993. Desde o início, a Emerson adotou uma abordagem prática com seus gerentes baseados no país. Ashmore explica: "Na Emerson, você comanda o seu próprio navio. Os lucros e prejuízos são empurrados para as unidades de negócios. Elas tomam as decisões e são responsáveis pelo desempenho. Nós do centro corporativo não emitimos éditos. Levantamos questões e fazemos perguntas. Eles experimentam e, se aquilo funcionam, fazem mais. A decisão é deles."

A responsabilidade de David Farr no escritório corporativo da Ásia era ampliar as capacidades e os contatos necessários para ajudar as divisões da Emerson a serem bem-sucedidas quando fossem para lá. Peters afirmou: "Quando uma divisão nos diz que quer expandir para a Ásia, tentamos apresentar uma solução numa bandeja de prata. Se uma divisão quer ir para as Filipinas, por exemplo, podemos dizer ao líder da unidade de negócios com quem ele deve falar lá para conseguir escritórios, 15 gerentes e especialistas para transferir seus processos e capacidades para aquele país. Você só tem de estar disposto a partir; nós ajudamos a concretizar o projeto."

Em 2001, a Emerson comprou a Avansys da Huawei, a fornecedora de redes de telecomunicações. Charlie Peters descreve a Avansys como a "empresa chinesa absoluta. Ela tinha as pessoas mais inteligentes, que trabalhavam com extremo afinco e, por vender sistemas de fornecimento de energia para a infra-estrutura telefônica, estava presente em toda a China, com escritórios em 28 cidades". Com a força de trabalho da Avansys, os gerentes da Emerson aprenderam muito a respeito do sistema de distribuição na China e de como ir ainda mais fundo nos mercados chineses. Hoje, cerca de US$1,5 bilhão das vendas mundiais totais da Emerson — ou cerca de 7% — provém da China.

À medida que ampliava suas vendas em toda a Ásia, a Emerson aumentou suas capacidades de fabricação e aprovisionamento para sustentá-las, e também começou a deslocar parte do seu trabalho de engenharia e administração para a China, bem como para a Europa Oriental. Em 2007, a Emerson empregava o dobro de engenheiros que empregava em 1997, mas os seus custos de engenharia eram mais baixos em 2007 do que em 1997.

A Emerson percorreu um longo caminho desde aqueles primeiros passos incertos para entrar no México. A estratégia fundamental da empresa é alavancar plenamente as oportunidades em todo o globo, pontualizando operações, comprando em locais vantajosos, alavancando profissionais de talento em engenharia e criando crescimento em novos mercados através de suas operações globais — satisfazendo as necessidades dos clientes atuando em todo o mundo como fornecedora, fabricante e comercializadora.

Rumo à transformação global

As lutas que a Emerson travou nas duas últimas décadas são semelhantes às que muitas empresas dominantes (e candidatas a desafiantes também) estão começando a enfrentar. quando conversamos com os líderes dessas empresas, descobrimos que eles estão fazendo perguntas como: "O que deveríamos estar fazendo para avançar globalmente?" ou "Já fizemos grandes investimentos na globalização, mas será que ainda estamos indo na direção certa?", ou ainda, "Estamos sendo suficientemente rápidos nas mudanças?".

Geralmente respondemos dizendo que há muitas maneiras de avançar e que nenhuma delas está sempre certa ou completamente errada. No entanto, seja qual for a sua situação — apenas no início da jornada ou com um longo histórico de atividade internacional —, para a maioria das empresas, a realização por completo das mudanças que estamos descrevendo neste livro vai requerer mais do que mudanças corriqueiras ou incrementais; será necessária uma transformação global. Com "transformação global", queremos dizer uma mudança significativa (e, geralmente, rápida) de várias dimensões do modelo de negócios da sua empresa para responder plenamente a ameaças e oportunidades.

Existem sete ações que podem ajudar você a ir rumo à transformação global:

- Avaliar sua posição competitiva
- Mudar a mentalidade
- Avaliar e alinhar o seu pessoal
- Reconhecer o seu conjunto total de oportunidades
- Definir seu futuro formato global
- Estimular a engenhosidade
- Liderar a sua transformação a partir da frente

AVALIAR SUA POSIÇÃO COMPETITIVA

O primeiro passo para avançar é compreender onde você está. Recue e olhe objetivamente para a sua empresa no âmbito dos setores em que você compete, veja onde você está e onde os seus concorrentes estão — tanto as empresas dominantes quanto as desafiantes atuais ou potenciais.

Ameaças e oportunidades vão variar fortemente de acordo com o setor. Alguns setores já estão sentindo toda a força da competição global, ao passo que outros ainda estão relativamente incólumes. Isso se deve às diferenças na natureza da vantagem competitiva no âmbito de cada setor. Primeiro, trata-se de um setor com uso intensivo de mão-de-obra, P&D ou marketing? Quão importante é a proximidade? Há uma grande necessidade de interação com o consumidor? Segundo, cada setor é afetado de maneira diferente pelas forças da globalidade — origens nacionais, acesso global e apetite. Terceiro, a sua posição depende de onde você compete. Para a Emerson, saber que a sua posição de custos não era competitiva foi o suficiente para disparar o alarme. A avaliação da sua posição competitiva hoje provavelmente exigirá que você faça algum trabalho adicional para chegar a um ponto de vista claro. Pergunte a si mesmo:

Quais são as ameaças e oportunidades no meu setor em vista da combinação única entre a natureza da vantagem competitiva, os países de origem, o acesso global e o apetite das empresas desafiantes, nossa própria posição inicial e nossas capacidades?

Onde os nossos concorrentes construíram relacionamentos, posições e vantagens que nós não temos? Em quais dos nossos negócios, mercados, produtos e serviços atuais temos uma vantagem competitiva sustentável?

Quais empresas desafiantes são, ou poderiam se tornar, concorrentes? Fornecedoras? Clientes? Com quais delas poderíamos colaborar?

Estamos tirando proveito de fontes de baixo custo de aprovisionamento, produção e pesquisa e desenvolvimento? Estamos alavancando a escala global em P&D, fornecimento, manufatura, marketing e outras funções?

Temos posições a partir das quais podemos vender para as mais importantes economias de desenvolvimento rápido? Temos os sistemas de distribuição de que precisamos para ir fundo nesses mercados?

MUDAR A MENTALIDADE

O nosso objetivo ao escrever *Globalidade: a nova era da globalização* foi ajudar as empresas a mudar suas mentalidades à luz das novas realidades globais para que possam tirar proveito das vastas oportunidades oferecidas pela globalidade — ao mesmo tempo evitando, ou pelo menos mitigando, algumas das ameaças.

Na Emerson, de acordo com Charlie Peters, a mudança para uma estratégia de melhor custo só pôde ser feita com uma mudança nas mentalidades. Chuck Knight já tinha uma propensão para a globalidade, mas precisava fazer com que os líderes de cinqüenta unidades de negócios diferentes o apoiassem. Para fazer isso, alavancou os sucessos anteriores da empresa no México, adquiriu novas empresas que solucionavam necessidades competitivas, expôs os líderes da Emerson a negócios fora dos Estados Unidos e fez com que seus gerentes saíssem para ver em primeira mão o que estava acontecendo em outros mercados.

Competir com todos, por tudo e em toda parte pode exigir mudanças ainda maiores do que as que foram necessárias na Emerson há vinte anos. Como fazer com que um número suficientemente grande de pessoas na sua empresa — uma massa crítica — entenda essa realidade?

Veja por si mesmo

É importante entender o que está acontecendo nos países em que você está presente e vivenciar em primeira mão como são os mercados, empresas, culturas e pessoas lá — e a velocidade com que estão mudando. Visite regularmente as suas bases de operações em economias de desenvolvimento rápido. Se você não tem nenhuma base de operações desse tipo, visite as dos seus clientes. Não vá sozinho. Estabeleça ligações com o maior número de pessoas possível. Planeje-se para escutar muito mais do que falar.

Ouça os seus fornecedores: o que eles estão fazendo? O que estão pensando? O que estão planejando? Como eles vêem você como cliente? E como parceiro? E como concorrente?

Ouça o seu pessoal nos mercados: o que eles podem lhe dizer acerca das necessidades e carências dos clientes lá? Que preocupações eles têm a respeito das operações atuais? Quais idéias eles têm para oportunidades futuras? Eles vêem oportunidades de parcerias ou de aquisições?

Ouça o pessoal do sistema de distribuição: você está atendendo as necessidades deles? Os seus competidores estão levando vantagem sobre você? Você está perdendo grandes oportunidades? Como o sistema de distribuição poderia ser modificado ou aprimorado?

Ouça os seus parceiros: você está à altura das expectativas deles? Eles são os parceiros certos para você agora? O que vocês poderiam fazer juntos para aperfeiçoar radicalmente sua posição coletiva? Eles se tornarão concorrentes? Já o são?

Alavanque sucessos

Alavanque as vozes de líderes na empresa que vivenciaram a nova ordem em primeira mão. Martin, do departamento de robótica, eliminou 30% dos custos comprando materiais em São Paulo. Rachel alcançou sua meta estendida de vendas testando um protótipo na Índia. Tony aumentou a rentabilidade em 18% criando um centro de competência de otimização de rotas em Bangalore. Celebre e reconheça publicamente as realizações que se originaram de uma nova maneira de ver a empresa e seus mercados.

Apóie-se nos fatos

Algumas vezes, a resistência à transformação é emotiva, mas, muitas vezes, também é racional. Estudos de casos, avaliações comparativas de modelos de negócios, desmonte de produtos dos concorrentes e monitoramento das flutuações na participação global de mercado são ferramentas que podem educar e informar os gerentes e diretores sobre a realidade do mundo pós-tsunami e a necessidade de estabelecer um novo método. Inclua histórias das empresas desafiantes no currículo de desenvolvimento de lideranças — ou, melhor ainda, transfira a sala de aula para Buenos Aires.

Converta as duzentas pessoas que estão no topo

Uma mudança desse tipo deve começar no topo. De acordo com a nossa experiência, ela requer o engajamento das pessoas que seriam consideradas gerentes seniores — chefes de negócios, regiões geográficas e funções, e também pessoas com grande influência. Esse é o grupo que precisa comprar a idéia, e, para fazer isso, eles precisam da convicção que vem da experiência em primeira mão. Eles devem ter a oportunidade de participar de programas de desenvolvimento de lideranças; visitas pessoais; interações com concorrentes, clientes e fornecedores; e experiência de linha em uma ou várias economias de desenvolvimento rápido. Mude a mentalidade das duzentas pessoas que estão no topo e você já terá avançado muito rumo à transformação de toda a empresa.

AVALIAR E ALINHAR O SEU PESSOAL

As pessoas são a seiva vital da empresa, e, para ter sucesso na globalidade, essa seiva precisa ter o conjunto certo de características e circular com vigor e constância. Se a sua empresa é como muitas outras, você provavelmente vai descobrir que precisa de mais pessoas que têm a mentalidade certa, o conjunto de habilidades certo e que estão nos lugares certos — mais do que as que você atualmente emprega.

Na Emerson, Chuck Knight sabia que a transformação exigiria líderes que estivessem abertos a novas idéias e novas maneiras de fazer as coisas. A avaliação do seu pessoal o levou a concluir que precisava de pessoas que trouxessem experiências diferentes e estivessem acostumadas a ver o mundo por lentes diferentes. Como resultado, ele voltou-se para fora para trazer sangue novo e depois certificou-se de que esse sangue novo se mantinha em circulação pelo mundo.

Um ponto de partida no processo de avaliação é aplicar a seguinte lista de verificação de gestão dos talentos globais:

Adote uma nova mentalidade global de talentos

Você passou de uma visão centrada no Ocidente a uma visão policêntrica? Está situando as operações para aproveitar contingentes globais de talentos? Está investindo excessivamente nas pessoas necessárias para captar o crescimento nas EDRs? Está equilibrando programas globais e locais para vencer a batalha dos talentos?

Eleve o planejamento global de talentos

Você está traçando planos para o talento global de que irá precisar nos lugares em que vai precisar — agora e daqui a cinco anos? Está gerindo o talento de forma global?

Contrate potencial, aumente a força da sua reserva

Você está acessando contingentes ocultos de talento por meio de métodos inovadores de recrutamento? Está construindo uma marca forte e localizando a sua oferta para atrair pessoas com alto potencial? Está desenvolvendo talentos através de programas de treinamento e desenvolvimento localmente adaptados?

Acelere as carreiras e crie líderes globais

Você tem o pessoal sênior certo — líderes que são construtores — nas suas operações nas EDRs? Está fazendo com que as pessoas-chave das EDRs e das economias desenvolvidas circulem por países com características diferentes, revezando-as por diferentes países? As pessoas das economias de desenvolvimento rápido estão desempenhando papéis importantes, globais, em sua empresa? O seu conselho de administração reflete as suas aspirações em termos de mistura geográfica?

Reconhecer o seu conjunto total de oportunidades

As empresas muitas vezes abordam os negócios nas economias de desenvolvimento rápido com uma parcialidade específica. Elas procuram alavancar o baixo custo ou ter acesso aos grandes mercados, ou tirar proveito do contingente de talento ou de outros recursos. Isso faz sentido nos primeiros estágios, mas, para se transformar globalmente, é importante ir além desse ponto de partida e reconhecer todo o seu conjunto de oportunidades.

Os primeiros passos da Emerson foram dados em reação à ameaça de uma empresa desafiante de baixo custo com sede em uma EDR. Mas, ao contrário das empresas que dão o primeiro passo e depois param, a Emerson seguiu em frente e reconheceu um conjunto de oportunidades muito mais amplo. Às suas incursões no México, seguiram-se aquisições na Europa Ocidental, que levaram à expansão para a Europa Oriental a fim de alavancar operações de baixo custo. Depois, veio a expansão para a Ásia, com ênfase na China. Ao longo do caminho, a Emerson ampliou seus objetivos — passar da manufatura de baixo custo para o aprovisionamento global e, depois, para o desenvolvimento de profissionais talentosos, sempre crescendo durante esse processo.

Você pode continuar a reduzir custos de várias maneiras. Pode aumentar as suas atividades de aprovisionamento e manufatura nas economias de desenvolvimento rápido. Pode terceirizar parte, ou um pouco mais, das suas funções administrativas (tais como a contabilidade) ou criar novos *call centers* em EDRs. Pode mudar o seu conjunto de funções de alto padrão para que um número maior delas seja realizado por empresas com sedes em EDRs. Como resultado, você poderá dobrar sua produção de engenharia pela metade do custo.

As oportunidades de receita podem ser uma fonte ainda maior de aumento do lucro. Nos próximos anos, um bilhão de pessoas que já são consumidoras nas economias de desenvolvimento rápido vão aumentar continuamente a quantidade e o valor de suas compras. E mais, outro bilhão de clientes entrará no mercado, procurando produtos básicos como telecomunicações, serviços financeiros e bens de consumo.

Um benefício extra de servir esses mercados é que os produtos de baixo custo projetados para os consumidores e empresas das economias de desenvolvimento rápido podem ser trazidos de volta para os mercados desenvolvidos — muitas vezes com pouquíssimas modificações — para criar uma nova proposta de valor com custo mais baixo e acelerar o crescimento.

As economias de desenvolvimento rápido também representam oportunidades de acesso a contingentes de talentos e outros recursos, tais como matérias-primas, energia e fontes cada vez mais ricas de idéias e conhecimento. A chave é garantir a adoção de uma perspectiva ampla ao acessar as oportunidades em potencial e estar aberto para buscar um conjunto ainda mais amplo de oportunidades.

DEFINIR SEU FUTURO FORMATO GLOBAL

Para a maioria das empresas, o conjunto resultante de oportunidades será muito amplo e diverso, o que exigirá segmentação — e depois escolhas sobre mercados, fontes de vantagens de custo, contingentes de talento a serem acessados e onde situar operações e obter recursos. Também exigirá escolhas sobre a seqüência na qual buscar as oportunidades. Vistas como um todo, essas escolhas definirão o ritmo de transformação e o futuro formato global da sua empresa.

A Emerson, como vimos, não enfrentou tudo de uma vez só. No início, a empresa foi de uma região para outra, usando diferentes regiões para realizar diferentes objetivos. Segmentou as oportunidades — México para custos, Europa Ocidental para crescimento, Europa Oriental inicialmente para custos e, mais tarde, para profissionais de engenharia, China para crescimento e manufatura de baixo custo e, depois, aprovisionamento e talento. Hoje, a estratégia da empresa é multidimensional, com as necessidades de custos, aprovisionamento, engenharia e logísticas sendo levadas em consideração à medida que a empresa se posiciona para satisfazer as necessidades do cliente em qualquer região.

As empresas dominantes estão acostumadas a mercados relativamente homogêneos no mundo desenvolvido, mas os mercados de desenvolvimento rápido são muito mais heterogêneos, com uma ampla gama de segmentos que mudam rapidamente. É crucial escolher em quais segmentos você quer focar agora (e quais você abordará mais tarde) e determinar o que será necessário para obter sucesso em cada segmento escolhido.

É importante identificar os melhores segmentos no longo prazo, não apenas aqueles que são fáceis de entender e atingir agora. Como discutimos ao longo do livro, muitas empresas se contentam em escolher os clientes mais sofisticados e ignoram os segmentos médios que estão crescendo rapidamente. Quando elas fazem isso por tempo demais, as concorrentes (desafiantes e dominantes) muitas vezes podem construir suas reputações, marcas e a lealdade dos clientes, bem como estabelecer uma posição forte para tirar proveito de oportunidades muito maiores e de longo prazo.

Os mercados, no entanto, são apenas uma parte da oportunidade. É importante segmentar oportunidades para alavancar o baixo custo, o contingente de bons profissionais e depois outros recursos, das economias de desenvolvimento rápido. Ao fazer escolhas, não fique excessivamente preso pelos recursos disponíveis dentro da sua empresa. Muitas empresas dominantes puderam se desenvolver rapidamente voltando-se para fora a fim de fazer aquisições, parcerias e colaborações com parceiros externos.

INCENTIVAR A ENGENHOSIDADE

Segmentar as oportunidades e fazer escolhas são ações necessárias, mas não suficientes; para transformar, você também precisa estar aberto para novas abordagens criativas. A engenhosidade, como vimos, é uma das principais vantagens das empresas desafiantes globais, mas não tem de ser uma exclusividade delas.

Ao adquirir a Avansys, por exemplo, a Emerson pôde ampliar e aprofundar a sua distribuição — e aprender de perto sobre a engenhosidade chinesa no desenvolvimento, na fabricação e na distribuição de produtos. Quando a transação foi anunciada, muitos analistas foram céticos quanto à conveniência e ao valor do portfólio de produtos. No entanto, o valor real da Avansys para a Emerson ia muito além de um conjunto de produtos.

A busca de mercados e a alavancagem de recursos em economias de desenvolvimento rápido criam oportunidades para todos, mas as empresas dominantes nem sempre vêem essa questão dessa maneira. Use a engenhosidade que você vê nas economias de desenvolvimento rápido para estimular o seu pessoal localizado nas economias desenvolvidas. Estimule-os a procurar todos os tipos de possibilidades, desenvolver maneiras de aproveitá-las, tentar várias abordagens, modificá-las se necessário e experimentá-las outra vez. Se funcionarem, traga-as de volta para os mercados desenvolvidos.

A engenhosidade não conhece fronteiras.

LIDERAR A SUA TRANSFORMAÇÃO A PARTIR DA LINHA DE FRENTE

As empresas não podem ser bem-sucedidas na era da globalidade sem uma liderança forte, então, o que você faz como líder é muito importante.

A Emerson não poderia ter realizado a própria transformação sem uma liderança altamente visível — primeiro de Chuck Knight e da sua equipe, localizados tanto no centro quanto em regiões distantes, e, depois, de David Farr como um ator fundamental, primeiro na expansão para a China e, depois, como executivo-chefe. Ao longo da jornada de transformação, Knight, Farr, Peters, Montupet e muitos outros carregaram a tocha na frente das tropas, acendendo a paixão nos outros enquanto viajavam pelo globo.

Então, pergunte a si mesmo: você está passando o tempo certo lutando pelas coisas certas? Você está agindo como um exemplo de conduta para uma mudança de mentalidade? Está criando os incentivos certos — e as conseqüências certas — para que os seus duzentos principais líderes abracem a causa da mudança e a liderem? Está operando de maneira policêntrica? Está garantindo que os investimentos sejam feitos nos lugares certos com o ritmo certo? Está prestando atenção suficiente à diferença de custos? Está deslocando as pessoas certas para os lugares certos? Está à frente das tendências? Está passando tempo suficiente nas economias de desenvolvimento rápido? Está reconhecendo o conjunto total de oportunidades? Está procurando maneiras alternativas de fazer as coisas e tentando aplicá-las ao seu negócio já existente? Está prestando atenção suficiente à gestão das mudanças? Está aprendendo rápido o bastante para ter respostas para questões críticas?

Está sentindo *jet-lag* demais?

Ou de menos?

Está demonstrando seu compromisso para que os outros o sigam?

Está preparando sua empresa para o sucesso na era da globalidade?

Sucesso na globalidade

A pergunta final, é claro, levanta uma outra questão. Como definimos sucesso na globalidade?

Depois que uma empresa encara as lutas e as domina até certo ponto, o que acontece? Como será o sucesso na era da globalidade? Ainda será medido pelo desempenho financeiro, como tem acontecido há muito tempo nas economias desenvolvidas? Ou significará outra coisa? Sustentabilidade, talvez.

Ou a capacidade de "dar dinheiro", como a Tata faz. Talvez sigamos a liderança do Estado do Butão, cuja maior medida de sucesso é a felicidade.

A vida cotidiana certamente será diferente. Uma aposta segura é que ela incluirá muito mais viagens. Isso certamente fez parte da vida destes autores nos últimos vinte anos, enquanto trabalhávamos com um número cada vez maior de empresas que se aventuram em países por todo o mundo. Para este livro, viajamos constantemente para nos encontrarmos com clientes e realizar entrevistas. Esta equipe de autores se reunia uma vez por mês em qualquer cidade que parecesse a mais conveniente para a maioria no momento — em Chicago, Londres, Praga, Déli, Nova York, Hong Kong, Frankfurt e Chicago novamente — acumulando, juntos, pelo menos seiscentas horas de viagens e mais de 480 mil quilômetros no ar.

Mas não é o número de quilômetros viajados nem o número de bandeirinhas espetadas em um mapa-múndi que vai definir o sucesso na era da globalidade.

Ao longo deste livro, descrevemos as lutas que as companhias enfrentam quando estão fazendo negócios nas economias de desenvolvimento rápido e as ações que elas podem executar para superar essas lutas — criar produtos engenhosos de baixo custo e alta qualidade; desenvolver o seu pessoal; pensar grande e agir rápido; ir ao fundo dos grandes mercados; pontualizar as suas operações, situando-as onde fizer mais sentido para os negócios; e abraçar a multiplicidade nas organizações.

Isso levanta a questão mais importante e mais abrangente sobre sucesso, realização e colaboração pessoal e corporativa. Durante o trabalho para este livro, perguntamos a muitas empresas desafiantes sobre os seus objetivos e obtivemos algumas respostas surpreendentes. Muitos executivos de empresas desafiantes acreditam piamente que estão trabalhando para o bem e o futuro de seus países.

Essa noção é muito forte na Índia, talvez porque o país e suas necessidades são muito grandes. Subramaniam Ramadorai, da Tata Consultancy Services, disse: "A internacionalização e a globalização foram um acontecimento natural porque decidimos criar algo para o futuro com uma mentalidade muito clara de que fosse algo benéfico para este país algum dia. Isso é totalmente diferente das empresas tradicionais nos Estados Unidos e na Europa, onde você inicia alguma coisa, constrói um mercado, leva-a para o mercado internacional e a aplica lá. É o oposto completo disso. Em 1972, 1974, quem teria dado ouvidos a uma indústria de TI na Índia? Quem teria sequer imaginado que estamos fazendo algo muito substancial para o futuro não apenas do setor, mas da Índia como marca?"

O desejo de melhorar a posição no mundo não se restringe à Índia. As empresas desafiantes na China, na Europa Oriental e na América do Sul vêem a globalidade como uma maneira de criar sucesso para seus países. "Existem enormes oportunidades para países grandes como os Estados Unidos, a Índia ou a China, mas esses países têm uma boa chance de sobreviver sozinhos", disse Juan Antonio Alvarez, da CSAV. "Se eles não se globalizam, estão perdendo algo. Mas, para o Chile, esse não é o caso. Temos de nos globalizar. Temos esse imperativo. Temos essa paixão. E eu acho que isso é uma vantagem."

As empresas desafiantes também pensam sobre seu lugar no mundo, sobre sustentabilidade e recursos escassos. "Atuamos em lugares que são muito sensíveis em relação a questões ambientais", disse Tito Martins, da CVRD. "A floresta Amazônica, a Nova Caledônia, a Austrália, até mesmo algumas partes do Canadá. Então, temos de mostrar ao mundo, não apenas aos mercados de capitais, mas a todas as partes interessadas, que estamos preocupados com as questões ambientais e de responsabilidade social. Não porque é o que todos estão fazendo, mas porque é o que nós já estamos fazendo."

Algumas empresas desafiantes pensam em como ajudar e servir da melhor maneira as pessoas. "A crença fundamental do Grupo Tata é que você tem de criar riqueza nas comunidades a que serve", disse Patrick McGoldrick, da Tata Technologies. "Para nós, durante muitos anos, isso significava apenas a Índia. Hoje, é o mundo. E essa filosofia da Tata é internacionalizável? A resposta é: 'Sem dúvida!'"

Ao longo dos anos, conversamos com muitas pessoas que consideramos heroínas do mundo dos negócios, e perguntamos a elas questões semelhantes acerca do papel que elas acreditam que as suas empresas — e que elas mesmas — deveriam desempenhar na sociedade. Como as empresas desafiantes, elas não falam em alcançar metas de lucros trimestrais ou eliminar custos e ganhar das rivais. Sempre falam dos seus sonhos. Falam de pessoas que conheceram, nas fábricas e nas salas de reunião, em estabelecimentos de varejo e armazéns. Falam das suas empresas como se fossem famílias. Acima de tudo, querem que suas vidas pessoal e profissional sejam jornadas significativas e ricas. Querem construir algo. E querem que seja algo duradouro.

Essa medidas do sucesso não vão mudar na era da globalidade. Na verdade, a experiência com as pessoas, empresas e culturas das economias de desenvolvimento rápido provavelmente nos inspirará a ter uma visão ainda mais ampla, profunda e satisfatória das nossas indústrias, das nossas empresas e de nós mesmos.

Agora, à medida que o tsunami cresce, é uma honra e uma responsabilidade agir como decisores que fazem negócios em um mundo que superou as limitações físicas do passado e se tornou um ecossistema de oportunidades para todos, por tudo e em toda parte.

O que você faz, o que você decide, o seu modo de pensar e o seu comportamento afetarão a vida das pessoas e mudarão o mundo — seja para pior ou para melhor.

Agradecimentos

A tarefa de escrever *Globalidade: a nova era da globalização* envolveu o empenho e a contribuição de muitas pessoas, e somos muito gratos a quem participou do projeto — e do trabalho que lançou suas bases — nos últimos anos.

Obrigado a nossos parceiros e sócios no Boston Consulting Group (BCG), que apoiaram a iniciativa Global Advantage e o desenvolvimento deste livro. Vocês atuaram como mentores, parceiros de pensamento e colaboradores em inúmeros projetos, e nós consideramos *Globalidade: a nova era da globalização* um feito coletivo. Gostaríamos de agradecer especialmente a Hans-Paul Buerkner, nosso executivo-chefe, cujo apoio, incentivo e assistência ajudaram a dar vida a este livro.

Obrigado aos vários executivos seniores em todo o mundo que passaram tempo conosco durante a fase de pesquisa deste livro e que compartilharam as histórias de suas empresas e os *insights* sobre globalidade, obtidos em anos de experiência, que incluímos no texto. Obrigado também aos vários executivos seniores que não citamos diretamente no livro, mas com os quais trabalhamos e aprendemos ao longo de 25 anos e que, nos últimos cinco, foram especialmente úteis para a decodificação do sentido da globalidade.

Obrigado a John Butman, um escritor independente que colaborou com vários autores da BCG e trabalhou junto à equipe deste livro para desenvolver uma proposta de sucesso, realizar pesquisas, dar forma a idéias e redigir o texto. John viajou pelo mundo para se encontrar conosco — em Chicago, Nova York, Hong Kong, Frankfurt, Londres, Praga e Déli —, trocar idéias, persuadir, incentivar e ajudar a moldar as nossas opiniões coletivas à medida que o livro tomava forma. O jeito que ele tem com a palavra escrita é um verdadeiro dom. Ele contribuiu muito para a formatação dos conceitos e a redação do livro, e somos muito gratos por poder colaborar com ele. John foi auxiliado por uma equipe que incluía as pesquisadoras Janine Evans e Emily Donaldson, as editoras Lauren Keller Johnson e Martine Bellen, e recebeu a valiosa assistência de Patricia Lyons, Alex Aderer e Nathaniel Welch.

Antes que existisse um livro ou mesmo a idéia para um livro, havia um pequeno grupo de pessoas que se interessou apaixonadamente pelo tópico da globalização, pelas forças que estavam moldando a globalidade, pelo crescimento das economias de desenvolvimento rápido e pela ascensão das empresas desafiantes. Esse grupo pioneiro desempenhou um papel vital no desenvolvimento de nossas idéias a partir de 2003, e dele faziam parte Thomas Bradtke, Kathleen Lancaster, Jean Lebreton, Bill Matassoni, David Michael, Xavier Mosquet, KC Munuz, Josef Rick, George Stalk, Dave Young, Jésus de Juan, Kevin Waddell, John Wong, Pascal Cotte, Christopher Mark, Zafar Momin, Francois Rouzaud, Immo Rupf, Alison Sander, Barry Adler, e os três autores deste livro, Hal Sirkin, Jim Hemerling e Arindam Bhattacharya. Somos particularmente gratos a David Young e Josef Rick, líderes da área prática, que patrocinaram a iniciativa Global Advantage em seus primórdios.

Um agradecimento especial a David Michael, que tem estado profundamente envolvido com a Ásia nos últimos vinte anos, primeiro como estudante de mandarim, depois como consultor trabalhando com clientes em toda a região, e agora como membro da equipe de liderança Ásia-Pacífico da BCG no cargo de diretor administrativo de nosso sistema Grande China. Também somos muito gratos a Thomas Bradtke, que foi um membro essencial da equipe Global Advantage desde a sua criação e agora ajuda a liderar nosso trabalho junto a clientes no Oriente Médio. David e Thomas foram os principais autores de um relatório chamado *The New Global Challengers: How 100 Top Companies from Rapidly Developing Economies Are Changing the World* [As novas desafiantes globais: como cem importantes empresas de economias de desenvolvimento rápido estão mudando o mundo], publicado em maio de 2006 e revisado e atualizado em 2008, que serviu de trampolim para este livro. David continuou sendo um extraordinário parceiro de pensamento, e as suas idéias estão entrelaçadas a *Globalidade: a nova era da globalização*.

A iniciativa Global Advantage da BCG, agora liderada por Bernd Walterman junto com Arindam e Jim, inclui James Abraham, Marcos Aguiar,

Sandra Bell, Andrew Clark, Martha Craumer, Laurent de Vitton, Ralf Dreischmeier, Daniel Friedman, Susumu Hattori, Brad Henderson, Hubert Hsu, Vinoy Kumar, Christopher Kutarna, Kathleen Lancaster, Nikolaus Lang, Michael Meyer, David Michael, Yutaka Mizukoshi, Christoph Nettesheim, Josef Rick, Hal Sirkin, George Stalk, Carl Stern, Arvind Subramanian, Alan Thomson, Kevin Waddell, Lauren Whitehurst, John Wong, Tom Hout e Benjamin Pinney.

À medida que o trabalho inicial de pesquisa evoluiu para a criação de um livro, formamos uma equipe dedicada a pesquisa, redação e suporte, que incluiu, em diferentes momentos e funções, Sandra Bell, Jeff Bill, Kevin Chan-a-Shing, Bin Chen, Martha Craumer, Chris Croker, Mike Gaffney, Eric Gregoire, Melissa Griffith, Guillermo LopezVelarde, Michael Meyer, Adrian Monsalve, Jyoti Nigam, Laurent de Vitton, Lauren Whitehurst e Eric Stuckey. Gostaríamos de manifestar nosso reconhecimento especial a Michael Meyer e Christopher Kutarna, que fizeram contribuições significativas para a pesquisa e a redação deste livro.

Tivemos sorte de contar com a ajuda e a orientação dos nossos agentes, Todd Shuster e Esmond Harmsworth, da agência literária Zachary Shuster Harmsworth, que nos ajudaram a estabelecer uma ligação com a nossa editora e apoiaram fielmente o desenvolvimento, o lançamento e a distribuição global deste livro. Rick Wolff, nosso editor na Business Plus, nos incentivou a escrever um livro que fosse atraente para um público amplo e nos forneceu *feedback* e orientação criteriosa ao longo de todo o processo. Seríamos negligentes se não reconhecêssemos as valiosas contribuições da assistente de Rick, Tracy Martin, e Robert Castillo, editor administrativo do Hachette Book Group.

Nossas assistentes administrativas Paula Daly, Deepti Punni e Jane Wu nos apoiaram durante todo o processo, ajudando-nos a fazer malabarismo com nossos horários e gerenciando nossos planos de viagem enquanto percorríamos o mundo, realizando entrevistas e *brainstorms*.

À medida que o livro se aproximava de sua forma final, voltamo-nos para amigos e colegas de confiança que se ofereceram para ler o manuscrito e nos forneceram *feedback* e idéias úteis, que nos permitiram afinar nossas mensagens.

Por fim, gostaríamos de agradecer às várias pessoas com as quais aprendemos e trabalhamos nesses tópicos ao longo dos anos, e que ajudaram a dar forma ao processo Global Advantage da BCG e a este livro, entre elas Thomas Achhorner, Rose-Marie Alm, Jim Andrew, Britney Ateek, Cameron Bailey, Christine Barges, Stephanie Barker, Jorge Becerra, Lucy Bellisario, Andy Blackburn, Laurent Billés-Garabedian, Rolf Bixner, Marcus Bokkerink, Michael Book, Stépan Breedveld, Susan Brigham, Willie Burnside, Gary Callahan, Steven Chai, Thierry Chassaing, Catherine Cherry, Kristin Claire, Darrin Clements, Maritza Colon, Corey Coosaia, Leroy Coutts, Angèle Craamer, Thomas Dauner, Rob Davies, Joe Davis, David Dean, Filiep Deforche, Fernando Del Rio, Frank Dietz, Sebastian DiGrande, Patrick Ducasse, Mary Egan, Anders Fahlander, Christine Fasquel, Alastair Flanagan, Mark Freedman, Danny Friedman, Joerg Funk, Gerardo Garbulsky, Margarita Garijo, Marc Gilbert, Peter Goldsbrough, Antoine Gourevitch, Emile Gostelie, Steven Gunby, Philippe Guy, Per Hallius, Gerry Hansell, Hans Michael Hauser, Lee Haviland, Arif Janjua, Dan Jansen, David Jin, Nicolas Kachaner, Perry Keenan, Ken Keverian, Wookyung Kim, Tom King, Kim Wee Koh, Mathias Krahl, Carsten Kratz, Matt Krentz, Monish Kumar, Maureen Kwiatkowski, Harry Kwon, Irina Lazukova, Corry Leigh, Li Gu, Jenna Lim, Roland Löhner, Tom Lutz, Sheri Macatangay, Marcos Macedo, Heather Mac Millan, Andy Maguire, Tomoko Maki, Joe Manget, Sharon Marcil, Franz-Josef Marx, Akiko Masumi, Dave Matheson, Andreas Maurer, Kathleen McCoomb, Marie-Pierre Milliez, Yves Morieux, Maria Morita, Jean Mouton, Roanne Neuwirth, Ron Nicol, Rebecka Nilsson, Thomas Nordahl, Carlos Novaes, Naoki Ota, David Pecaut, Walter Piacsek, Heidi Polke, Patricia Powers, Collins Qian, Byung Nam Rhee, David Rhodes, Naoki Shigetake, Michael Silverstein, Larry Shulman, Delaney Steele, Oliver Stähle, Georg Sticher, Peter Strüven, Tjun Tang, Olivier Tardy, Miki Tsusaka, Seppa Tukka, Joseph Wan, Meldon Wolfgang, Andre Xavier, Byung Suk Yoon e Yu Liang.

Obrigado a todas as pessoas mencionadas aqui e também a todas as outras que contribuíram de alguma forma e que talvez tenhamos involuntariamente omitido; todos vocês ajudaram a criar este livro e a torná-lo um sucesso.

Apêndice

A lista das cem desafiantes do BCG

Empresa e País	Setor
Argentina (1)	
Tenaris	Siderurgia
Brasil (13)	
Braskem	Petroquímica
Coteminas	Têxtil
CVRD	Mineração
Embraer	Aeroespacial
Gerdau	Siderurgia
JBS-Friboi	Alimentos e bebidas
Marcopolo	Equipamento automotivo
Natura	Cosméticos
Perdigão	Alimentos e bebidas
Petrobras	Combustíveis fósseis
Sadia	Alimentos e bebidas
Votorantim	Indústrias de processamento
WEG	Produtos de engenharia
Chile (1)	
CSAV	Transporte de cargas

China (41)	
Baosteel	Siderurgia
BYD	Eletrônica de consumo
Chalco	Metais não-ferrosos
Changhong	Eletrodomésticos
Chery Automobile	Equipamento automotivo
China Aviation 1	Aeroespacial
China Minmetals	Metais não-ferrosos
China Mobile	Redes de telecomunicação
CIMC	Transporte de cargas
CNHTC	Equipamento automotivo
CNOOC	Combustíveis fósseis
COFCO	Alimentos e bebidas
COSCO Group	Transporte de cargas
CSCL	Transporte de cargas
CSIC	Construção naval
Dongfeng Motor	Equipamento automotivo
FAW	Equipamento automotivo
Founder	Computadores/Componentes de TI
Galanz	Eletrodomésticos
Gree	Eletrodomésticos
Haler Company	Eletrodomésticos
Hisense	Eletrônica de consumo
Huawei Technologies	Equipamentos de telecomunicação
Johnson Electric	Produtos de engenharia
Lenovo	Computadores/Componentes de TI
Li & Fung Group	Têxtil
Midea	Eletrodomésticos
Nine Dragons Paper	Embalagens de papel
Petro China	Combustíveis fósseis
SAIC	Equipamento automotivo
Shougang Group	Siderurgia
Sinochem Corporation	Química
Sinomach	Produtos de engenharia

Sinopec	Combustíveis fósseis
TCL Corporation	Eletrônica de consumo
Techtronic Industries	Produtos de engenharia
Tsingtao Brewery	Alimentos e bebidas
VTech	Eletrônica de consumo
Wanxiang	Equipamento automotivo
ZPMC	Produtos de engenharia
ZTE Corporation	Equipamentos de telecomunicação
Egito (1)	
Orascom Telecom	Redes de telecomunicação
Hungria (1)	
MOL	Combustíveis fósseis
Índia (20)	
Bajaj Auto	Equipamento automotivo
Bharat Forge	Equipamento automotivo
Birla Hindalco	Metais não-ferrosos
Cipla	Farmacêutico
Crompton Greaves	Produtos de engenharia
Dr. Reddy's	Farmacêutico
Infosys Technologies	Serviços de TI/BPO
Larsen & Toubro	Serviços de engenharia
Mahindra & Mahindra	Equipamento automotivo
Ranbaxy Laboratories	Farmacêutico
Reliance Industries	Petroquímica
Satyam Computer Services	Serviços de TI/BPO
Suzlon Energy	Energia eólica
Tata Consulting Services (TCS)	Serviços de TI/BPO
Tata Motors	Equipamento automotivo
Tata Steel	Siderurgia
Tata Tea	Alimentos e bebidas
Videocon Industries	Eletrônica de consumo

VSNL	Redes de telecomunicação
WiproTechnologies	Serviços de TI/BPO
Indonésia (1)	
Indofood	Alimentos e bebidas
Malásia (2)	
MISC	Transporte de cargas
Petronas	Combustíveis fósseis
México (7)	
América Móvil	Redes de telecomunicação
Cemex	Materiais de construção
Femsa	Alimentos e bebidas
Gruma	Alimentos e bebidas
Grupo Bimbo	Alimentos e bebidas
Grupo Modelo	Alimentos e bebidas
Nemak	Equipamento automotivo
Polônia (1)	
PKN Orlen	Combustíveis fósseis
Rússia (6)	
Gazprom	Combustíveis fósseis
Inter RAO UES	Energia
Lukoil	Combustíveis fósseis
Norilsk Nickel	Metais não-ferrosos
Rusal	Metais não-ferrosos
Severstal	Siderurgia
Tailândia (2)	
CP Foods	Alimentos e bebidas
Thai Union Frozen Products	Alimentos e bebidas

Turquia (3)	
Koc Holding	Eletrodomésticos
Sebanci Holding	Química
Vestel	Eletrônica de consumo

Notas

CAPÍTULO 1. O que é globalidade?

1. Jo Johnson, "Report Says India to Grow 8% until 2020", *Financial Times*, 24 de janeiro de 2007.
2. Norihiko Shirouzu, "Obscure Chinese Car Maker Seeks U.S. Presence, Changfeng's Vehicles Will Be On Display at Detroit Show; Communist Lauds Competition", *The Wall Street Journal*, 3 de janeiro de 2007, 1.
3. Tal Barak, "World Series? Wait a Minute..." *NPR*, 1º de junho de 2005. <http://www.npr.org/ templates/story/story. php?storyId = 4675711>
4. Ben Shpigel, "NY Times Taking Another Global Step, Minaya Leads Group to Ghana", *The New York Times*, 27 de janeiro de 2007. <http//www.nytimes.com/2007/01/27/sports/baseball>
5. Jared Sandberg, "'It Says Press Any Key. Where's the Any Key?'", *The Wall Street Journal*, 20 de fevereiro de 2007. <http://online.wsj.com/article/SB117193317217413139.html>
6. Infosys Technologies Limited, "Infosys signs agreement to set up software development centers in China". Bangalore, Índia: Infosys Technologies Limited, 2005.

CAPÍTULO 2. Tsunami

1. Peter Hessler, "China's Boomtowns", National Geographic, junho de 2007. <http://www7.nationalgeographic.com/ngm/0706/feature4/index.html>

2. Pete Engardio, "Live-Wire Management at Johnson Electric", *BusinessWeek*, 27 de novembro de 1995.
3. Chris Prystay, "India's Boom Is Boon for Business Schools", *The Wall Street Journal*, 30 de março de 2007, B4B.
4. Joe Leahy, "Unleashed: Why Indian Companies Are Setting Their Sights on Western Rivals", *Financial Times*, 7 de fevereiro de 2007.
5. Yin Ping, "Schools Unite for Global CEO Programme", *China Daily English*, 25 de outubro de 2005.
6. Jason Bush, "Russia's New Deal: The Kremlin Is Pumping Money into Education, Housing, and Health Care", *BusinessWeek*, 9 de abril de 2007, 40-45.
7. Irina Vyunova, "Putin Says Russia Needs Own Base to Train High-Grade Execs", ITARTASS World Service English, 21 de setembro de 2006.
8. Surojit Chatterjee, "Birla's Hindalco Buys Aluminum Giant Novelis for $6.4 billion", *International Business Times*, 13 de fevereiro de 2007. <http://in.ibtimes.com/articles/20070213/birla-039-shindalco-buys-aluminum-giant-novelis-for-us-6-4-billion.htm>
9. Zubair Ahmed, "India Attracts Western Tech Talent", *BBC* News, 5 de setembro de 2006. <http://news.bbc.co.uk/2/hi/south_asia/5272672.stm>
10. Nandini Lakshman, "India's Got a Job for You", *BusinessWeek*, 19 de junho de 2007. <http://www.businessweek.com/globalbiz/content/jun2007/gb20070619_062414.htm>
11. The Baker Institute Energy Forum, "The Changing Role of National Oil Companies in International Energy Markets" (Baker Institute Energy Forum). <http://www.rice.edu/energy/research/nationaloil/index.html>
12. Peter Hessler, "China's Boomtowns", *National Geographic*, junho de 2007. <http://www7.nationalgeographic.com/ngm/0706/fearure4/index.html>
13. "Office Workers Take to Streets of Shanghai", *China Daily*, 18 de maio de 2007.
14. "70% of Chinese Workers Overworked", *China View*, 8 de maio de 2007.
15. Jack Ewing e Gail Edmondson, "Rise of a Powerhouse", *BusinessWeek*, 12 de dezembro de 2005.
16. "It's Back-Breaking for India Inc. Bosses", *The Financial Express*, 30 de maio de 2007. <http://www.financialexpress.com/old/latest_full_story.php?content_id=165649> (Acessado em 20 de setembro de 2007.)

17. International Iron and Steel Institute, "World Steel in Figures". 4 de setembro de 2007. <http://www.worldsteel.org/?action=storypages&id=23> (Acessado em 19 de setembro de 2007.)
18. Pei Sun, "Industrial Policy, Corporate Governance, and the Competitiveness of China's National Champions: The Case of Shanghai Baosteel Group", *Journal of Chinese Economic and Business Studies* 3, N.2 (2005): 173-192.
19. Ibid.
20. Ibid.
21. "Fortune Global 500 #296", *Fortune Magazine*, 24 de julho de 2006. <http://money.cnn.com/magazines/fortune/global500/2006/snapshots/1964.html> (acessado em 19 de setembro de 2007); Baosteel, "Introduction to Products". <http://www.baosteel.com/plc/english/e04customer/e040102.htm> (Acessado em 19 de setembro de 2007); "Fortune 50 Most Powerful Women in Business #2", *Fortune Magazine*, 14 de novembro de 2005. <http://money.cnn.com/magazines/fortune/mostpowerfulwomen/2005/international/2.html> (Acessado em 19 de setembro de 2007.)
22. The Boston Consulting Group, "Baosteel Company Profile" (Boston: BCG, 2007).
23. Pei Sun, "Industrial Policy, Corporate Governance, and the Competitiveness of China's National Champions: The Case of Shanghai Baosteel Group", *Journal of Chinese Economic and Business Studies* 3, N. 2 (2005): 173-192.
24. Knowledge@Wharton, "India in the Global Supply Chain: Can Domestic Demand and Technology Skills Help It Catch Up?" (Filadélfia, PA: Knowledge@Wharton, 15 de fevereiro de 2007).
25. Ibid.
26. Ibid.
27. Jack Ewing e Gail Edmondson, "Rise of a Powerhouse", *BusinessWeek*, 12 de dezembro de 2005.
28. "Outsourcing in Eastern Europe", *The Economist*, 1º de dezembro de 2005.
29. Ibid.
30. Bill Roberts, "Beyond the China Mystique", *Electronic Business*, 1º de março de 2006. <http://www.edn.com/index. asp?layout=article&articleid=CA6310932>

31. James Carbone, "No Place Like Home for High-End Electronics", *Purchasing*, 16 de novembro de 2006. <http://www.purchasing.com/article/CA6389605.html>
32. Bill Roberts, "Beyond the China Mystique", *Electronic Business*, 1º de março de 2006. <http://www.edn.com/index. asp?layout=article&article id=CA6310932>
33. Johnson Electric Holdings Limited. Annual Report 2006.
34. The Boston Consulting Group, *The New Global Challengers: How 100 Top Companies from Rapidly Developing Economies Are Changing the World* (Boston: The Boston Consulting Group, maio de 2006).
35. "China Port Handling Capacity Seen at 8 Bln Tons in 2010-Xinhua", *ABC Money*, 23 de maio de 2007.
36. "India Calls for Port Capacity to Double", *Port World*, 25 de junho de 2007 <http://www.portworld.com/news/2007/06/68246?gsid= e1e8350 b2377db7aebdd49c9711a5009&asi=1>
37. "Installed Capacity of Power Plants Totals 508 Gigawatts", *Xinhua News Agency*, 18 de janeiro de 2006.
38. Richard McGregor, "China's Power Capacity Soars", *Financial Times*, 6 de fevereiro de 2007.
39. Paolo Hooke, "China's Power Sector: Can Supply Meet Demand?" *Asia Times Online*, 7 de outubro de 2005.
40. Ministério das Comunicações, "2001 Statistics on Road Transportation" (Ministério das Comunicações, China, 6 de junho de 2007). <http://www.fdi.gov.cn/pub/FDI_EN/Economy/Investment%20 Environment/Infrastructure/Highway/t20070606_79566.htm>
41. Ministério das Relações Exteriores, "India in Business, ITP Division" (Ministério das Relações Exteriores, Índia). <http://www.indianbusiness.nic.in/industry-infrastrucrure/infrastructure/road.htm>
42. Administração Federal de Rodovias, Departamento de Transportes. <http://www.fdi.gov.cn/pub/FDI_EN/Economy/Investment%20Environment/Infrastructure/Highway/t20070606_79566.htm>
43. Steve Hamm, "The Trouble with India: Crumbling Roads, Jammed Airports, and Power Blackouts Could Hobble Growth", *BusinessWeek*, 19 de março de 2007, 48-58.
44. Ibid.

45. Ibid.
46. Ibid.
47. "China's 15-Year Science and Technology Plan", *Physics Today*, dezembro de 2006.
48. Harold Sirkin, "India and China Wise Up to Innovation", 30 de janeiro de 2007. <http://www.businessweek.com/globalbiz/content/jan2007/gb20070130_742264.htm > (Acessado em 19 de setembro de 2007.)

CAPÍTULO 3. Atentar para o diferencial de custos

1. Jack Ewing e Gail Edmondson, "Rise of a Powerhouse", *BusinessWeek*, 12 de dezembro de 2005.
2. Shahid Javed Burki, "The Post-MFA Scenario", 24 de agosto de 2004. <http://www.dawn.com/2004/08/24/op.htm> (Acessado em 19 de setembro de 2007.)
3. Mercer Human Resource Consulting: Salary Survey, 2005.
4. Aaron Ricadela, "VC Players Look East, to China", *BusinessWeek*, 15 de fevereiro de 2007.
5. Nathan Koppel e Andrew Batson, "A US Law Firm Takes a New Route into China", *The Wall Street Journal*, 30 de janeiro de 2007.
6. The Boston Consulting Group, *The New Global Challengers: How 100 Top Companies from Rapidly Developing Economies Are Changing the World* (Boston: The Boston Consulting Group, maio de 2006).
7. Zhou Susu, entrevista a Jim Hemerling, gravada em fita, 5 de março de 2007.
8. Joe Havely, "Rural Citizens Fighting Back", *CNN*, 2 de maio de 2005. <http://www.cnn.com/2005/WORLD/asiapcf/05/02/eyeonchina.rural/index.html>
9. Dexter Roberts, "China Mobile's Hot Signal", *BusinessWeek*, 5 de fevereiro de 2007, 42-44.
10. Interfax Information Services, B.V., *China's Largest Battery Maker BYD Industrial to Issue 130 Mln Shares on HK Gem* (Interfax Information Services, B.V., 26 de julho de 2002).

11. "Japan Resisting Battery Assault", *South China Morning Post*, 26 de fevereiro de 2005.
12. Thomas Bradke e Jim Hemerling, *The New Economics of Global Advantage: From Lower Costs to Higher Returns* (Boston: The Boston Consulting Group, 2005).
13. India Supply Chain Council, *BMW Look to India for New Procurement Centre*. 8 de janeiro de 2007. <http://www.supplychains.in/en/art/?367> (Acessado em 24 de setembro de 2007.)
14. James Fallows, "China Makes, The World Takes", *The Atlantic*, julho/agosto de 2007, 94.
15. Yeda Swirski de Souza, "Getting Theory and Practice Closer in Organizational Learning", Universidade do Vale do Rio dos Sinos, Brasil.
16. Honda, *Honda Automobile (China) Co., Ltd. Begins Auto Exports*. 24 de junho de 2005. <http://world.honda.com/news/2005/c050624.html> (Acessado em 24 de setembro de 2007.)
17. Li and Fung Group, "Industrial Clusters" (Li and Fung Research Centre, maio de 2006).
18. GE, página da empresa, <http://www.ge.com>.
19. "Industry Updates: Hisense's Wonder Chip", *China Daily*, 30 de outubro de 2006.
20. "Hisense Plans to Grab More International Shares", *SinoCast China IT Watch*, 30 de novembro de 2006.
21. Goodbaby, página da empresa, <http://www.goodbabygroup.com/> (Acessado em 12 de março de 2007.)
22. GE Healthcare, *GE Healthcare Invests US$37.5 Million in Chinese BioSciences Manufacturing Facility*. 23 de setembro de 2005. <http://www.gehealthcare.com/company/pressroom/releases/pc_release_10322.html> (Acessado em 24 de setembro de 2007.)
23. Investment & Trade Promotion Center, *Canon Completes World's Largest Printer Factory in Vietnam*. 26 de dezembro de 2005. <http://www.itpc.hochiminhcity.gov.vn/en/business_news/business_day/2005/12/folder.2005-12-26.3782039751/news_item.2005-12-26.6897964193> (Acessado em 19 de setembro de 2007.)
24. Andrew Tanzer, "The Quick and the Dead", *Forbes*, 8 de novembro de 1993.

25. Pete Engardio, "Live-Wire Management at Johnson Electric", *BusinessWeek*, 27 de novembro de 1995.
26. Louis Kraar, "The Overseas Chinese: Lessons from the World's Most Dynamic Capitalists", *Fortune* 130, n. 9, 31 de outubro de 1994.
27. Johnson Electric Holdings Limited. Relatório Anual 2006.
28. HSBC, "Johnson Electric", (HSBC, 9 de fevereiro de 2007).
29. Euromonitor International, "Major Appliances Market Research Reports", (Londres: Euromonitor International 2007).
30. Miriam Jordan e Jonathan Karp, "Washing Machines for the Masses: Whirlpool Develops Inexpensive Model Aimed at China, India, Brazil", *The Asian Wall Street Journal*, 10 de dezembro de 2003.
31. Robert Malone, "IBM Moves Global Procurement to China", *Forbes*, 13 de outubro de 2006.
32. India Supply Chain Council, *BMW Look to India for New Procurement Centre*. 8 de janeiro de 2007. <http://www.supplychains.in/en/art/?367> (Acessado em 24 de setembro de 2007.)
33. Ellen Byron, "Emerging Ambitions — Global Target: Shelves of Tiny Stores", *The Wall Street Journal Online*, 16 de julho de 2007, A1.
34. Pete Engardio e Bruce Einhorn, "Outsourcing Innovation", *BusinessWeek Online*, 21 de março de 2005.

CAPÍTULO 4. Desenvolver pessoas

1. Philip Shishkin, "Rising Tide Boat Builders Help Transform Turkey into a Regional Star", *The Wall Street Journal*, 14 de setembro de 2006.
2. Jim Yardley e Lin Yang, "In City Ban, a Sign of Wealth and Its Discontents", *The New York Times*; *Guangzhou Journal*, 15 de janeiro de 2007.
3. Swati Lodh Kundu, "China's Impending Talent Shortage", *Asia Times*, 6 de julho de 2006.
4. "Most Romanian Men Abroad Worked in Construction Field Before Leaving the Country", *Rompres*, 15 de dezembro de 2007.
5. "Invest Romania—Performance of SMEs", *Romanian Business Association News*.

6. Damien Whitworth, "The Polish Dream: Beyond the Army of Nannies and Plumbers, Poles Have Embraced the British Job Market Like Never Before—From the City to the Clubs to the Delis, They Are Out to Win", *The Times*, 16 de junho de 2007.
7. Cris Prystay, "India's Boom Is Boon for Business Schools", *The Wall Street Journal*, 30 de março de 2007, B4B.
8. "If in Doubt, Farm it Out—India Business Survey", *The Economist*, 1º de junho de 2006.
9. James Surowiecki, "India's Skills Famine", *The New Yorker*, 16 de abril de 2007.
10. The Boston Consulting Group, "RDE 100" (Boston: BCG 2007).
11. Howard W. French, "In China, Children of the Rich Learn Class, Minus the Struggle", *The New York Times*, 22 de setembro de 2006.
12. Anita Chang, "College Exam Impacts All of China", *Washington Post* (*Reuters*), 8 de junho de 2007.
13. Bruce Einhorn e Dexter Roberts, "Now College Grads Can't Find a Job", *BusinessWeek*, 11 de outubro de 2004.
14. The Boston Consulting Group, "RDE 100" (Boston: BCG 2007).
15. "Hisense's Wonder Chip", *China Daily*, 30 de outubro de 2006.
16. "Opening the Doors", *The Economist*, 5 de outubro de 2006.
17. Ibid.
18. "Tata Consultancy Opens Training Centre in Uruguay", *Indo-Asian News Service*, 4 de fevereiro de 2007.
19. Christopher Power, "Davos: Demographics, Economics, Destiny", *BusinessWeek*, 25 de janeiro de 2007.

CAPÍTULO 5. Penetrar os mercados

1. Donald N. Sull e Alejandro Ruelas-Gossi, "The Art of Innovating on a Shoestring", *Financial Times*, 24 de setembro de 2004.
2. China Daily, *Huiyuan Juices Up Market After IPO*. 1º de março de 2007. <http://en.ce.cn/stock/marketnews/200703/01/t20070301_10544182.shtml> (Acessado em 25 de setembro de 2007.)
3. "The Coming Boom", *The Economist*, 3 de maio de 2007.

4. Larry Rohter, "In the Land of Bold Beauty, a Trusted Mirror Cracks", *The New York Times*, 14 de janeiro de 2007.
5. Natura, site da empresa. <http://natura.infoinvest.com.br/static/enu/linhas_produtos.asp?language=enu>.
6. "Case study—Natura: Going back to Natura", *Brand Strategy*, 8 de setembro de 2005.
7. Larry Rohter, "In the Land of Bold Beauty, a Trusted Mirror Cracks", *The New York Times*, 14 de janeiro de 2007.
8. Itaú Corretora, "Natura", *Hold*, 4 de janeiro de 2007.
9. "Participação de mercado da Natura com base no tamanho total do mercado brasileiro de cosméticos, fragrâncias e produtos de higiene pessoal", Sipatesp/ABHIPEC — Associação Brasileira da Indústria de Higiene Pessoal e Cosmética.
10. Peter Marsh, "Natura Looking for Growth Outside of Brazil", *Financial Times*, 2 de outubro de 2006.
11. "Natura Eyes Expansion", *Beauty Business News*, 20 de março de 2006.
12. "China's Top Stroller Maker Enters 400m Homes Worldwide", *Xinhua News Agency*, 21 de fevereiro de 2006.
13. "ARC Capital Holdings—First Day of Dealing", *Share Crazy*, 26 de junho de 2006. <http://www.sharecrazy.com/share2607share/share.php?disp=news&epic=ARCH&news_item=060626arch1431f.htm> (Acessado em 13 de março de 2007.)
14. "China Firms Urged to Go More High-Tech", *China Daily*, 20 de junho de 2002, <http://www.china.org.cn/english/BAT/35082.htm> (Acessado em 13 de março de 2007.)
15. Goodbaby, página da empresa. <http://www.goodbabygroup.com/> (Acessado em 12 de março de 2007.)
16. "Goodbaby Plans More Openings in China", *China Franchiser*, 7 de março de 2007. < http://www.chinafranchiseL.com/2007/03/07/508-goodbaby-plans-more-openings-in-china/> (Acessado em 12 de março de 2007.)
17. Cálculo do BCG com base em dados da Economist Intelligence Unit (EIU) e Datamonitor.
18. China Daily, "Leadership to Adjust Growth Model", 10 de outubro de 2005.<http://www.chinadaily.com.cn/english/doc/2005-10/10/content_483662_2.htm> (Acessado em 25 de setembro de 2007.)

19. "China Industry: Foreign Firms Dominate Telecoms Equipment Market", *Economist Intelligence Unit*, 28 de setembro de 2006.
20. "China Set to Be the Number One Broadband Market by 2007", Ovum. <http://www.ovum.com/go/content/c,377,66667> (Acessado em 6 de março de 2007.)
21. "China Industry: Foreign Firms Dominate Telecoms Equipment Market", *Economist Intelligence Unit*, 28 de setembro de 2006.
22. Zhou Susu, entrevista a Jim Hemerling, gravada em fita, 5 de março 2007.
23. Zhou Susu, entrevista a Jim Hemerling, gravada em fita, 5 de março 2007.
24. BAL Holdings Ltd, "2006 BAL annual report" (BAL, 2006).
25. Sanjiv Bajaj, entrevista ao BCG, 2006.
26. David A. Ricks, *Blunders in International Business* (Blackwell Publishing, 1993).
27. Julie Jargon, "Can M'm, M'm Good Translate? Campbell Rethinks Soup as it Prepares to Enter Russia and China", *The Wall Street Journal*, 9 de julho de 2007, A16.

CAPÍTULO 6. Pontualizar

1. Jackie Range e Rumman Ahmed, "Wipro to Acquire Infocrossing", *The Wall Street Journal*, 7 de agosto de 2007, B4.
2. Bradley R. Staats e David Upton, "Lean at Wipro Technologies" (estudo de caso da Harvard Business School), 16 de outubro de 2006.
3. A American Power foi comprada pela Schneider em 2007. Após essa aquisição, a firma fundada não é pontualizada como a APC sozinha era.
4. "Hungry Tiger, Dancing Elephant", *The Economist*, 4 de abril de 2007.

CAPÍTULO 7. Pensar grande, agir rápido, ir para fora

1. "Rubles Across the Sea", *BusinessWeek*, 30 de abril de 2007. <http://www.businessweek.com/magazine/content/07_18/b4032056.htm> (Acessado em 25 de setembro de 2007.)

2. Joel Kurtzman, "Thought Leader: An Interview with Keshub Mahindra, Chairman of Mahindra & Mahindra, Bombay, India", *Strategy + Business*, 2007.
3. ABN AMRO, *Mahindra & Mahindra* (Bombaim, Índia: ABN AMRO, 11 de outubro de 2006).
4. Ya Dong Luo, "Partnering with Chinese Firms: Lessons for International Managers", Ashgate, Aldershot et a1. Michael F. Roehrig, *Foreign Joint Ventures in Contemporary China* (Nova York: St. Martin's Press, 1994). Sandra Bell, "International Brand Management of Chinese Companies. Case Studies on the Chinese Household Appliances and Consumer Electronics Industry Entering US and Western European Markets" (tese de doutorado, Universidade de Duisburg-Essen, Universidade Fudan de Xangai, no prelo em 2007).
5. Liu Ling, *China's Industrial Policies and the Global Business Revolution. The Case of the Domestic Appliance Industry* (Nova York: Routledge, Abingdon, 2005). Sandra Bell, "International Brand Management of Chinese Companies. Case Studies on the Chinese Household Appliances and Consumer Electronics Industry Entering US and Western European Markets" (tese de doutorado, Universidade de Duisburg-Essen, Universidade Fudan de Xangai, no prelo em 2007).
6. Pei Sun, "Industrial Policy, Corporate Governance, and the Competitiveness of China's National Champions: The Case of Shanghai Baosteel Group", *Journal of Chinese Economic and Business Studies* 3, N. 2 (maio de 2005); 173-192.
7. "China Industry: Foreign Firms Dominate Telecoms Equipment Market", *Economist Intelligence Unit*, 28 de setembro de 2006.

CAPÍTULO 8. Inovar com engenhosidade

1. Goodbaby, página da empresa, <http://www.goodbabygroup.com/> (Acessado em 12 de março de 2007.)
2. Aaron Ricadela, "VC Players Look East, to China", *BusinessWeek*, 15 de fevereiro de 2007.
3. Richard McGregor, "Inside the Middle Kingdom", *Financial Mail*, 8 de julho de 2005.

4. Keith Bradsher, "What Should a Chinese Car Look Like?", *International Herald Tribune*, 22 de abril de 2007. <http://www.iht.com/articles/2007/04/22/business/22auto-china-auto-showASIA.php>
5. Dexter Roberts, "China's Auto Industry Takes On the World", *BusinessWeek*, 28 de março de 2007.
6. "Tech Mahindra Opens R&D Lab in Bangalore", *Network Computing*, 13 de julho de 2007, <http://www.networkcomputing.in/NetInfraJuly-07Tech-MahindraOpensLabinBangalore.aspx>

CAPÍTULO 9. Adotar a multiplicidade

1. Stanley Reed, "The Middle East: Where Western Telcos Fear to Tread", *BusinessWeek*, 21 de março de 2005. <http://www.businessweek.com/magazine/content/05_12/b3925076.htm> (Acessado em 19 de setembro de 2007.)

CAPÍTULO 10. Competir com todos, por tudo e em toda parte

1. Daiwa Institute of Research, "China Mobile Handset Industry" (Daiwa Institute of Research, 4 de novembro de 2002).
2. Ibid.
3. Bruce Einhorn, "A Dragon in R&D", *BusinessWeek Online*, 27 de outubro de 2006.
4. Charles F. Knight com Davis Dyer, *Performance Without Compromise: How Emerson Consistently Achieves Winning Results* (Boston: Harvard Business School Press, 2005), 90-95.

Índice remissivo

51job 214

Aditya Birla Group 44
Adaptação (adaptar) 192, 193, 213, 214, 216
Adotar a multiplicidade 32, 233, 234, 235, 248, 249, 259, 278
   escolher a presença global 235, 236, 237, 238
   implicações 246, 248, 249
   manter o caráter local 238
   policentralizar 240, 241, 246, 248
   sintetizar 246
Affonso, Luís Carlos 125, 219
Airbus 185, 219
Ajuda governamental 146, 230
Alavancar 216, 222, 249, 255, 271
Alocar para obter recursos rápidos 113, 114
Alocar para obter resultados rápidos 27, 101
Alvarez, Juan Antonio 35, 84, 279
America Móvil 185, 288
American Power Conversion (APC) 173, 179
Analysys International 157
Anheuser-Busch (AB) 260
Apoiar-se nos fatos 271
Apressar-se devagar 192
Aquisições 30, 185
   aumentar a escala 186, 187, 190, 191, 202, 203, 206
   construir marcas 194, 195, 196
   preencher lacunas de capacidade 196, 197, 201
Aravind Eye Care 223, 224
Arcelor 204, 205, 206
Ashmore, Craig 263, 266
Astra Zeneca 206
Atlantic, The 73, 79, 296
AT&T 52, 227, 228
Aumentar a escala. Ver também *Super-dimensionar*
   apressar-se — devagar 192
   Cemex 191, 192
   Mahindra & Mahindra 187, 188, 189, 190

Aurolab 224
Avansys 267, 276

B2W 213
Baidu 213
Bajaj Auto 39, 40, 114, 149, 150, 151, 152, 168, 199, 200, 201, 206, 207, 229, 287
Bajaj, Rajiv 200, 201
Bajaj, Sanjiv 40, 150, 151, 152, 168, 199, 200, 201, 207, 300
Baker Institute Energy Forum 44, 292
Bank of Madura 143
Baosteel 50, 51, 70, 203, 204, 205, 206, 233, 251, 286, 293, 301
Bharat Forge 165, 166, 167, 173, 180, 197, 238, 239, 287
Bharati 154
BITS Pilani 53
BMW 94, 194, 221, 296, 297
Boeing 219
Bombardier 17, 40, 218, 219
Bosch 226
Botelho, Mauricio 218
Brasil
  classe consumidora 131
  clusters 78, 82
  custos trabalhistas 75
  direitos de exploração de madeireira 262
  empresas entre as cem desafiantes do BCG 285
  penetrar os mercados 134, 136, 137
  problemas econômicos 251, 252
  simplificação e diferença de custos 88, 89, 90, 91
  tsunami, fatores por trás do 36
  vantagem descoberta no 59
British Rover 214, 215, 216
British Telecom 189, 231
Bulgária 36, 79, 80, 233
Buscar a diversidade 228
Business-to-business (B2B) 144, 145, 146
BYD 40, 41, 75, 77, 211, 212, 216, 286, 295

Cadeia de suprimentos 33, 54, 56, 57, 60, 66, 81, 94, 137, 160, 231
Campbell Soup Company 155
Campeã Nacional (China) 50, 203
Canon 84, 85, 296
Carlucci, Alessandro 137
Carta Capital 136
Caráter local, manter 238, 247, 248
Cartão de crédito, uso de 131
Categorias, criar novas 127, 129
Cem desafiantes do BCG 37, 38
  acesso global 41, 42, 43, 46
  apetite insaciável 46
  origens nacionais 38
Cemex 19, 41, 46, 125, 186, 191, 192, 233, 288
Changfeng 17, 18, 26, 39
Chen Jin 231
Cheung Yan 116
China
  abrindo as portas da 202, 203, 204, 205
  apetite insaciável da 47
  cadeia de valor 61
  campeãs da 48, 50, 51

índice remissivo

classe consumidora 130, 131
clusters 79, 80, 81, 82, 83
construção de infra-estrutura 46, 63, 64
custos trabalhistas 73, 74, 75
desafios de distribuição 139, 140, 141, 142
empresas entre as cem desafiantes do BCG 286, 287
mercados *business-to-business* 146, 147
mito da educação 103, 104, 105, 107, 108, 110, 113
penetrar os mercados 125, 126, 253, 254, 255, 256, 258, 259
problemas econômicos 251
programa de inovação 66
recrutar para crescer rapidamente 101, 102, 103, 105
tsunami, fatores por trás do 21, 22, 23, 35
China Daily 47
China Europe International Business School (CEIBS) 20, 43
China Honda Automobile Company (CHAC) 82
China Mobile 194, 196, 197, 286
Cipla Ltd 94, 99, 175, 176, 177, 205, 206, 235, 244, 245, 287
Cisco Systems 119
Classe consumidora 130, 131, 132, 152, 153, 154
Clemens, Roger 20
Clusters, formação de 78, 79, 80
colaborar 82, 83
compartilhar 80, 81
Cogny, Patrick 55

Colaboração 82, 83, 201, 203, 204, 205, 206, 207, 209, 210, 212, 227, 228
Compartilhamento 80, 81
Complexidade da distribuição 137, 139, 140, 141, 142, 144, 167
Goodbaby 141, 142
ICICI Bank 143, 144
Tata Technologies 170
Wipro 168, 169
Confiança 243, 244
Conhecer o consumidor 155, 156, 164, 165, 166, 167
Construir marcas 194, 195
Tata Tea 195
Continuidade cultural 238
Bharat Forge 238
Contribuir para o programa de inovação 230
Corning 248, 249
Corus 16, 186
Crescer rapidamente, recrutar talento para 101, 102, 103, 104, 105
mito da educação 103, 104, 105
CR Snow 260, 261
CSAV 35, 84, 279, 285
Cuidado, proceder com 230
Curado, Frederico 221, 240
Custos da cadeia de suprimentos 56
CVRD 70, 113, 164, 185, 248, 279, 285

Dados sobre o mercado 132, 133
Dados sobre os consumidores 132, 133
Deixar que os líderes cresçam 115, 116, 117

Delta do rio Pérola 79, 80, 81, 82, 83, 84, 87
Desenvolver para a profundidade 106, 107, 108, 110, 111, 112
  Embraer 112, 113
  perceber o potencial nascente 109
Desenvolver pessoas 26, 27, 99, 100, 101, 102, 103, 104, 105, 106, 107, 108, 109, 110, 111, 112, 113, 114, 117, 120, 121
  alocar para obter resultados rápidos 113, 114
  avaliar e alinhar o seu pessoal 272, 273
  converta as duzentas pessoas que estão no topo 271
  deixar que os líderes cresçam 115, 116, 117
  desenvolver para a profundidade 106, 107, 108, 110, 111, 112
  implicações 117, 119, 121, 123
  investir exageradamente nas pessoas 117, 119, 120, 121, 123
  otimizar com mão-de-obra 72, 73, 74, 75, 77, 78
  recrutar para crescer rapidamente 101, 102, 103, 104, 105
  superinvestir nas pessoas 117
Desenvolvimento ágil 169
Design de produto, simplificar 88, 89, 90, 91, 93, 94
  a máquina de lavar de US$150 88, 89, 90, 91
  o carro de US$5 mil 91, 92
Diferenciação 129, 133

Diferencial de custos 25, 26, 69, 70, 71, 72, 74, 75, 76, 77, 78, 79, 80, 81, 88, 89, 90, 92, 93, 94, 96, 97
  clusters 78, 79, 80
  implicações do 93, 94, 96, 97
  otimizar com mão-de-obra 72, 73, 74, 75, 77, 78
  simplificar 88, 89, 90, 92
  superdimensionar 83, 84, 85, 87, 88
Diplomas de MBA 42, 43
Dual-shoring 165, 166, 178

Economias de desenvolvimento rápido (EDRs). Ver também *Países específicos*
Economist 138
EDS 208
Educação 41, 42, 43, 44
  mito da 103, 104, 105
Elcoteq 56
Electrolux 91
Embraer 17, 40, 41, 46, 59, 78, 112, 113, 125, 211, 216, 217, 218, 219, 220, 221, 240, 285
Emerson 263, 264, 265, 266, 267, 268, 269, 270, 272, 274, 275, 276, 277
Engenharia e design (E&D) 170, 171, 172
Engler, John 211
Equipes locais de liderança 119
Escolas de negócios 20, 42, 43, 75
Estruturas matriciais 248
Estruturas organizacionais 210
Europa Oriental
  custos trabalhistas 75
  problemas econômicos 252

recrutar para crescer rapidamente 102
vantagem da proximidade 55, 56
Evraz 185

Faber, Jack 57
Fallows, James 73, 79
Farr, David 266, 267, 277
FAW Group Corporation 166
Filipinas 150, 153, 179, 207, 267
Flextronics 81
Força da reserva, aumentar 273
Ford Motor Company 188
Fortune 136
Foxconn 79
Fundos de risco 211
Fusões. Ver também *Aquisições*
Futuro formato global 275

Gandhi, Mahatma 243
Gates, Bill 157
Gazprom 59, 60, 71, 233, 260, 288
General Electric (GE) 55, 83, 84, 110, 117, 260
Genpact 55
Gestão de relacionamentos 57
Ghosn, Carlos 92, 97
Gökbayrak, Baki 99
Glasnost 35, 242, 243, 244
Globalidade
  as sete lutas da 23, 24, 25, 26, 27, 28, 29, 31
  definição 15, 16, 20
  implicações 33, 34
  o tsunami 21, 33, 35, 36, 37, 42, 46, 60, 61, 63, 68

sucesso na 277, 278, 279, 280
Glynn Kerr Design 200
Goodbaby 84, 141, 142, 183, 184, 211, 216, 222, 223
Good Earth Tea 196
Goodstone, Ralph 56
Gopalakrishnan, R. 160, 192, 193, 233, 242, 250
Grameen Bank 143
Grande expansão 63, 65
Group Corporate Center (GCC) 109, 110
Grupo Schindler 122
Grupos de auxílio mútuo 143, 144
Grupo Tata 16, 20, 109, 110, 160, 192, 195, 196, 233, 241, 242, 244, 279
Grupo Thomson 208
Guo Qingcun 84, 107, 113
Gupta, Deepak 44
Guttila, Rodolfo 135

Haier 66, 125, 154, 228, 255
Hamied, K.A 176
Han, Allen 18, 26
Harbin 260, 261
Harris, Warren 172, 199
Harvard Business School 188, 235, 265, 300
Hay Group 70
Heath, Vern 266
Hessler, Peter 47
Hewlett-Packard (HP) 57
Hindalco Industries Ltd. 44
Hisense 83, 84, 107, 113, 203, 206, 286
Home Inns & Hotels Management 214
Honda 39, 66, 82, 83, 199, 200, 201

Honeywell China 118
Ho, Stanley 261
HTC 97
Huawei Technologies 114, 197, 231, 286
Huiyuan 127, 128, 129, 133
Hungria 16, 36, 37, 55, 258, 262, 287

IBM 52, 93, 94, 102, 170, 173, 179, 208, 231
ICICI Bank 106, 107, 109, 143, 144
Immelt, Jeff 260
INCAT 171, 172, 198, 199
Índia
  apetite insaciável 48
  cadeia de valor 62, 174, 175, 177
  classe consumidora 130, 131
  clusters 79, 83
  construção de infra-estrutura 46, 64, 65
  custos trabalhistas 74, 75
  desafios de distribuição 139, 140, 143
  educação 42, 103, 104, 105, 107, 108, 118, 119
  empresas entre as cem desafiantes do BCG 287, 288
  estrelas da 51, 52, 54, 55
  penetrar os mercados 126, 149, 150
  pontualização da indústria farmacêutica 175, 176
  problemas econômicos 252
  programa de inovação 66
  recrutar para crescer rapidamente 102, 103, 104, 105
  revistas 262
  tsunami, fatores por trás do 21, 22, 23, 36

Indofood 71, 288
Infocrossing 168, 170
Infosys 56
Infra-estrutura, grande construção 63, 64, 65
Inovar com engenhosidade 31, 66, 67, 211, 212, 214, 216, 217, 218, 221, 222, 223, 224, 225, 227, 228, 229, 230, 231, 276, 278
  adaptar idéias dos outros 213, 214, 216
  alavancar 216, 222
  implicações 226, 227, 228, 229, 230, 231
  inventar rapidamente 222, 224, 227
  liderar a transformação 276, 277
In Search of Excellence (Peters e Waterman) 265
Instituto de Pesquisa Hisense 113
Integração pós-fusão (IPF) 30, 192
Intel 52, 203, 207, 228
Inventar rapidamente 222, 224
  Aravind Eye Care 223, 224
  Goodbaby 222, 223
  Lakh Car 225, 226

Japão 65
Jejurikar, Rajesh 92
Jiangling Tractor Company 190
Johnson Electric 19, 39, 41, 61, 85, 86, 87, 110, 159, 162, 165, 173, 216, 286

Kalyani, Baba 23, 165
Kawasaki 39, 150, 206, 207
Knight, Charles (Chuck) F. 263, 264, 265, 266, 270, 272, 277

Kumar, Pratik 100, 109, 170, 238
Kumar, R. Krishna 195, 196

Lacunas de capacidade 196, 197, 201
   Bajaj Auto 199, 200, 201
   Tata Technologies e INCAT 198
Larsen & Toubro 112, 287
Lazarus, Shelly 94
Lenovo 94, 194, 286
Leroy-Somer 265
Leung, Sigurd 157
Lianhua 141
Liderança 115, 116, 117, 276, 277, 278
   construir liderança local 119, 120, 122
   superinvestir em pessoal 117, 118, 119, 120, 122
Li & Fung 56, 286
Li Jianxin 18
Limites, reconhecer e rejeitar seus 205
   avaliar a cadeia de valor 209
   desempenhar muitos papéis 207
   organizar-se para ir para fora 210
   pensar estrategicamente 207
Lim, Richard 71
Lindholm, Jim 56
Li Ning 214
Localizar 133, 134, 135, 137
Logan 91, 92, 97, 189, 202
Lukoil 41, 45, 71, 288
Lulla, Amar 94, 99, 176, 177, 235, 244, 245

Macau 261
Mahindra, Anand 23, 42, 69, 187, 190, 191, 208, 212, 235, 236, 237, 238, 243

Mahindra, Keshub 188, 189
Mahindra & Mahindra (M&M) 42, 69, 91, 97, 187, 188, 189, 190, 202, 208, 227, 235, 236, 237, 287
Mahindra Tractors 189, 190, 191
Malásia 288
Maltese Falcon 99, 100
Mangalath, Divakaran 170
Mantra 97
Mao Tsé-Tung 35
Marcas globais 194, 195, 196
Marcher, Steven 259
Martins, Tito 113, 185, 279
Matsushita 76, 203
McGoldrick, Patrick 171, 172, 198, 279
McWilliams, Larry 155
Mentalidades 269, 270, 272
México
   clusters 78
   custos trabalhistas 75
   empresas entre as cem desafiantes do BCG 288
   mito da educação 104
   penetrar os mercados 125
   problemas econômicos 252
   vantagem da proximidade 55
Microcrédito 143
Microsoft 157, 197
Mitsuhashi, Yasuo 85
Modelo de negócios, reinventar o 173, 177
Modularizar 180
Montupet, Jean-Paul 265, 266, 277
Motorola 52, 54, 147, 197, 207, 212, 228, 229, 231, 253, 255, 258
Moutai 194

NAFTA (Acordo de Livre-Comércio da América do Norte) 21, 49
Naik, A. M. 111, 117
Nandy, Sudip 53, 163, 164, 169, 173, 174, 246
Natura 134, 135, 136, 137, 194, 285
New Yorker 18, 104
Nike 214
Nine Dragons 116, 117, 286
Nippon Steel 204, 205, 206
Nokia 54, 147, 194, 253, 254, 255, 256, 257, 258, 259
　expansão a partir da China 257, 258, 259
　ir fundo na China 255, 256, 257, 258
Novas categorias, criar 127, 129
Novelis 44, 186
Novos mercados, entrar em 148, 149, 150, 151, 153, 154
　Bajaj Auto 149, 150, 151, 152
　próximo bilhão 152, 153, 154
Ntim, George 20

Oistamo, Kai 257
Operários de fábrica, remuneração por hora 70, 75
Oportunidades de segmentação 275
Orascom 234, 287
Organização Mundial do Comércio (OMC) 45, 202
Otimizar com mão-de-obra 72, 73, 74, 75, 76, 77, 78
　BYD 75, 77
　níveis salariais de baixo custo no longo prazo 74, 75

Padrões globais 121, 123
Países de baixo custo. Ver também *Diferencial de custos*
Paktel 196
Palm Inc. 97
Palmisano, Sam 179
Parcerias 30, 96, 97, 199, 202, 203, 204, 205, 206, 210, 212, 260, 276
Patentes 66, 67, 148, 175, 176, 182, 184, 213, 222, 223
Paterson, John 94
Penetrar os mercados 28, 125, 126, 127, 129, 130, 131, 132, 133, 134, 136, 137, 139, 140, 141, 142, 144, 145, 146, 147, 148, 149, 150, 151, 153, 154, 155, 156, 157
　achar o ponto mais favorável 129, 130, 131, 132, 133
　criar novas categorias 127
　distribuir em meio ao caos 137, 139, 140, 141, 142, 143, 144
　entrar em novos mercados 148, 149, 150, 151, 152, 153, 154
　fazer negócios com empresas 144, 145, 146, 147, 148
　implicações 154, 155, 156, 157
　localizar 133, 134, 135, 137
Pensamento estratégico 207, 208, 209
Perkins, Thomas 99, 100
Permuta 30, 186, 202
Pesquisa e Desenvolvimento (P&D). Ver também *Inovar com engenhosidade*
Peters, Charlie 263, 267, 270, 277
Petrobras 36, 285
Peugeot 102

Policentralizar 240, 241, 246, 248
   Cipla 244, 245
   glasnost organizacional 242, 243, 244
   Tata 241, 242
Polônia 16, 27, 37, 44, 70, 102, 117, 126, 262, 288
Ponto mais favorável, achar o 129, 148
   ascensão da classe consumidora 130, 131, 132
   carência de informações 132, 133
Pontualizar 29, 159, 164, 177, 181, 278
   complexidade da distribuição 167, 168, 169
   conectar-se com clientes 164, 165, 166, 167
   implicações 177, 178, 179, 180, 181
   questões de legado 178
   reinventar o modelo de negócios 173, 174
   sem falhas 180, 181
POSCO 204
Posição competitiva 268, 269
Potencial nascente, perceber 109
Presença global 235, 236, 237, 238
Procter & Gamble (P&G) 95, 121
Produção enxuta 169
Programa de treinamento 106, 107, 108, 109, 110, 112, 113
Propriedade intelectual 33, 41, 43, 66, 213, 226, 227, 230, 231, 236, 243, 246, 262
Próximas ondas 60
   galgar a cadeia de valor 61, 62
   grande expansão 63, 64
   rumo à inovação 65, 66

Próximo bilhão de consumidores 152, 153, 154, 225
Putin, Vladimir 43, 212

Questões de legado 178

Ramadorai, Subramaniam 108, 110, 181, 183, 278
Ramkumar, K. 106, 109
Ranbaxy Pharmaceuticals 66
Rangnekar, Ajit 43
Recursos naturais, vantagem 59
Renault 91, 92, 97, 188, 189, 202
República Tcheca 16, 18, 36, 102, 131, 167, 196, 262
Ricardo Inc. 215
Riestra, José Ramón 95
RMC Group 186, 191
Rodrigues, Marcelo 89, 90
Roewe 214, 215, 216
Romênia 19, 55, 91, 102, 167, 190
Rosemount 266
Rosling, Alan 110, 241
Rússia
   classe consumidora 131
   empresas entre as cem desafiantes do BCG 43, 46, 288
   tsunami, fatores por trás do 35
   vantagem descoberta na 59

Salários de baixo custo 74, 75
Seabra, Luiz 137
Sem falhas 180, 181
Senapaty, Suresh 168
Shanghai Automotive Industry Corpo-

ration (SAIC) 215
Simplificação 88, 89, 90, 91
　a máquina de lavar de US$150 88, 89, 90, 91
　o carro de US$5 mil 91, 92
Sintetizar a multiplicidade 246
　alinhar estrutura e presença 248
　visão policêntrica 246
Sistema de Rodovias Interestaduais, EUA 63
Sistema Nacional de Rodovias-Tronco (SNRT) 64
Solectron 58
Song Zhenghuan 141, 183, 184, 222, 223
Srinath, N. 174
Steinberg, Saul 18
Stephenson, Randall 227
Stoliar, Gabriel 164
Sucesso na globalidade 272, 277
Suco de maçã 128
Suning 228
Suntech Power 41, 212
Superdimensionamento 83, 84, 87, 88
Superinvenstir em pessoal 117, 118, 119, 120, 122
Superinvestir em pessoal
　construir liderança local 119, 120
　equilibrar necessidades locais e padrões globais 121
　necessidade de talento global 117, 118, 119
Surowiecki, James 104
Suzlon Energy 185, 240, 287

Tanti, Tulsi 240

Tata Consultancy Services (TCS) 107, 108, 109, 110, 181, 183, 206, 278, 287
Tata Motors 114, 171, 225, 226
Tata, Ratan 16, 160, 225, 241
Tata Tea 185, 195, 196
Tata Technologies 170, 171, 172, 173, 180, 198, 206, 279
Techer, Julian 42
Tech Mahindra 189, 227
Tedjarati, Shane 118
Telebrás 36
Terra Nova 159, 160
Tetley 195
Tilton, Glenn 17
Tomar emprestado, e programa de inovação 229
Transformação global 268, 271, 272, 273, 275, 276, 277
　avaliar e alinhar o seu pessoal 272, 273
　avaliar sua posição competitiva 268, 269
　definir o futuro formato global 275
　incentivar a engenhosidade 276
　liderar a sua transformação a partir da linha de frente 276
　mudar a mentalidade 269, 270
　reconhecer o seu conjunto total de oportunidades 273, 277
Transport Corporation of India 137
Tsingtao Brewery 261, 287
Tsunami 21, 22, 23, 35, 36, 37, 42, 46, 60, 61, 63, 68, 69, 73, 78, 111, 125, 129, 161, 184, 188, 194, 213, 243, 263, 266, 271, 280
　Brasil e Rússia 59

cem empresas desafiantes do BCG 37, 285, 286, 287, 288, 289
China 48, 49, 50, 51
Índia 51, 52, 53, 54, 55
México, Europa Oriental e Turquia 55
próximas ondas 60, 61, 62, 63, 64, 65, 66
Turquia
  desenvolver pessoas 99, 100
  empresas entre as cem desafiantes do BCG 289
  vantagem da proximidade 55

Unilever 122, 134, 154, 195
United Airlines 17

Valores da marca 128, 129, 133
Vandevelde, Stefaan 48
Vantagem da proximidade 55, 56, 57
  cadeias de suprimento mais curtas 55, 56
  relacionamentos melhores 57, 58
Venkataswamy, Govindappa 224
Videocon 208, 287
Vilhena Novaes, Joana de 135
Visão de longo prazo 157
Vneshtorgbank 185
VSNL 174, 187, 288

Wadhwa, Vivek 104
Wall Street Journal 94, 155
Wang, Chien-Ming 20
Wang Chuanfu 75
Wang, Patrick 23, 41, 42, 86, 87, 159

Wang, Richard 41
Wang Seng Liang 19, 85, 86
Wang, Winnie 41
WebEx 119
Whirlpool 78, 88, 89, 90, 91
Wipro 100, 107, 109, 111, 114, 163, 168, 169, 170, 173, 174, 180, 206, 238, 246, 288
Wumart 141

Xia Zuoquan 77
Xie Qihua 50, 251

Yokota, Satoshi 78, 113, 219
Yunus, Muhammad 143

Zâmbia 153, 261
Zambian Airways 261
Zambrano, Lorenzo 191
Zhang Weijiong 43
Zhou Susu 73, 148
Zhu Xin Li 127, 128, 133
Zona de Desenvolvimento Econômico de Lishui 47
ZTE 73, 147, 148, 207, 211, 212, 287

Editora responsável
Cristiane Costa

Produção editorial
Daniele Cajueiro
Guilherme Bernardo

Revisão de tradução
Sheila Louzada

Revisão
Leonardo Alves

Indexação
Marília Lamas

Diagramação
Trio Studio

Este livro foi impresso no Rio de Janeiro, em outubro de 2008,
pela Ediouro Gráfica, para a Editora Nova Fronteira.
A fonte usada no miolo é Adobe Caslon Pro, corpo 11,5/15,5.
O papel do miolo é Pólen Soft 70g/m², e o da capa é cartão 250g/m².

Visite nosso site: www.novafronteira.com.br